"十三五"江苏省高等学校重点教材（2016-2-123）

 教师教育"课证融合"系列教材

中学政治学科教学论新编

陈美兰 ◎编著

图书在版编目（CIP）数据

中学政治学科教学论新编／陈美兰编著.—北京：北京大学出版社，2019.9
教师教育"课证融合"系列教材
ISBN 978-7-301-30353-5

Ⅰ.①中… Ⅱ.①陈… Ⅲ.①政治课—教育研究—中学—师资培训—教材 Ⅳ.①G633.202

中国版本图书馆 CIP 数据核字（2019）第 034846 号

书　　　名	中学政治学科教学论新编 ZHONGXUE ZHENGZHI XUEKE JIAOXUELUN XINBIAN
著作责任者	陈美兰　编著
策划编辑	周　伟
责任编辑	周　伟
标准书号	ISBN 978-7-301-30353-5
出版发行	北京大学出版社
地　　　址	北京市海淀区成府路 205 号　100871
网　　　址	http://www.pup.cn　新浪微博：@北京大学出版社
电子邮箱	编辑部 zyjy@pup.cn　总编室 zpup@pup.cn
电　　　话	邮购部 010-62752015　发行部 010-62750672　编辑部 010-62754934
印　刷　者	三河市北燕印装有限公司
经　销　者	新华书店
	787 毫米×1092 毫米　16 开本　18.75 印张　386 千字 2019 年 9 月第 1 版　2025 年 8 月第 7 次印刷
定　　　价	53.00 元

未经许可，不得以任何方式复制或抄袭本书之部分或全部内容。
版权所有，侵权必究
举报电话：010-62752024　电子邮箱：fd@pup.cn
图书如有印装质量问题，请与出版部联系，电话：010-62756370

前　言

　　本书是本人多年来进行基础教育实践和研究的经验结晶，并获得2016年"十三五"江苏省高等学校重点教材立项。

　　本书依据中学政治课程标准《义务教育思想品德课程标准》（2011年版）、《普通高中思想政治课程标准》（2017年版）、《中学教师专业标准》（2012年）、《青少年法治教育大纲》（2016年6月）编写，充分体现了中国学生核心素养目标（文化基础、自主发展和社会参与）的培育要求。同时，本书还参考了教育部审定的义务教育《道德与法治》教材，全面融入社会主义核心价值观，传承与弘扬中华优秀传统文化，强化革命传统、民族团结、国家安全和法治教育。

　　本书的编写旨在培养适应基础教育课程实践要求，关注学科核心素养培育目标，能够胜任基础教育改革实践的合格的中学政治教师。本书将以教育学、德育理论以及课程教学论为指导，立足中学生学科核心素养目标和中学教师专业发展要求，构建中学政治学科教学理论与实践内容的新体系；力求使职前教师通过本课程的学习，能在专业理念与师德、专业知识和专业能力方面，尤其是中学政治学科的教学设计、教学实施和教学评价能力方面有所发展，适应职前教师参加国家教师资格考试的要求和教师考编的需要，为将来成为一名合格的中学政治教师打下坚实的教学能力基础。

　　本书主要具有以下特色：

　　1. 突出科学性。本书严格按照初高中政治课程标准和《青少年法治教育大纲》编写，体现了学科核心素养培育要求，内容科学、具体，概念准确、规范，用社会主义核心价值观统领全书的编写，体现时代要求，具有与时俱进的特点。另外，本书还增加了部分历年中学政治教师资格考试真题、答案及解析（以二维码的方式呈现），使内容体系更加丰富。

　　2. 强化可读性。在本书的编写体例中，栏目设置较为丰富，有目标导读和引文；正文部分参插了"资料卡片""链接阅读""案例展现""知识拓展"等栏目，便于职前教师兴趣盎然地学习知识；正文结束部分，还设有"专题小结""学习反思""资源链接"等栏目，较之现有教材的体例比较单一的特点，本书更有利于职前教师落实知识点，建构完整的知识体系。

3. 注重应用性。本书的内容既有德育理论、课程理论和教学理论的指导，又有实践应用方法与对策的指导。其中，教师论中教学设计的理论与实践，课程论中的学科性质、理念以及教学与评价建议，评价论中的教师评价与学生评价等，对职前教师应对国家教师资格考试并成长为一名合格的中学政治教师所应该具备的教学设计、教学实施和教学评价能力起到关键性的指导作用。

由于初中"道德与法治"的课程标准还未正式发布，同时与《普通高中思想政治课程标准》（2017年版）相匹配的高中思想政治教材还没有正式投入使用，加上本人水平有限，书中难免有不当之处，敬请读者批评指正。

陈美兰

2019年6月

目　录

模块一　中学政治学科教学理论篇

专题一　中学政治学科教学的德育理论基础 …………………………………（ 3 ）

第一节　国外主要国家的德育思想 ……………………………………（ 4 ）
　　一、国外主要国家的德育思想的发展 ………………………………（ 4 ）
　　二、国外主要国家的德育经验 ………………………………………（ 10 ）
　　三、国外主要国家的德育的主要特征及对我国德育的启示 ………（ 13 ）

第二节　我国优秀的德育思想 …………………………………………（ 16 ）
　　一、孔子的德育思想 …………………………………………………（ 16 ）
　　二、蔡元培的德育思想 ………………………………………………（ 18 ）
　　三、陶行知的德育思想 ………………………………………………（ 20 ）
　　四、邓小平的德育思想 ………………………………………………（ 21 ）

专题二　中学政治学科教与学的理论基础 ………………………………（ 25 ）

第一节　中学政治学科教学的理论基础 ………………………………（ 26 ）
　　一、中学政治学科主要的教学理论 …………………………………（ 27 ）
　　二、中学政治学科的教学规律 ………………………………………（ 35 ）

第二节　中学政治学科学习的理论基础 ………………………………（ 39 ）
　　一、行为主义学习理论 ………………………………………………（ 39 ）
　　二、建构主义学习理论 ………………………………………………（ 42 ）

模块二　中学政治学科教学实践篇

专题一　中学政治学科教师论 ……………………………………………（ 51 ）

第一节　中学政治教师的职业特点与价值引领功能 …………………（ 52 ）

一、中学政治教师的职业特点 …………………………………………（52）
　　二、中学政治教师的价值引领功能 ……………………………………（56）
第二节　中学政治教师应具备的素质 ……………………………………（58）
　　一、坚定的思想政治素质 ………………………………………………（58）
　　二、高尚的思想品德修养 ………………………………………………（59）
　　三、扎实的专业基础知识 ………………………………………………（60）
　　四、熟练的教学技能 ……………………………………………………（61）
　　五、受人尊重的外在形象 ………………………………………………（62）
　　六、健康的身体素质和心理素质 ………………………………………（63）
第三节　中学政治教师的专业发展 ………………………………………（64）
　　一、中学政治教师专业发展的内涵及特点 ……………………………（64）
　　二、中学政治教师专业发展的意义 ……………………………………（65）
　　三、中学政治教师专业发展的路径 ……………………………………（65）

专题二　中学政治学科课程论 …………………………………………（71）

第一节　中学政治课程改革回顾 …………………………………………（72）
　　一、"拨乱反正"时期的中学政治课程 ………………………………（72）
　　二、德育课程全面改革中的中学政治课程 ……………………………（73）
　　三、初中与高中政治课程的分设 ………………………………………（74）
　　四、核心素养时代中学政治课程的发展 ………………………………（74）
第二节　中学政治课程标准解读（上） …………………………………（75）
　　一、中学政治课程的性质 ………………………………………………（76）
　　二、中学政治课程的基本理念与设计依据 ……………………………（78）
　　三、中学政治课程的课程目标与课程结构 ……………………………（81）
　　四、中学政治课程的实施建议 …………………………………………（85）
第三节　中学政治课程标准解读（下） …………………………………（92）
　　一、核心素养与思想政治学科核心素养 ………………………………（92）
　　二、活动型政治课程 ……………………………………………………（94）
　　三、中学政治议题式教学 ………………………………………………（99）

专题三　中学政治学科教学论（上） …………………………………（105）

第一节　中学政治学科的教学准备 ………………………………………（106）
　　一、制定教学进度表 ……………………………………………………（106）
　　二、有效备课 ……………………………………………………………（108）
　　三、编写教案 ……………………………………………………………（112）

第二节　中学政治学科的教学设计 …………………………………………… (114)
　　　　一、教学设计的原则 ……………………………………………………… (114)
　　　　二、教学设计的内容 ……………………………………………………… (115)
　　第三节　中学政治学科的模拟教学 …………………………………………… (124)
　　　　一、模拟教学的含义 ……………………………………………………… (124)
　　　　二、模拟教学的内容 ……………………………………………………… (125)
　　　　三、模拟教学的基本要求 ………………………………………………… (125)
　　　　四、职前教师模拟教学能力的培养 ……………………………………… (128)
　　第四节　中学政治学科的说课 ………………………………………………… (133)
　　　　一、说课的含义 …………………………………………………………… (133)
　　　　二、说课的内容 …………………………………………………………… (134)
　　　　三、说课的基本要求 ……………………………………………………… (138)
　　　　四、说课能力的培养 ……………………………………………………… (139)
　　第五节　中学政治学科的教学反思 …………………………………………… (141)
　　　　一、教学反思的含义和基本特点 ………………………………………… (141)
　　　　二、教学反思的内容 ……………………………………………………… (142)
　　　　三、教学反思的类型 ……………………………………………………… (143)
　　　　四、教学反思的基本要求 ………………………………………………… (145)

专题四　中学政治学科教学论（中） ……………………………………… (149)

　　第一节　中学政治学科课堂教学的组织形式 ………………………………… (150)
　　　　一、课堂教学的含义与作用 ……………………………………………… (150)
　　　　二、课堂教学的类型 ……………………………………………………… (151)
　　　　三、课堂教学的基本环节 ………………………………………………… (153)
　　　　四、课堂教学的要求 ……………………………………………………… (155)
　　第二节　中学政治学科的教学方法与教学模式 ……………………………… (157)
　　　　一、中学政治学科的教学方法 …………………………………………… (157)
　　　　二、中学政治学科的教学模式 …………………………………………… (165)

专题五　中学政治学科教学论（下） ……………………………………… (177)

　　第一节　教育实习对于不同主体的意义 ……………………………………… (178)
　　　　一、对于高校而言 ………………………………………………………… (179)
　　　　二、对于职前教师而言 …………………………………………………… (180)
　　第二节　教育实习的形式与内容 ……………………………………………… (183)
　　　　一、教育实习的形式 ……………………………………………………… (183)

二、教育实习的内容 …………………………………………………… (186)

　第三节　教育实习的程序与主体 …………………………………………… (195)

　　一、教育实习的程序 …………………………………………………… (195)

　　二、职前教师是教育实习的主体 ……………………………………… (198)

专题六　中学政治学科学习论 …………………………………………… (201)

　第一节　学生的学习特点与学习风格 ……………………………………… (203)

　　一、学生的学习特点 …………………………………………………… (203)

　　二、学生的学习风格 …………………………………………………… (204)

　第二节　指导学生学习的形式与主要措施 ………………………………… (207)

　　一、指导学生学习的形式 ……………………………………………… (207)

　　二、指导学生学习的主要措施 ………………………………………… (209)

　第三节　中学政治学科的学习策略与学习方法 …………………………… (221)

　　一、中学政治学科的学习策略 ………………………………………… (221)

　　二、中学政治学科的学习方法 ………………………………………… (226)

专题七　中学政治学科评价论 …………………………………………… (235)

　第一节　走向发展性教学评价 ……………………………………………… (236)

　　一、教学评价 …………………………………………………………… (237)

　　二、中学政治学科教学评价 …………………………………………… (239)

　　三、中学政治学科发展性教学评价 …………………………………… (242)

　第二节　中学政治学科教学的教师评价 …………………………………… (246)

　　一、教师评价的内容 …………………………………………………… (246)

　　二、教师评价的要求 …………………………………………………… (250)

　　三、教师评价的方法 …………………………………………………… (251)

　第三节　中学政治学科教学的学生评价 …………………………………… (255)

　　一、学生评价的内容 …………………………………………………… (255)

　　二、学生评价的要求 …………………………………………………… (259)

　　三、学生评价的方法 …………………………………………………… (260)

　　四、学生评价中需注意的问题 ………………………………………… (266)

专题八　中学政治学科资源论 …………………………………………… (269)

　第一节　中学政治学科课程资源的开发与利用 …………………………… (270)

　　一、中学政治学科课程资源的含义 …………………………………… (270)

　　二、中学政治学科课程资源的特点 …………………………………… (272)

三、中学政治学科课程资源开发与利用的意义 ……………………………（274）
第二节　中学政治学科课程资源开发与利用中的问题 ………………………（277）
　　一、中学政治学科课程资源开发与利用存在的问题 ……………………（277）
　　二、中学政治学科课程资源开发与利用不足的原因分析 ………………（280）
第三节　中学政治学科课程资源开发与利用的原则与对策 …………………（283）
　　一、中学政治学科课程资源开发与利用的原则 …………………………（283）
　　二、中学政治学科课程资源开发与利用的对策 …………………………（286）

模块一
中学政治学科教学理论篇

  中学政治学科教学需要理论来支撑，但是哪些是最具有支撑力的理论则是仁者见仁、智者见智。翻检相关的研究成果，中学政治学科教学的理论基础具有多样性，大到教育学和哲学，小到操作层面的学科理论。本模块从教学实际出发，力求抓住两个方面的基础理论，即国内外优秀的德育思想以及教与学的理论基础，前两者由学科性决定，后者由教育性决定。教师要想做好中学政治学科的教学活动，就要认真学习和研究教育学理论，特别是课程论与教学论。

专题一

中学政治学科教学的德育理论基础

☞ **通过本专题的学习，你将：**

1. 了解国外主要国家的德育思想；
2. 了解我国优秀的德育思想。

> **引 言**
>
> 我们身患一种可以治好的病；我们生来是向善的，如果我们愿意改正，我们就得到自然的帮助。①
>
> ——塞涅卡《忿怒》

第一节 国外主要国家的德育思想

一、国外主要国家的德育思想的发展

尽管世界各国的社会制度不同、政治目标不同，但所有的国家都非常重视对青年学生的道德原则和道德规范教育，以及个人品德、家庭美德、社会公德、环境道德教育，培养他们树立正确的道德认识、高尚的道德情感、坚强的道德意志和良好的道德行为习惯。然而，由于各国的国情和政治制度不同，因此对学生的培养目标也存在着很大的差异，每个国家都会根据自己的历史文化背景和社会制度来确定德育内容，所以各国的德育在具体形式和目标方面千差万别。

（一）国外主要国家古代德育思想

国外主要国家的德育理论早在古希腊和古罗马时期就已开始形成，奴隶主统治者在学校开设德育课的同时，十分重视家庭思想道德教育。苏格拉底是古希腊著名的哲学家，以教人知识和道德为生。他主张有知识的人才具有美德，才能治理国家。不仅如此，他还重视对学生进行人生观的培养，把德育看作是人格完善的教育。他在问答法中所采用的旨在使对方接受他的关于道德定义的方法是很有特色的。

---

① 曹永国. 爱弥儿与教育理想 [M]. 北京：教育科学出版社，2014：35.

古希腊哲学家亚里士多德认为"在人的身上存在一种倾向为善的自然属性，但人们只有实行'某种锻炼'才能使这种德性日臻完善"。因此，他强调教师对青少年学生应加强品格教育，以培养他们能适应统治阶级要求的道德品质。他在分析人从儿童到青少年的身心发展三个阶段的基础上，提出要针对遵循良好道德养成习惯、按一定的目标进行道德品质培养以及重在政治和道德的修养等三个重点方面实施教育。

随着欧洲奴隶制社会的消亡和封建社会制度的产生和发展，在奴隶制社会晚期形成和发展的基督教逐步成为统治阶级用以进行思想道德教育的依托和载体。基督教会的思想成为社会意识形态领域中占主导地位的思想。在很长的一个时期里，几乎一切文化教育场所都被教会所控制，政教合一、军权与神权合流是欧洲封建社会的典型特征。封建统治者和教会所采用和宣扬的德育理论就是要培养人们尤其是青少年尊重和拥护君主的权力，要学会服从和树立驯服的"美德"，要信仰上帝和忠于上帝，在生活中禁欲无欲、受难赎罪，从而得到上帝的宽恕，死后灵魂升天并能享受来世的幸福生活等。

（二）西方近代德育思想

17世纪40年代到80年代英国资产阶级革命推翻了封建专制制度。新兴资产阶级的德育理论逐步取代了封建主义的德育理论，成为近代西方国家德育理论的基础。其中，具有代表性的人物有夸美纽斯、约翰·洛克、卢梭、狄德罗、赫尔巴特、康德等。

捷克教育家夸美纽斯的代表作《大教学论》是近代第一部比较完整地论述教育和教学理论的著作。在思想道德教育方面，他认为明智、节制、公正和勇敢是人的"主要的或基本的德行"；强调实践是德育的基本方法，指出"德行是由常作正面的事情学来的"，并主张以适当的纪律和惩罚进行教育管理。他在自己的著作中对德育采取肯定的态度，认为德育与智育、宗教教育一样都是实现教育目的所不可缺少的。他主张从儿童开始就培养谦虚、顺从、同情人、整洁、礼貌、敬老和爱劳动等美德。[1]

英国政治家、思想家和教育家约翰·洛克在他撰写的《教育漫话》一书中主张"绅士"教育。在他看来，要培养具有"文雅态度"和善于"精明而又有预见地处理自己的事务"的"绅士"，就应该在体育、德育和智育等方面进行教育。他提出了以个人利益和兴趣为出发点的道德观，强调要养成遵守道德和纪律的良好习惯。他认为，如果没有德行，那么人"在今生来世就都得不到幸福"。

法国启蒙思想家和教育家卢梭主张自然教育和自由教育，强调要以培养祖国公民和爱国主义者为教育目的。他提出了思想道德教育要着重培养人的善良的情感、正确的判断和良好的意志；并提出了思想道德教育的三个任务，即通过对真实事物的观察培养"善良的情感"，通过对伟人传记和历史的阅读与研究培养"正确的判断"，通过对各种善

---

[1] 景志明，宋春宏. 中外学校德育综合比较[M]. 重庆：西南师范大学出版社，2001：73.

良行为的训练培养"善良的意志",从而成为有德之人。

德国哲学家、心理学家和教育学家赫尔巴特的德育理论包括思想道德教育的地位、思想道德教育的内容、思想道德教育与管理、训育和教学的关系等问题。赫尔巴特把思想道德教育看作是教育最根本、最首要的任务,是全部教育目的的核心。他认为,人类的道德基础主要由内在自由、完善、善意、权利和报偿、公平等五种道德观念所组成。而教育的目的在于培养具有完美"德行"的人,完美"德行"是以上五种道德观念的整体体现。具体地讲,他认为教育的目的就是要培养"真正善良的人"。

链接阅读1-1

> **星空与道德律**
>
> 有两种东西,我们越是经常、持续地对它们反复思考,它们就总是以时时翻新、有增无已的赞叹和敬畏充满我们的心灵:这就是在我之上的星空,和在我心中的道德法则。①
>
> ——康德

(三) 西方现代德育思想

从19世纪末到20世纪七八十年代,西方的德育理论出现了众多流派,体系更加完整,而其中影响比较大或比较典型的有实用主义、新传统派教育理论、存在主义、分析哲学、新德育学派和认知发展学派等。这里简析两种具有代表性的理论。

1. 杜威的德育理论

约翰·杜威是美国著名实用主义哲学家和教育家。他的德育理论是其整个实用主义教育理论的组成部分,处处渗透着实用主义的特征,其代表作有《民主主义与教育》《人的问题》《学校与社会·明日之学校》《道德教育原理》等。作为"进步教育运动"的领袖,杜威对传统德育进行了尖锐的批评,从而引发了传统德育与进步德育的争论,争论的焦点集中于学校里是否应开设道德伦理方面的课程。杜威认为道德观念是真正的道德价值观念,亦即人们在内心真正掌握或具备的道德认识与道德品性,也就是指导人行为方向的观念。道德观念是品质的一部分,是行为的动机,能更好、更有效果地支配行为。杜威进一步指出,传统德育只是直接向学生传授一些关于道德的观念,实质上是将道德"降低为某种问答教学或关于道德的功课",这样做的结果对学生道德的养成毫无作用。杜威提出要改革传统德育,学校里并不一定要设置道德伦理课程,重要的是学生真正养

---

① 卫刚. 真善美与人生智慧:中学生哲学读本[M]. 苏州:苏州大学出版社,2015:86.

成道德价值观念。杜威还提出了教育即生活、生长与经验的改造。①

杜威反对单纯进行德育灌输的德育方法，主张遵循儿童发展规律的"三位一体"的学校德育。学校德育的"三位一体"是指学校、教育方法和教材三者相互联系，学校通过德育使三者统一于社会生活之中。他认为，灌输是传统教育的一个特征，也就是把成人的标准、教材与方法强加给正在逐渐成长而趋于成熟的儿童，进而限制了儿童的智慧和道德的发展。因此，杜威反对灌输教育。他认为德育应当依照儿童的心理发展规律来进行，要关注儿童的本能和冲动，在儿童的本能和冲动的基础上采用诱导的方式，积极正面地开展德育；要关注儿童的智力判断，加强培养和发展儿童的智力判断，用理智来指导本能冲动，使两者顺应社会价值取向。

2. 柯尔伯格的德育理论

美国著名心理学家和教育家柯尔伯格的道德认知发展理论是西方学校进行思想道德教育的基石，其代表作有《儿童对道德准则的定向的发展》。道德认知发展理论是柯尔伯格的德育理论的精髓，他认为道德发展是认知发展的一个组成部分，人的道德情感、道德态度和道德行为都以道德认知为前提并受其支配。道德发展的核心是道德思维的积极发展，道德发展需要按照一定的阶段进行。

柯尔伯格还认为，道德发展以认知为基础，道德发展是在原有认知力、在社会激发下发展的结果，道德发展是有规律的，道德发展有赖于个体对社会文化生活的参与程度等。

 **链接阅读1—2**

海因茨偷药的故事②

欧洲有位妇女患了癌症，生命垂危。医生认为只有本城的药剂师新研制的药才能治好她。然而，配制这种药的成本为200元，但售价却要2000元。病妇的丈夫海因茨到处借钱，可最终只凑到了1000元。海因茨恳求药剂师说他的妻子快要死了，能否可以将药便宜点卖给他，或者允许他赊账。药剂师不仅没答应，而且还说："我研制这种药，就是为了赚钱。"

---

① 朱庆葆，陈进金，孙若怡，牛力，等. 中华民国专题史·第十卷：教育的变革与发展 [M]. 南京：南京大学出版社，2015：79.

② 李娟娟. 心理学入门：匪夷所思的98个心理学实验 [M]. 北京：中国法制出版社，2016：69. 此处有改动.

海因茨别无他法，于是趁晚上撬开了药剂师的仓库门，把药偷走了。

这是一个虚构的故事，当这样一个道德"两难"的故事呈现给孩子们之后，科尔伯格围绕这个故事提出了一系列问题让孩子们进行讨论，以此来研究儿童道德判断所依据的准则及其道德发展水平：

(1) 海因茨应该偷药吗？为什么？
(2) 他偷药是对的还是错的？为什么？
(3) 海因茨有责任或义务去偷药吗？为什么？
(4) 人们竭尽所能去挽救另一个人的生命是不是很重要？为什么？
(5) 海因茨偷药是违法的，他偷药的行为在道义上是否错误？为什么？
(6) 仔细回想故事中的困境，你认为海因茨最负责任的行为应该是做什么？为什么？

科尔伯格的道德发展模式给我们勾画出：道德发展是连续的、按照不变的顺序由低到高逐步展开的过程，更高层次和阶段的道德推理方式兼容更低层次和阶段的道德推理方式，反之，则不能；各阶段的时间长短不等，个体的道德发展水平也有较大差异，有些人可能只停留在前习俗水平或习俗水平，而永远达不到后习俗水平的阶段。

科尔伯格还提出了两种学校进行德育的模式和方法。一种是通过教育诱发学生的认知、冲突和积极思维，在进行课堂讨论的过程中，教师启发学生对道德选择中的"两难"问题进行思考，促进学生产生认知冲突，并主动接受新的思维方式，帮助学生提高认知能力和认知水平。另一种是考虑到群体对道德能力培养的重要作用，注重校内和社会的各方面的学习，这对于提高学生的自我教育和管理能力，促进学校德育实践是有益的。

(四) 苏联苏霍姆林斯基的德育思想

苏联现代教育理论家和实践家苏霍姆林斯基非常重视德育。他认为，学校教育的理想就是要使受教育者的个性全面和谐发展，使受教育者成为社会进步的积极参与者，而起决定作用的就是道德。因此，德育应居于核心地位，并在和谐全面发展的德、智、体、美、劳等五育中居于核心地位，德育必须把培养受教育者正确、远大的理想和信念放到首位。

苏霍姆林斯基把造就个性全面和谐发展的未来公民作为教育的总目标和总任务，而德育的目的便是要在未来公民的身上培养公民精神。苏霍姆林斯基的德育内容主要包括：

第一，形成良好的道德习惯。他认为主要有三个方面：一是通过思想政治教育提高学生的社会政治觉悟、思想觉悟和自觉性；二是提供一切条件让青少年尽可能多地学习和接触公民基本道德素养，千方百计地使学生深入理解和领会公民社会道德准则，提高学生对道德真理和概念的认识，提高道德意识，增强道德情感；三是给学生观察各种社会现象和人们相互关系的机会，使他们能够关心周围发生的一切并形成自己的善恶、美丑、是非判断，提高自我肯定、自我教育、自我评价的能力，形成良好的公民自觉性和责任感。

第二，要培养高尚的道德情感。道德情感包括敏感性、同情心和义务感，"学校的中心任务之一，就是培养道德的、理性的、审美的高尚情感。所谓高尚情感，首先就是爱祖国、爱人民、爱劳动、爱文化，尊重每个同胞和世上每个诚实人的人格，对劳动人民的友爱、同志和兄弟情谊，认识和改造世界的快乐以及对人类创造的文化财富的无私享用。"①

第三，树立高尚的道德理想。苏霍姆林斯基认为的最高道德理想是指为正义、崇高、美好事业的实现，为共产主义的胜利，为祖国的独立、自由和繁荣的社会精神和公民精神。道德理想最重要的是要忠于理想，忠于信念，目的明确，意志坚定，勤奋劳动，英勇顽强，不屈不挠，为捍卫理想而献出生命。他认为，德育的主要方法是自我教育和集体主义教育。他把学生的自我教育能力看作是成为真正的人不可或缺的过程，要发展学生健康自我以及自我调节和自我控制的能力。集体主义教育的作用主要是通过共同的理想和情感集合成"精神共同体"，在这个集体中每个成员都能够充分展示自己的个性和天资，能发挥自己的积极性。

两朵玫瑰花的故事②

苏霍姆林斯基当乡村中学校长时，有一次学校花房里的玫瑰花开了，全校师生都引以为豪。一天早晨，一位低年级的女孩走进花房，摘了一朵玫瑰花就往外走。苏霍姆林斯基走上去问小女孩："你摘花干什么用啊？"女孩说她的奶奶病了，而且病得很重，看不到这么美丽的花，她想送给奶奶看一看，然后再送回来。苏霍姆林斯基听后非常感动，于是就又摘了两朵玫瑰花送小女孩，对她说："这一朵送给你，因为你有一颗懂得爱的心；这一朵送给你的妈妈，感谢她培养出了你这样善良的女儿。"

一位老师用这个故事的前半段出了一道材料作文题，让学生就苏霍姆林斯基看到小女孩摘下玫瑰花后如何处理续写一段话。结果让这位老师出乎意料。几百名高中学生，有的学生写了教育家如何教育小女孩不能损害公共财物、不能采摘花草树木，有的学生写了教育家为儿童缺乏良好的道德教育而感到忧心忡忡，甚至有的学生写了教育家对小女孩做出的种种处罚。

请你谈一谈这个案例给我们的德育工作带来了什么样的启示。

---

① 王凌皓.苏霍姆林斯基教育名著导读［M］.长春：吉林文史出版社，2014：148.
② 王晓燕.走向教育家——教师的使命与追求［M］.长春：吉林大学出版社，2011：19. 此处有改动.

二、国外主要国家的德育经验

（一）美国的德育经验

美国一般把思想道德教育称为公民教育，根本目的是对公民进行意识形态的灌输和疏导，培养符合现存社会制度和社会规范的人，其主要内容如图1-1所示。

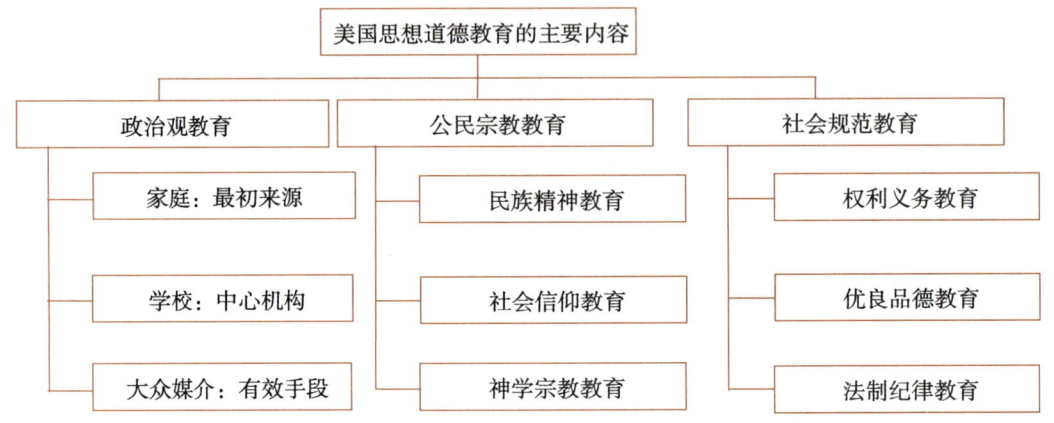

图1-1 美国思想道德教育的主要内容

其中，大众媒介成为社会舆论传播的重要工具。通过电话、广播、电视、互联网等媒介，美国政府对民众的政治观、社会价值观教育取得了成效。

由此可见，美国对国民的思想道德教育非常重视，具体效果表现在：

（1）个人主义价值观普遍确立，强调个人的能动性、独立、行动和利益，在政治和经济中发挥着积极作用。

（2）树立强烈的公民意识，包括独立、平等、民主的权利意识，建立在代议制政府、法律面前人人平等、私人财产合法化等基础之上的责任意识。

（3）浓厚的爱国主义情感，突出地表现在社会凝聚力和价值认同感方面。

在实践中，美国的思想道德教育十分注重调动受教育者参与的积极性，不是用简单的灌输，而是充分利用博物馆、纪念馆、展览馆等教育基地，或定期举办重大纪念日庆典，通过丰富多彩的大众文化使其政治思想和文化意识为人们所接受和认可。另外，美国的教育者深刻地认识到大众媒介的力量和导向作用，以丰富的媒介产品来增强思想道德教育的感召力，实现了对现存社会和"现实人"的超越。另外，美国的思想道德教育还善于利用"隐蔽课程"方法，通过隐性或渗透式教育来增强实效性。例如，学校和课堂的气氛、教师的形象、学校的规章制度、校内的舆论导向等对学生的政治观、道德观和价值观的形成起到了重要作用。另外，美国的社会生活实践、心理辅导等教育方式和教育方法也值得我们借鉴。

（二）英国的德育经验

英国拥有世界上最优秀的教育体系之一，具有悠久的历史和深厚的人文传统。然而，纵观英国的教育活动，却很难找出专门的德育课程，它隐含在各科教学之中。

（1）公共秩序的教育，如"绅士风度"就是一种具体体现。英国的公共秩序强调从小抓起，父母、学校、教师等非常注重言传身教，以培养孩子自觉、自律的行为作风。学校还通过校园文化、礼仪活动、社会生活实践、日常管理以及学校与家长、社区等相互配合的方式来对学生进行教育。

（2）职业道德的教育，通过包括宗教在内的文化传统熏陶，使得英国人非常重视职业道德规范、职业操守教育，强调服务的高质量和高要求。

（3）注重培养个性，在教育的过程中，不提倡具有明显倾向性的说教、灌输以及提供标准答案等，而是主张以"中立"的方式呈现教材，鼓励学生去反省、去探索，继而做出符合社会要求的道德判断。

英国的德育为我们带来了以下启示：

（1）德育要和生活世界紧密结合，遵循"无灌输的德育"思想，鼓励学生通过自己的活动和实践走向道德成熟，体现了对道德主体的尊重。

（2）德育应重点加强对学生的情感教育，而不仅仅提供知识，要强调体验、沟通，强调实践教育、体验教育和养成教育，引导和激励学生独立思考、创造进取，重视和发展学生不同的个性、爱好、特长，加强德育的层次性、针对性，使学生懂得生活、了解社会、融入时代。

（3）注重构建学校、家庭和社会相互配合的教育体系，将德育纳入社会大体系之中，积极争取全社会的重视、关心和支持，发动社会各界的力量，营造整体向上的文化氛围。

（三）日本的德育经验

日本是一个善于吸收他人长处的国家。在古代，它着重向中国学习，接受了儒家文化的巨大影响；在近代，它着重向欧美国家学习，深受欧美文化的影响；在当代，它逐渐融合东西方文化，适时地调整思想道德教育的方向。

日本的思想道德教育主要包括：

（1）爱国主义教育，涵盖了虔敬国家领袖的教育、忠诚于国家的教育、乡土教育等内容。

（2）人生观教育，目的是使学生树立人生的目标、寻找人生的意义、体验人生的乐趣，以实现对社会的贡献，并教育他们珍惜生命、练就顽强的意志，诚实、正直地处事和与人交往等。

（3）个性教育，强调每个人都要充分地发挥自己的聪明才智与独创精神，达到自我觉醒，成为一个独立的人，并在此基础上更好地认识他人、尊重他人，从而将个人融入到社会中，强调以集团价值的实现为最终目的。

（4）劳动教育，目标是通过树立劳动观念培养劳动意识，通过劳动体验养成热爱劳动、珍惜劳动成果、与他人合作的良好品质。

（5）国际化教育，目标使学生熟知别国的政治、经济、文化等，学会与外国人密切往来与友好相处，树立日本人的形象，同时也教育国民珍惜和平、自由与人权。

日本从国家的层面自上而下开展思想道德教育，在青少年思想道德教育中建立起全面、多样且层次清晰的体系，不同的思想道德教育主体发挥着各自的作用，取得了很多的教育成果和教育经验，例如：

（1）坚持民族文化本位与爱国主义相结合的思想道德教育，既注重培养公民的共同价值观，高度强调社会统一性和国家意识，也重视个体的道德行为，将基本的社会传统道德伦理融入到具体的日常实践行为中。

（2）思想道德教育应尽量做到内容丰富，随着时代不断地发展和充实，强化青少年的国际意识教育、感恩教育和体验式教育，同时重视心理健康教育等。

（3）持续创新教育形式，除学校思想道德教育外，还努力在家庭和社会这两个更为广阔的课堂上为青少年创造出良好的思想道德教育环境，开展各式各样的实践活动，增加青少年的生活体验，并利用动漫等隐秘手段渗透思想道德教育，通过特别活动来培养青少年丰富的人性，发展他们的个性和社会性。

（四）新加坡的德育经验

新加坡是一个多元民族、多元文化、多元宗教的国家，特别重视对学生世界观和价值观的培养。

新加坡的思想道德教育主要有：

（1）儒家伦理教育，在并存的多元文化中，以孔子为代表的儒家价值观在全社会取得广泛共识，并起着主导作用。

（2）共同价值观教育，在博采各种族价值观念共同精华的基础上提出了"国家至上，社会为先""家庭为根，社会为本""关怀扶持，同舟共济""求同存异，协商共识"和"种族和谐，宗教宽容"五大价值观，既异中求同、多元统一，包容了东方文化的传统价值，又确立了一个独立主权国家所应具有的基本价值取向。

（3）品格教育，学校通过个案、讨论和郊游等方式将爱国、勇敢、廉洁、进取、毅力等价值观传递给学生，使其在个性发展上终身受益。

（4）通过正规课程和非正规课程开展国民教育，培养学生的国家认同感和国家意识，同时强调东方传统价值观中的重人、重人际关系、重个人内心的精神修养价值取向和西方价值观中重民主、重科学、崇尚知识与理性的精神。

新加坡各级学校实施的思想道德教育为我们带来了以下启示：

（1）在思想上要重视思想道德教育，对学生世界观、价值观的教育任何时候都不能松懈，尤其是在技术飞速发展、经济建设步伐加快的当今时代。

（2）在方法上要通过多种途径来实现思想道德教育，除课堂灌输和说服外，还需要采取丰富多彩的形式，在制定日常行为准则并进行要求和训练的基础上，通过广泛的讨论、学术活动、志愿者服务、社会调查等锻炼学生解决问题和进行道德判断的能力。

（3）思想道德教育必须适时调整、自我更新，适应社会发展的需要，并要根据新情况、新问题来更新内容和方法。

三、国外主要国家的德育的主要特征及对我国德育的启示

（一）国外主要国家的德育的主要特征

1. 国外主要国家的德育注重个性化、创造性的教育

国外主要国家的德育的主导思想是人道主义，用人性反对神性、用人权代替神权。这一教育观点在中世纪反对宗教神学对人性的禁锢、压抑、摧残等方面发挥了重要作用。其所强调的自我发展的观念对挖掘个人潜能，培养人的独立性、创造性起到了较为重要的作用。

2. 国外主要国家的德育注重情感教育

国外主要国家的德育通常把情感教育融入到思想道德教育中，通过情感教育让学生形成友爱、信任、感激、节制等美德。思想道德教育要使学生将情感与理智相结合，理智可以把情感和愿望引向良好的轨道，从而形成完美的德性。

 案例展现1-2

美国教师执教《灰姑娘》的教学片段①

教师先请一个孩子上台给同学们讲一讲《灰姑娘》这个故事。孩子很快讲完了，教师对他表示感谢，然后开始向全班同学提问：

教师：你们喜欢故事里面的哪个人，不喜欢哪个人？为什么？

学生：我喜欢辛黛瑞拉（灰姑娘）和王子，不喜欢她的后妈和后妈带来的姐姐。因为辛黛瑞拉善良、可爱、漂亮，后妈和姐姐对辛黛瑞拉不好。

教师：如果在午夜12点的时候，辛黛瑞拉没有来得及跳上她的南瓜马车，你们想一想可能会出现什么情况。

---

① 张玉彬. 理想课堂的构建与实施：一个教研员眼中的理想课堂［M］. 重庆：西南师范大学出版社，2010：261. 此处有改动.

> 学生：辛黛瑞拉会变成原来脏脏的样子，穿着破旧的衣服。哎呀，那就惨了。
>
> 教师：所以，你们一定要做一个守时的人，不然就可能给自己带来麻烦。另外，你们看，你们每个人平时都应该打扮得漂漂亮亮的，千万不要邋里邋遢地突然出现在别人面前，如果那样你们的朋友就要被吓着了。女孩子们，你们更要注意，将来你们长大了和男孩子约会，要是你一不小心被你的男朋友看到你很难看的样子，他们可能就会被吓着了。
>
> （教师做昏倒状，全班大笑！）……
>
> 请你谈一谈这个案例给我们的德育工作带来了什么样的启示。

3. 国外主要国家的德育强调德育与政治相分离

国外主要国家的传统德育虽然认为教育与政治有内在联系，但两者也有根本不同。教育是追求理想的一种科学，包含理性和追求，而政治则主要关注现实。教育是有计划、有目的地培养人的一种活动，它可以以不同的形式表现政治目的，但是教育不能停留在迎合政治的需要、成为政治的工具上。国外主要国家的德育强调个性发展与人的全面发展相结合，重视人的价值、尊严。德育是综合培养学生个性的组成部分，德育的目标就是培养学生全面发展的和谐个性，强调德育应培养学生一定的个性品质。

4. 国外主要国家的德育强调献身精神和爱国主义教育

在"智力密集"时代，竞争更为激烈。人们要想取得成功，就必须付出艰苦的努力，甚至甘冒一些风险。一个人如果没有一点牺牲精神和忘我献身的热忱，就不可能在竞争中获胜。把年轻一代造就成为本民族、国家的接班人，培养其忠于祖国，维护国家政治体制、宪法、方针等品质，是德育的重要目标。如日本把"理解本国的文化和传统并对它持正确态度"作为培育下一代的基础，其目的是强化爱国主义教育。

（二）对我国德育的启示

近年来，随着我国市场经济体制的逐步确立和发展，德育问题日渐突出，亟待解决，这就要求我们的德育工作要针对现实情况，借鉴、吸收世界上一切优秀的德育思想，以便更好地发展我国的德育文化。

1. 突出德育理论与德育实践的结合

教师要在发展、变化的世界和我国学校的德育背景下进行借鉴、吸收，而且重点应放在寻找国外德育理论与我国学校德育实践的结合点上，加强研究道德认知和道德行为的中间环节，找到应对策略，进而形成系统的、权威化的中国自己的当代德育理论。

2. 优化德育课的教学形式

在德育课中，教师要将灌输与培养学生的道德认知、道德判断能力相联系，重视德育课的灵活性和思辨性，突出发展学生的道德思维。事实上，教师不能矫枉过正地抛弃德育课，应当进一步研究参与式教学，深化研究性教学、体验性教学、辩论式教学等多种德育课的教学形式，真正地发挥学生的主体作用。

3. 树立德育首位的大教育观

教师要将显性德育与隐性德育并重，重视开发多渠道的隐性德育。教师要将学校的德育重点转移到发展学生的道德思维和培养学生的道德实践能力上来。只有教师重视发展学生的道德思维，培养学生的道德实践能力，才能保证学生自我道德素质的形成。

4. 更新德育观念，丰富德育内容

当今的德育需要教师从全球化的角度，从人与自然共存的角度，在人类由竞争走向合作的发展趋势中，着力思考人类面临的问题。面对这一现实，教师必须更新德育观念。德育心理研究表明，道德品质是个人自觉意志的凝结，是一种基于自觉自愿选择的行动过程，对行为实行自我调节是人类道德发展的关键，深刻的自我认识和适当的自我评价是对行为实行自我调节的重要前提。教师要树立大德育观，将德育与哲学、伦理学等相结合，尤其要重视伦理学对微观德育的指导意义，进一步弘扬中国优秀传统德育思想，并且与现代德育进行有机结合。

> **引 言**
>
> ### 上善若水[①]
>
> "上善若水。水善利万物而不争，处众人之所恶，故几于道。居善地，心善渊，与善仁，言善信，正善治，事善能，动善时。夫唯不争，故无尤。"老子用水的特点来表达至善的人的品性。而上善若水的品格也是今天中学政治学科教学所追求的德育目标之一，我国五千年的优秀传统文化蕴含着丰富的德育思想。

第二节 我国优秀的德育思想

我国是世界上四大文明发源地之一，我国人民创造了灿烂的文化，涌现出众多著名的思想家和教育家，创立了丰富的德育理论，这些德育理论构成了人类思想文化的宝库。我国的德育思想在人类文明发展史上具有悠久的传统，独领风骚。优秀的德育思想有助于德育的发展、完善，对指导德育实践、推动素质教育、发展现代学校德育起着积极作用。

一、孔子的德育思想

孔子是我国古代伟大的思想家、教育家。孔子的德育思想内涵丰富、博大精深，对我国的德育理论与德育实践产生了无比深远的影响。孔子提倡"仁德"，倡导知、情、意、行的统一，并提出了一系列德性修养的原则和方法。

孔子十分重视人的道德素质的培养，将德育放在培养人的首要位置。他提出了"道之以德，齐之以礼"[②]，"道之以德"就是主张用德育来引导老百姓遵守道德，"齐之以礼"就是主张用周礼来规范人们的言行。孔子认为一个人要想成为君子、贤者：第一，必须具有高尚的道德品质，要具备仁德；第二，能够用自己正确的意见来纠正别人的意见，不会盲从附和；第三，君子能对人察言观色、懂得谦让、不居上，自己要行为端正，然后才能正人，治理国家才不会有什么困难；第四，君子要修己、安人，即君子要有德行修养，推行德治，才能使臣民悦服。德育是教育之本，应该放在教学的中心地位。

---

① 老子，等. 道德经的智慧［M］. 北京：新世界出版社，2016：25.
② 曾仕强，曾仕良. 论语的现代智慧（上）［M］. 北京：北京时代华文书局，2015：30.

（一）德育的内容

孔子提出了仁德学说，并认为"仁"是最高德性，只有符合"仁"的行为才是道德行为。孔子的最高理想是"天下归仁"。孔子的仁德学说是以"仁"为核心内容的道德教育体系，"仁"是众德之总：其核心内容是"爱人"，仁者爱人，爱自己的亲人，爱一切人；其基本要求是"义"与"礼"，即孔子要求学生"克己复礼"，约束自己以使自身的言行符合"礼"的规范；其践行纲要是"孝悌"，孝的基本内涵是孝敬父母，强调儿女对父母的爱，悌的基本内涵是友爱兄弟，强调兄弟之间的互爱。

（二）德育的过程

孔子认为道德品质的培养与形成需要经历知、情、意、行四个相互联系的阶段。知，即道德认知。情，即道德情感，道德情感是伴随着道德认知过程而产生的一种内心体验。意，即意志、信念，孔子极其重视道德意志的培养，认为志向、信念、恒心直接关系到道德行为的生成和持久。行，即实践、身体力行，行是一切道德认知、道德情感和道德信念的最终指向，是德育的最终目标。

（三）德育的方法

孔子认为德育的方法有以下四种：

第一，身教为先。身教为先就是教师既要以身作则，也要身体力行。孔子强调榜样的作用，主张教师要以自己的行为举止来引导和激励学生。

第二，因材施教。因材施教就是从教育对象的实际情况出发，有针对性地注入特定的教育内容，并实施不同的教育方法。

第三，寓教于乐。孔子提倡用诗歌、音乐等来陶冶学生的性情，他认为诗歌、音乐等对人的精神的丰富和品格的形成、完善具有一定的教化作用。

第四，启发诱导。孔子反对在德育过程中单纯地以说教的方式来教育学生，而是倡导一种启发式诱导、循循善诱的方式。

孔子的德育思想成为中国封建社会德育思想的主流，并作为一种强大的政治力量，在封建社会的德育理论与德育实践中逐渐占据了统治地位。以"仁"为核心内容的道德范畴体系是孔子德育思想的基本内容，体现了他的道德取向和价值追求。孔子德教为先的理念，不仅在历史上起过积极作用，而且对当代德育也产生了非常重要的影响。从某种意义上来说，孔子的《论语》是我国伦理道德发展的"精神家园"。

继孔子之后的孟子、荀子也都从不同的角度阐述了德育的重要性，肯定了德育的作用。孟子提出，仁是温厚慈爱，义是坚持道义，礼是守礼敬让，智是明智能辨。[①] 荀

---

① 陈来. 中华文明的核心价值：国学流变与传统价值观［M］. 北京：生活·读书·新知三联书店，2015：47.

子以礼为德育的最高原则，把环境影响称为"渐"，把个人的主观努力称为"积"，认为人的良好品德就是"渐"和"积"长期相互作用的结果。到汉代，儒家的道德规范被董仲舒概括为"三纲五常"，三纲即君为臣纲、父为子纲、夫为妻纲，五常即仁、义、礼、智、信。经过魏、晋、隋、唐，儒学与道教、佛教思想反复斗争和相互借鉴、相互融合，形成了以儒学为主，兼容道教、佛教以及其他思想派别的学说，有利于巩固封建统治的封建德育体系。

链接阅读 1-3

《大学》①

《大学》是最重要的儒家著作之一，朱熹为其作注，并将它与《孟子》《论语》和《中庸》合编为"四书"之后，获得了极高的学术地位，在中国古代思想史上占有很重要的地位。《大学》提出了"明德""亲民"和"止于至善"的道德修养目标，并提出了通过"格物、致知、诚意、正心、修身、齐家、治国、平天下"这八个步骤达成个人道德修养目标。

二、蔡元培的德育思想

蔡元培是我国近代杰出的教育家，他一生为建立新的教育体系，发展中国的文化教育事业做出了不可磨灭的贡献。他提出融汇中西文化以构建适合时代发展的新道德，德育思想在其整个思想体系中占有极其重要的地位。蔡元培的德育思想对当今中国的德育建设仍具有非常重要的现实意义。

（一）德育的地位与价值

蔡元培认为"德育实为人格之本"，国家必须重视德育，这是教育具有正确方向的必要条件，也只有这样国家才能振兴。德育的价值在于三个方面：第一，德育是强兵富国的需要。第二，德育有助于改变社会不良风气，提高社会的精神文明程度。1916年，蔡元培就任北京大学校长，他在就职演说中对学生提出了三点希望和要求，其中一点就是希望学生"砥砺德行"，不要流于污浊之社会，要做一个有道德的人，并要求学生"以身作则，立矫颓俗"，以自己良好的德行去感染、影响社会。第三，德育有助于培养学生具有"共和国民健全之人格"。他认为"德育实为完全人格之本。若无德则虽体魄智力发达，适足助其为恶，无益也"。所以，德育对完全人格的形成具有不可或

---

① 曾参. 大学全鉴（珍藏版）[M]. 北京：中国纺织出版社，2016：2. 此处有改动.

缺的作用。

（二）德育的目标

蔡元培认为"盖其人苟能摒出一切邪念，志气清明，品性高尚，外不愧人，内不自疚，其为君子，固无可疑，然尚囿于独善之范围，而未可以为完人也"[①]。因此，他的德育目标就是要以培养人的积极道德，进而培养人的完美人格，培养全面发展的人，为他人、为社会做出贡献，承担一定的社会责任。

（三）德育的内容

蔡元培从五个方面概括了德育的内容：第一是爱国思想。蔡元培认为"爱国心者，起于人民与国土之感情"[②]。树立人民的爱国心，意义重大，"足以挽将衰之国运，而使之隆盛"[③]。第二是树立学生公而忘私的思想。蔡元培提出，人们要报效社会，应"广公益，开世务，建立功业，不顾一己之利害，而图社会之幸福"[④]。第三是劳动观念。蔡元培认为要培养完全人格，就必须对学生加强劳动教育。五四时期他就提倡边工边学、工学并进的教育方法。他还亲自参加开办能劳动、能学习的社会教育，大力倡导职业教育。第四是勤朴。蔡元培说："共和国最重道德，即实行勤、朴、公三字。"[⑤] 第五是日常行为规范。蔡元培教育学生要先修己再齐家平天下，使德育由里及表、由内到外。

（四）德育的方法

蔡元培认为德育的方法表现在四个方面：第一，"四育并行"，不可偏废，即虽然德育处于教育的首位，但德、智、体、美是相互渗透的，不可忽视任何一个。第二，把德育作为专门课程，要有固定的教学时间、专职教员以及专业教材。这个方法在我国一直沿用至今。第三，德育要通过不同的课程和途径进行灌输，即德育要寓于所学各科之中，自身修养应立足于日常行为之中。第四，教师既要言传，更要身教。这就要求教师不仅要传授知识给学生，更要将行为准则传授给学生，"教员宜实行道德，以其身为学生之律度"[⑥]。

作为教育家，蔡元培所倡导的德育从根本上说属于资产阶级的产物，但作为教育思想的遗产，他的很多德育思想仍对当今学校的德育工作具有重要的现实意义和借鉴

[①] 蔡元培. 中国人的修养[M]. 北京：作家出版社，2016：112.
[②] 同上书，第73页.
[③] 同上书，第74页.
[④] 同上书，第48页.
[⑤] 蔡元培. 蔡元培·经典[M]. 北京：当代世界出版社，2019：150.
[⑥] 蔡元培. 中国人的修养[M]. 北京：作家出版社，2016：87.

作用。

三、陶行知的德育思想

陶行知是中国近代伟大的人民教育家，他为中国教育事业的理论和实践做出了巨大贡献，他的德育思想内涵丰富，对当今中国的思想道德教育具有很大的启示。

（一）德育的重要性

陶行知认为"没有道德的人，学问和本领愈大，就能为非作恶愈大"。所以，"建筑人格长城的基础就是道德。"

（二）德育的目标

陶行知指出"教育者不是造神，不是造石像。他们所要创造的是真、善、美的活人"[①]。因此，塑造具有真、善、美的完满人格的人是陶行知所追求的德育目标。

（三）德育的内容

第一，理想教育。陶行知认为理想是一种正确的、蓬勃向上的"人欲"，可以使学生为实现"天下为公"的理想而奋斗。他教导学生要从小"立大志，求大智，做大事"。

第二，爱国主义教育。面对内忧外患，在中华民族处于生死存亡的紧急关头，陶行知喊出了"我是中国人，我爱中国，中国现在不得了，将来一定了不得"的豪言壮语，极大地鼓舞了全国人民。

第三，集体主义教育。陶行知认为个人利益必须服从集体利益，要培养学生树立"天下为公""人民第一"的集体主义思想。

第四，劳动教育。陶行知认为"劳动生活即是劳动教育，用劳动生活来教育，给劳动生活以教育"。他极力主张教育与生产劳动相结合，让学生学会生产劳动，培养其热爱劳动、艰苦创业、不畏艰险的精神，同时还要培养他们的集体主义精神。

第五，人格教育。陶行知认为要培养学生健全完善的人格，就必须使得学生在知情意，真、善、美等方面得到和谐发展。他勉励教师在平时要以"仁者不忧，智者不惑，勇者不惧，达者不恋"[②]的精神培养学生。

（四）德育的方法

第一，注重整体，全面渗透。教育与训育合一，训练与管理兼重，在实战中练习道德行为。

---

① 周洪宇. 陶行知教育名论精要（教师读本）[M]. 福州：福建教育出版社，2016：111.
② 蔡志忠.《论语》解密 [M]. 济南：山东人民出版社，2016：67.

第二，实行知情意合一的教育，主张学校应实施培养儿童的统一的教育。

第三，重视校风、校纪对学生的陶冶作用。

总之，陶行知的德育思想具有浓厚的民族特色，既博大精深，又具体可行，对我们当前社会主义精神文明建设以及各级各类学校的德育工作都有着十分重要的现实意义。

四、邓小平的德育思想

邓小平的德育思想是邓小平理论的重要组成部分，是马克思主义德育理论的新发展，是既立足我国社会主义现代化建设，又面向未来的建设有中国特色社会主义的德育思想。

（一）德育的目标

"要努力使我们的青少年成为有理想、有道德、有知识、有体力的人，使他们立志为人民做贡献，为祖国做贡献。"[①] 邓小平在论述德育的目标时，坚持德、智、体全面发展的思想，创造性地把公民德育的具体目标确定为培养"四有"新人，即有理想、有道德、有文化、有纪律。这一提法是邓小平在新时期深刻分析国际、国内形势，根据我国德育的现实情况和我国社会主义现代化建设对人才素质的新要求而提出来的，它决定了邓小平德育思想的内容。这一目标强调公民的整体素质，综合了政治素质、道德素质、思想素质和文化素质等多方面的素质。有理想、有道德、有纪律在于提高公民的思想道德素质，赋予的是精神支柱和精神动力，是"四有"的灵魂，规定着"四有"的性质和方向；"有文化"旨在提高公民的科学文化素质，是发展社会主义现代化事业必不可少的前提条件。

（二）德育的方向

1983年10月，邓小平在为北京景山学校题词中指出"教育要面向现代化，面向世界，面向未来"，这既是教育也是德育的发展方向。

"面向现代化"，就是德育工作必须适应和服务于社会主义现代化建设，根据整个现代化建设的需要来进行；既要求德育的教育内容要体现社会主义现代化对人的思想道德的实际要求，改变德育的教育内容脱离社会主义现代化实际的现象，也要求德育工作者要采用现代化的教育方法和教育手段进行德育工作。"面向世界"，就是德育工作应当立足本国实际，吸收借鉴国外先进的德育经验，加强与世界的信息、学术、人才等多方面的交流合作，并且在面对西方资本主义的意识形态对我国的青少年产生负面

---

① 李学农. 中国教育改革大系（德育卷）[M]. 武汉：湖北教育出版社，2016：7.

影响时,要能够加强德育工作,帮助青少年树立社会主义核心价值观。"面向未来",就是德育工作要着眼于现代化建设未来的需要,要根据我国社会主义现代化的战略目标、国家和民族的未来,尊重学生的个性发展,增强学生的创新意识,使他们具备科学的思维方式,具有对现代生活的评价、选择和适应能力,以及自我心理调节能力,提高其明辨是非的能力和掌握信息的能力。

(三)德育的内容

邓小平的德育内容体系全面且科学合理,包括:第一,方向性内容,如爱祖国、爱人民、爱劳动、爱科学、爱社会主义的"五爱"内容;第二,认知性内容,如政治教育、思想教育、形势教育、道德教育和人生观教育等;第三,道德规范性内容,如勤奋学习、遵守纪律、热爱劳动和助人为乐等。

此外,邓小平还提出现代教育要培养具有现代文明精神和综合素质的现代人,也就是德、智、体全面发展的人,要克服普遍存在的忽视德育的倾向,培养具有进取意识,具有远大理想,具有不断学习和创新意识,有智慧和健康心理的人。邓小平还倡导创建学校、家庭和社会通力合作的良好教育环境来开展德育工作,"整个社会和家家户户,都来关心青少年思想政治的进步"[①]。同时,邓小平提出德育工作要遵守教学相长的原则,要建立友爱、平等、民主的师生关系。为了保证德育工作的顺利开展,就要建立一支好的教师队伍。邓小平提出"只有老师教得好,学生才能学得好",由此可见建立一支高素质的教师队伍的重要性。

在邓小平德育思想的指导下,我国社会的思想道德建设进一步加强,精神文明建设取得了积极进展和明显效果。这对促进改革、发展、社会稳定和提高全民族思想道德及科学文化素质等方面发挥了重要作用。

专题小结:

本专题主要介绍了国外主要国家的德育思想的发展历程,重点介绍了美国、英国、日本和新加坡等几个国家的德育经验及其带给我们的启示。这些国家都很重视对青年一代的品德教育、爱国主义教育、法治教育、情感教育和劳动教育,这些教育思想和教育方法对我国的德育具有重要的借鉴作用。另外,本专题还介绍了孔子、蔡元培、陶行知和邓小平的德育思想,从德育的地位与价值、德育的内容和德育的目标等方面重点阐释了我国优秀的德育思想,以及对当下德育工作的指导作用。

学习反思:

1. 请阅读卢梭的《爱弥儿》,简述其中主要的德育思想。

---

① 李学农. 中国教育改革大系(德育卷)[M]. 武汉:湖北教育出版社,2016:7.

2. 简述我国优秀的德育思想及其现实价值。

资源链接：

[1] 翟明. 国学知识全知道（全民阅读提升版）[M]. 北京：中国华侨出版社，2015.

[2] 张力. 纵论立德树人——教育的根本任务 [J]. 人民教育，2013（1）.

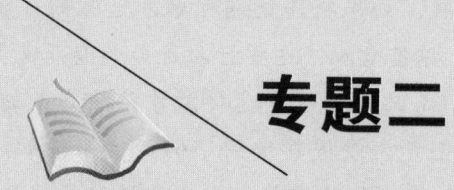

专题二

中学政治学科教与学的理论基础

☞ 通过本专题的学习，你将：

1. 理解并掌握中学政治学科教学的理论基础；
2. 理解并掌握中学政治学科学习的理论基础。

> **引 言**
>
> ### 产婆术①
>
> 苏格拉底与学生进行有关"正义"和"非正义"定义的对话，他先要求学生列出两行，正义归于一行，非正义归于另一行。他首先问"虚伪"应归于哪一行？学生回答应归于非正义的一行。苏格拉底又问偷盗、欺骗、奴役等应归于哪一行？学生回答应归于非正义的一行。苏格拉底反驳，如果将军惩罚了敌人、奴役了敌人，在战争中偷走了敌人的财物，或在作战时欺骗了敌人，这些行为是否是非正义的呢？学生最后得出结论，认为这些都是正义的，而只有对朋友这样做才是非正义的。苏格拉底又提出，在战争中，将军为了鼓舞士气，以援军快到了的谎言来欺骗士兵，制止了士气的消沉；父亲以欺骗的手段哄自己的孩子吃药，使自己的孩子恢复了健康；一个人因怕朋友自杀而将朋友的剑偷去，这些行为又归于哪一行呢？学生得出结论，认为这些行为都是正义的，最后迫使学生收回了自己原来的主张。在这一对话中，苏格拉底采用了对话法。
>
> 由于苏格拉底把教师比喻为"知识的产婆"，因此，苏格拉底的对话法被人们称为"产婆术"。这种方法也被广泛地应用于中学政治学科的教学中。

第一节　中学政治学科教学的理论基础

随着基础教育课程改革的不断深入，中学政治教师独占课堂话语权、忽视学生主体地位的情况已经有所改善，课堂上出现了师生交流、生生交流，但一般人以为那就是对话教学。这种理解有局限性，真正的对话教学理论需要从哲学层面来理解和把握。

---

① 叶华. 与孩子心灵沟通的智慧［M］. 宁波：宁波出版社，2016：52. 此处有改动.

一、中学政治学科主要的教学理论

（一）对话教学理论

1. 对话教学的思想

对话教学的思想古已有之。通常，人们认为对话教学的雏形最早源于苏格拉底，苏格拉底的对话法被人们称为"产婆术"，具有自己鲜明的特点。苏格拉底在他的对话教学中，并不直接地把学生要学习的知识传授给学生，而是通过与学生的问答、辩论、谈论等方式来揭示对方思维过程中存在的矛盾点，最终通过引导让学生自己得出知识。这种教学方法实质上是通过教师与学生共同讨论来一起寻找真理的过程。世界著名教育家保罗·弗莱雷说："没有了对话，就没有了交流；没有了交流，也就没有了真正的教学。"对于什么才是对话教学，教育界一直就没有一个统一的认识。

我国课程专家张华教授认为"对话教学不是教学模式、教学方式、教学活动，它是师生基于关系价值和关系认知，整合反思与互动，在尊重差异的前提下合作创造知识和生活的话语实践。该实践旨在发展批判意识、自由思想、独立人格、关心伦理和民主的社区"。

由此可见，对话教学是师生双方精神思想的反思与对话，它存在于教师与学生的相互交往中，它可以构建师生之间的和谐关系，从而实现师生之间认知的共振、精神的相遇、感情的共鸣。

2. 中学政治学科对话教学的特征

（1）平等性。

平等性是中学政治学科对话教学最根本的特征之一，它是开展一切对话教学的前提条件和根本原则。在中学政治学科课堂上，对话教学的平等性突出地表现为，在整个教学过程中，中学政治教师与学生之间在人格上是平等的，要尊重学生的独立人格和思想，师生关系不再拘泥于传统师道地位的尊卑，而转变为学习中的合作伙伴关系，通过师生之间充满人性的平等对话来共同促进师生生命意义的建构。

（2）开放性。

开放性是指在中学政治学科教学中，首先师生的精神状态是自由、开放的。即在对话教学的过程中，师生敞开心扉排除顾虑，以一种积极、开放的心态来寻求精神的相遇，通过真诚地沟通、认真地倾听，分享经验和建构意义，共同探索真理。其次教学内容是开放的。教学内容的开放主要指教学内容本身并不划分明确的界限，涉及历史、社会、科学、人文和政治等各方面的知识，师生对话可以无所不谈、知无不言。最后教学形式是开放的。它并没有一种固定的教学形式，无论是采取谈话还是演讲、辩论、会谈，只要把握了对话教学的精神就是可行的。

（3）交往性。

交往性是指在中学政治学科对话教学中，师生都作为具有主动性和创造性的平等主体相互理解、心灵沟通，彼此以自己的全部生活世界及经验作为教学中对话的内容。在中学政治学科课堂上，对话教学要求中学政治教师在教学实践中有目的地创造更多与学生相互交往的契机，从而让学生在这种平等、民主、自由、理解的交往中得到鼓励、指导和建议。对话教学的这种交往有助于中学政治教师超越传统灌输和说教的教学方式，增进教学的活力与师生之间的情感，并形成学习伙伴关系。

（4）建构性。

对话就是一种创造。正如保罗·弗莱雷所说："对话不能简化为一个人向另一个人'灌输'思想的行为，不应当成为一个人控制另一个人的狡猾手段，而应当是一种创造性的行为。"[①] 对话教学即是知识建构、意义生成、思想碰撞与情感交流的过程。中学政治学科对话教学不但超越了传统教学传递信息的功能，而且还具有建构新的知识体系和生成意义的功能。

3. 对话教学理论对我国中学政治学科教学的启示

（1）提高对话能力。

第一，中学政治教师要树立对话教学理念。中学政治教师要学会按照对话教学的精神和原则来设计教学计划、安排教学环境，改变过去作为信息传教士的角色，从而转变为学生学习任务的设计者和辅导者。中学政治教师必须与学生保持密切、和谐的关系，创造有利于对话的教学环境，引导学生深入思考，帮助学生通过对话教学来建构自己的知识。

第二，中学政治教师要学会倾听。中学政治教师倾听是对话教学的一个重要环节，师生之间只有实现真正的倾听，才能使彼此的感情与精神有实质上的交往。中学政治教师倾听的目的是想从学生在对话教学中所表达出的信息里，了解并分析学生的观点和学生所持这种观点背后的思维假定以及形成这种观点的思维过程。

第三，中学政治教师要提高对话技巧。中学政治教师在中学政治学科的教学过程中要关注学生的内心需求与生活实际，努力让对话与生活靠拢，让学生在对话中领悟生活。

第四，中学政治教师要有广博的知识。中学政治教师不能只关注本学科的知识，平时还要注意积累社会科学、心理科学、自然科学等不同专业的知识，并在对话时融会贯通。只有中学政治教师的肚子里有了"墨水"，才能厚积薄发、游刃有余地应对对话教学中可能出现的各种突发状况，以一个平等主体的身份参与到超越简单知识传递式的、深层次的、充满问题的教学情境的建构之中。

---

① 保罗·弗莱雷. 被压迫者教育学 [M]. 修订版. 上海：华东师范大学出版社，2014：89.

（2）优化话题设计。

第一，中学政治教师要灵活运用多种生成话题的方式，既可以由中学政治教师来确定话题，也可以由学生提出话题，还可以由师生双方共同参与来确定对话主题。此外，中学政治教师还要能够灵活地处理对话过程中出现的不确定情形，并且从知识结构和整体课程的角度出发，将学生提出的话题系统化。

第二，中学政治教师要选择合适的话题。中学政治教师所选择的合适的话题包括：①选择的话题要有开放性，中学政治教师要更加关注话题中的"为什么""怎么样"，而不是简单地关注学生回答的对与错；②选择的话题要有全面性，要综合考虑班级的整体水平和个体差异；③选择的话题要有适切性，话题要能够为教学目的、教学目标和教学内容服务，中学政治教师不能随心所欲、信口开河，否则会导致教学偏离教学目标。

案例展现 1-3

远离对话教学的红线

某位教师在教授"参与民主决策的多种方式"一课时，设计了以下对话：

下面让我们走进某省召开的居民阶梯电价听证会。对于公民来说，他们不仅关心电价究竟要涨多少，而且还关心政府如何对待他们提出的意见和建议。教材第21页列举了三种观点，你赞成哪种观点，说说你的理由。

（分小组合作探究，小组代表发言）

学生1：我赞成观点2，消费者提出的意见和建议只要合理都应该被采纳，否则要消费者提意见和建议干什么。

教师：价格听证会的意见不等于政府的决策权，其作用只是为物价部门进行决策时作为参考，促使价格决策更能适应市场经济发展的需要。

学生2：决策应该充分发扬民主、顺应民意，否则就是对听证会意见的不尊重。

教师：决策要贯彻民主集中制，既要民主也要集中，以形成统一的意见。

学生3：那是不是意味着民主只是形式，集中更重要？要不为什么每轮价格听证会后物价都会上涨。

教师：听证会上的意见不能左右政府的决策。（又故作幽默地说）社会上有种说法，价格听证会实际上就是一个价格上涨吹风会。

（学生哄堂大笑，议论纷纷）

在以上这个案例中，这位中学政治教师的做法忽视了中学政治学科的价值引领，有哗众取宠之嫌，使教学偏离了教学目标。

(3) 设置对话环境。

第一，设计学习小组，促进对话开展。中学政治教师在中学政治学科课堂上开展对话教学时，可以对学生进行适当的分组，通过小组内部对话与小组之间对话来提高中学政治学科课堂教学的有效性。

第二，建构良好的关系，创设对话氛围。对话教学需要师生具备一定的心理基础，开展真正的对话教学首先需要做到的是信任，信任对话本身，要让对话教学浸润在挚爱、谦逊和信任的氛围之中。

第三，明确对话规则，开展多种互动。随着互联网技术的发展，对话教学的方式包括线下与线上，尤其是利用网络进行对话时更要明确网络对话的主题范围，禁止在公共网络学习空间闲聊和进行人身攻击，或进行与学习主题无关的讨论等。

（二）建构主义教学理论

与行为主义和认知主义相比，建构主义教学理论更加关注学生如何以原有的经验、心理结构和信念为基础来建构自己独特的精神世界。建构主义教学理论强调"以学生为中心"，学习是在社会文化背景下，通过人际间的协作活动而实现的意义建构过程。

1. 建构主义教学观的主要体现

(1) 以学生为中心。

尊重并发挥学生在教学过程中的主动性和建构性是建构主义教学理论的精髓。课堂教学活动从以下三个方面体现了以学生为中心：

第一，活动的开展是以学生的积极主动参与为前提的，在参与课堂教学活动中，学生不再是被动的接受者，而是主动的创造者。

第二，活动开展的形式是要学生在不同的情境下应用自己所学的知识、技能解决实际问题（或任务）。此时，他们不再是机械模仿，而是在情境、协作等条件下进行知识的外化与应用。

第三，活动开展的过程使学生不再认为自己是"被加工对象"，而是课堂的主人。他们将会以积极的态度建构知识和技能，形成源于自己体验的、解决实际问题的方案。

第四，活动开展的各个环节直至结果，能使学生持续不断地、及时地进行自我反馈和检测。

(2) 教师与学生的角色定位。

第一，课堂教学活动把学生视为"社会人"，而不是单纯意义的"学习者"。以此为出发点，活动的内容、形式和过程都要建立在学生的需求、已有经验和能力、态度的基础上。

第二，学生既是学习者，也是建构者。即学生既是课堂教学活动的主动参与者，也是课堂实践活动的积极建构者。

第三，教师是课堂教学活动的设计者、组织者和参与者。教师要以创新精神，通过设计、组织、实施活动,担当起学生知识与能力建构的忠实支持者、积极帮助者和引导者。同时,教师也是活动的积极参加者,要改变传统的知识传递者和权威者的形象和心态,成为学生参与活动、完成活动的辅导者。

第四,课堂教学活动赋予学生和教师更多的个人责任。与传统教学相比,学生要承担更多的管理自己的学习行为的责任和能力,其课前准备和自我控制的能力将是对话教学的基础。对于教师而言,在设计课堂教学活动时必须充分注意到学生的实际状况,在内容上和形式上讲究艺术性和操作性。

(3)课堂教学活动的情境与互动。

情境与互动是建构主义教学理论最具有价值的两个核心概念。基于建构主义教学理论的各种教学模式、教学法的设计,其实质内容就是教师如何根据课程的特点、条件来创设各种情境,并以互动的方式来推进教学过程。从这个意义上来说,课堂教学活动几乎具备了情境与互动的全部教学特性。

链接阅读1-4

> #### "鱼牛"的故事
>
> 在一个池塘里生活着一只青蛙和一条鱼,它俩是朋友,都想出去看看。由于鱼离不开水,青蛙只好独自走了。这天,青蛙回来了,对鱼说:"外面的世界很大,有许多有趣的东西。比如,我看到一只叫牛的动物,它的身体比你大很多倍,有4条树干一样粗的腿,眼睛很大很大,头上还长着两只又弯又尖的牛角。"鱼听了青蛙的介绍,在它的头脑中出现了一个鱼不像鱼、牛不像牛的怪物。
>
> 在以上这个故事里,青蛙隐喻教师,鱼隐喻学生,牛隐喻学习的内容。这个故事告诉我们这样一些道理:
>
> 第一,学生不是被动的学习者,在学习的过程中,学生的思维和主观能动性在发挥作用。比如,鱼依据自己的特征再加上青蛙的描述,在头脑中就出现了"鱼牛"这个事物。
>
> 第二,学习环境对学生学习的影响很大。所以,教师在教学过程中应充分考虑学习环境对学生学习的影响,积极创设情境。
>
> 第三,教师要充分利用学生已有的学习经验。他们具有一定的生活经验、学习经验、知识积累和思维表达能力。教师只有充分利用这些,才能促进学生更好地学习。

(4)课堂学习中的学习环境与学习条件。

教师要为学生的课堂学习营造互动、和谐的氛围,同时还要努力创造良好的学习环境,重视学习情境的创设,积极发挥教学媒体与现代教育技术在学生学习中学政治学科中的作用。

2. 建构主义教学理论对中学政治学科教学的启示

（1）利用学生的特征，研究学生的学习。

学生的特征涉及智力因素和非智力因素。与智力因素有关的特征有知识基础、认知能力和认知结构等，与非智力因素有关的特征有兴趣、动机、情感、意志和性格等个性品质。中学政治教师可以利用学生的特征，研究学生的学习特点，选择适合的教学策略和教学媒体，从而更好地实现因材施教。

 **案例展现 1-4**

如何讲解"国体"

某位教师在讲解"国体"这一概念时，首先分析了学生的初始能力，从学生已经学习过的世界近现代史知识延伸到这一概念的学习。她设计了以下问题：

（1）同学们，我们先来复习世界近现代史，美国通过独立战争建立了什么性质的国家？法国通过法国大革命建立了什么性质的国家？（学生回答：资产阶级民主国家）

（2）这两种新建立的国家的共同点是什么？（学生回答：都是资产阶级掌权）

（3）也就是说，哪个阶级掌权，居于统治地位，就能判断出这个国家的性质，国家的性质等于国体。那么，谁能说一下我们社会主义国家的性质是什么呢？

至此，学生们已能理解"国体"这一概念以及"如何判断国体"。

（2）积极创设情境，促进知识建构。

建构主义教学理论认为情境、协作、会话和意义建构是学习环境中的四大要素，并把情境创设看作是教学设计最重要的内容。在创设情境时，中学政治教师要注意情境内容生活化、情境教学目标化、情境创设活动化。

 案例展现 1-5

如何学习"价值规律"

在讲解"价值规律"这个重点时，某位教师先提出了一些问题，如"为什么现在某些蔬菜的价格这么贵""为什么现在猪肉的价格降价了"等，然后把学生分为几个小组，带领学生去了附近的一个菜市场。在菜市场里，学生们询问了菜农、菜贩以及市场管理者，把自己获得的资料与其他的组员分享并进行讨论、交流，最后每个小组归纳总结出问题的答案。由于这位老师创设的这个活动情境具有切实可行性，所以学生的主体性得到了充分发挥，达到了预期效果。

（3）转变教师的角色，教师主导和学生主体相结合。

尽管建构主义教学理论强调以学生为中心，但并没有否认教师的主导作用。师生关系应定位于，既非完全的"以教师为中心"，也非完全的"以学生为中心"。在课堂教学活动中，中学政治教师是学生主动建构意义的组织者、促进者和帮助者，中学政治教师需要转变传统教学中完全主导的角色，注重教师主导和学生主体的有机统一。

（三）"教学做合一"理论

"教学做合一"理论源自中国近代人民教育家陶行知的教学理论。该理论视"教学做"为一体。其中，"做"是核心，主张在做上教、在做上学；强调从先生对学生的关系上来说，做便是教，从学生对先生的关系上来说，做便是学。

"教学做合一"理论是生活法，也就是教育法，是针对旧教育中的"教授法"和批判地汲取杜威的"做中学"的教学法而提出的符合我国国情的教育理论。"教学做合一"理论的提出经历了从反对"教授法"到提倡"教学法"、由主张"教学合一"到坚持"教学做合一"的逐步演进。

1. "教学做合一"理论的主要思想

（1）"教学做合一"理论是生活教育理论的方法论。

陶行知认为"教学做"合一是生活法，也就是教育法。我们的实际生活就是我们全部的课程，我们的课程就是我们实际的生活。"教学做合一"理论是生活教育理论的方法论，也是生活与教育关系的进一步说明。"教学做"是生活的三个方面，是一件事，不是三件事，在生活中通过"教学做合一"，实现了生活和教育、学校和社会的有机统一。

（2）"教学做合一"理论以"做"为中心。

教与学都以做为中心，在做上教就是先生，在做上学就是学生。陶行知主张要想教得好、学得好，就必须做得好，教与学都以做为中心。他进一步强调师生共同在做上学、在做上教、在做上质疑，陶行知甚至把是否重视做当成衡量教育是否真实的标准。

（3）教的方法依据学的方法，学的方法依据做的方法。

陶行知指出："教的方法根据学的方法；学的方法根据做的方法。事怎样做便怎样学，怎样学便怎样教。教与学的方法根据做的方法。教与学都以做为中心。"[①] 这与他在哲学上坚持的"知行合一"观有着内在的联系。做是学的中心，也是教的中心。

---

① 朱志仁，徐志辉. 陶行知生活教育理论简明教程［M］. 长春：东北师范大学出版社，2015：99.

(4)"教学做合一"要培养有生活力的人。

陶行知指出:"我们深信教育应当培植生活力,使学生向上长。"① 他认为教育的目的不是培养死读书的书呆子,而是培养具有生活力的人,"以后看学校的标准,不是校舍如何,设备如何,乃是学生生活力丰富不丰富。"

2. "教学做合一"理论对中学政治学科教学的启示

一位教师拥有什么样的教学思想会对学生的思想和素质产生重要影响。中学政治教师只有精准把握"教学做合一"理论的思想精髓,深度挖掘其教育价值,才能运用到教学实践中,让学生喜欢中学政治学科,摒弃"中学政治课只是死记硬背"的刻板印象。

(1)教学目标要落实"教学做合一"理论。

教学目标是先导,只有重视并正视教学目标,才能发挥它对整个教学过程提纲挈领的指导作用。在中学政治学科教学中,情感、态度与价值观目标落实"教学做合一"理论,需要学生在活动中、在实践中通过感性认识,实现向理性认知的转化,依据自身积极主动的体验,加深对所学知识的主观认识,从而形成正确的价值理念,提高思想道德水平;能力目标落实"教学做合一"理论,在于培养学生动手、动脑的能力,在积极思考的过程中,能够运用所掌握的知识指导社会生活实践,提升参与生活的实践能力,从而更好地适应社会;知识目标落实"教学做合一"理论,在于帮助学生搭建知识与生活实践的桥梁,逐步摸索规律,在做中学知识。

案例展现 1-6

如何讲解存款的有关知识

某位教师在教学《经济生活》第六课第一框"储蓄存款和商业银行"的内容时,先让学生向家长询问或者跟随父母去银行办理存款业务,在学生向银行"取经"的过程中,他们可以观察银行大厅里的各种电子展示牌。讲课时,教师可以让学生讲述他所观察到的存款流程、存款都需要哪些证件、大多数人去银行办理哪些业务等,这样既锻炼了学生的社会能力,又培养了学生的观察力和对经济现象的洞察力。教师依据学生的观察结果进行教学,就学生对储蓄存款不明确的内容有的放矢地进行启发、引导,让学生在体验生活的基础上积极思考,主动调取和组织头脑中保存的关于存款、存款的目的等知识,由内到外地进行提炼、整合,通过自己或者小组讨论得出结论,从而建构新经验、新知识。

---

① 周洪宇. 陶行知教育名论精要(教师读本)[M]. 福州:福建教育出版社,2016:27.

（2）教学方法要体现"教学做合一"理论。

第一，教的方法要体现"教学做合一"理论。

讲解法的主体一般是教师，也可以换成学生，角色对换后的讲解法与陶行知倡导的"小先生制"有异曲同工之妙。如某位中学政治教师在讲授《经济生活》第八课第二框"依法纳税"时，其中涉及"索要发票是间接地监督商家、企业纳税的行为"的知识点，该教师让学生结合自身的经验，根据自己对发票作用的认识进行讲解，然后教师依据学生的讲解情况有针对性地对其疏漏与疑惑之处进行点拨与指正。当然，讲解法并非指中学政治教师把课堂全权交给学生，此处只是基于"教学做合一"理论对讲解法做出的相应调整。

第二，学的方法要体现"教学做合一"理论。

学的方法要依据做的方法，教师要让学生形成主动学习的意识，能够对自己的学习进行设想、做规划，并且尽可能地使自己的知识技能建立在实践活动的基础上，在做中建构新经验。如小组讨论法是指教师将学生按照一定的人数进行划分，分组就某个问题进行分析、交流，表达自己的观点，并相互学习的方法。从"教学做合一"理论的角度来看这是学；此外，在讨论期间，学生自己的言论必定会影响其他同学的想法、思路，为其他同学深入思考问题提供一定的解题思路，从这种意义上来看这便是教，小组讨论本身就是做。正所谓"对事说是做，对己之长进说是学，对人之影响说是教"。

（3）教学过程要渗透"教学做合一"理论。

中学政治学科是以学生德育、审美情趣的发展，科学世界观的奠定为主要目标，不仅是一种特殊的认识过程，而且同时也是心理活动过程、社会化过程，教师在引导学生循序渐进地掌握科学文化知识和基本技能的同时，要着重帮助学生培养自学能力、调节情绪和情感，最终达到学以致用的目的。"教学做合一"理论对教学过程中师生的能动性有自己的特定认识，认为教学过程必须渗透生活、结合生活、不能脱离生活，因为理论来源于生活，而理论最终要回归生活、指导生活。由此可见，教学过程渗透着"教学做合一"理论。

（4）教学评价坚持"教学做合一"理论。

"教学做合一"理论体现了做事与做人的统一，主张知行统一。这与中学政治学科的教学评价标准是一致的，即教学评价是对学生情感、态度与价值观，能力目标和知识目标评价的统一，而不仅仅是学生习得抽象知识本身，更应关注学生的学习过程。

二、中学政治学科的教学规律

中学政治学科教学作为中学教学活动的重要组成部分，主要是指通过课堂教学、探究活动等形式，实现中学政治学科的教学目标，提升学生的思想政治和道德法治素养，培养学生的情感、态度与价值观。

（一）中学政治学科教学过程的特点与本质

中学政治学科的教学过程是学生在教师的指导下，德、智、体、美、劳全面发展的过程，是教与学的过程，是教师与学生双边活动的过程，是教学与教育过程的统一。中学政治学科的教学过程是学生获得知识、形成能力、修养品德和陶冶情操的过程，是教师的教学活动与学生的学习活动统一的过程。

对于中学政治学科教学过程本质的认识历来存在不同的观点，主要有德育说、情感说、实践说、生产说、交往说和活动说等。实际上，这些观点都是片面的，因为它们仅从教学过程的外部表现（现象）来看待问题，没有全面、辩证地看待教学过程的本质。

对于教学过程的本质，中学政治教师可以从宏观、中观和微观三个层次来看待问题。

从宏观层次上来看，教学过程涉及的是课程与教学的关系问题，因此教学过程的本质是课程的实现与开发过程。

从中观层次上来看，教学过程涉及的是教师与学生之间的关系问题，是学生自身的认知、情感和意志等因素共同作用和共同发展的问题。

从微观层次上来看，教学过程主要是学生的学习过程，即学生学习心理内部各因素的关系问题，是学生自身的认知、情感和意志等因素共同作用和共同发展的问题。

因此，教学过程是教师的教学活动和学生的学习活动相统一的过程，其本质是教师和学生认识和实践的活动，是教师和学生继承和创造的活动过程。

 链接阅读 1—5

> **教学过程的本质**[①]
>
> 教学过程是师生个体认识过程与人类一般认识过程的统一，教学过程是师生课堂交往过程的统一。一方面，教学过程是教的过程与学的过程的统一；另一方面，教学过程是教师与学生以课堂教学为基础的人际沟通、交往过程；教学过程是教养与教育过程的统一，在教学过程中，学生不仅知识增长、能力发展，而且思想情感、精神面貌、道德品质也同时受到熏陶、发生变化。

真题及解析

（二）中学政治学科教学的特点

课堂教学是中学政治学科教学得以实现的主要方式，与其他课程的教学相比，中

---

① 钟启泉，汪霞，王文静. 课程与教学论 [M]. 上海：华东师范大学出版社，2008：190-192.

学政治学科教学具有的特殊或突出之处在于预设性与生成性的统一、思想性与人文性的统一、重过程与重结果的统一。

1. 预设性与生成性的统一

预设性是指中学政治学科教学要求教师在上课前做好准备。教师要对学生的基本情况、教授内容、教学手段和教学目标等内容做好预期和筹划。生成性是指教师在教学过程中要根据具体情况，灵活调整教学方式，从而更好地完成教学任务。预设性与生成性在中学政治学科教学中互为补充，预设是课堂教学流畅的重要基础，生成是课堂教学生动的重要保障。

2. 思想性与人文性的统一

思想性是指中学政治学科教学要注重培养学生的思想政治和道德法治素养，将思想意识的教育培养摆在突出位置，坚持知识性服从思想性的基本原则。人文性是指中学政治学科要注重人文关怀，关心学生的思想成长，以学生为本。思想性与人文性统一于中学政治学科的教学过程中，且互为补充。

3. 重过程与重结果的统一

重过程是指教师将教学过程的逐步展开置于突出地位，引导学生参与中学政治学科教学，并不断思考、学会发现，进而实现自身认识的进步与提升。这是中学政治学科教学的实现途径。重结果是指中学政治学科教学的目的在于关注学生在政治素养、思想认识、意识水平等方面的进步，这是中学政治学科教学的最根本要求。

（三）中学政治学科教学需要遵循的基本规律

规律是事物之间的内在的必然联系，决定着事物发展的必然趋向。教学的基本规律是指教学实施过程中教与学之间固有的、内在的和必然的联系。它决定了教学活动发展的方向，是教学活动必须遵循的基本准则。

中学政治学科教学的基本规律是指在进行中学政治学科教学的过程中必须遵循的教与学之间固有的、内在的和必然的联系。中学政治学科教学需要遵循的主要规律除教学的基本规律外，还包括认识的渐进性规律、认识的曲折性规律和师生互动规律等。

1. 认识的渐进性规律

一次完整的认识需要经历从感性认识到理性认识的过程。对事物的认识，也要经历由浅入深的多次认识，这就是认识的渐进性规律。根据认识的渐进性规律，中学政治学科教学应该从学生可以感知的具体、生动的材料、数据、实例等出发，从学生关注的经济、政治、文化现象切入，学生理解和认识相关理论内容的过程也是认识水平逐步提升、理论认识逐渐深入的过程。

2. 认识的曲折性规律

人们认识事物从来就不是一蹴而就的，也不会一成不变，很多时候人们的思想认识会出现反复。根据认识的曲折性规律，中学政治学科教学应该允许学生在认识上出现不同的理解，逐步引导学生修正自己的认识，最终达到学生的思想认识与课程教学目标的统一。

3. 师生互动规律

教学过程的推动是由教师和学生共同参与并完成的，师生互动的状态与程度是决定教学活动效果的重要因素。师生互动规律要求中学政治学科教学应该在教师与学生的良好互动中展开，引导学生在师生互动过程中有所思考、有所进步，而这些条件应该是由教师主动创造的。

> **引 言**
>
> 玉不琢，不成器；人不学，不知道。这句话一方面承认人所拥有的天赋潜能，另一方面又强调人的成长必须通过学习才能懂得道理。古代《学记》所蕴含的教学思想对中学政治学科学习有重要的借鉴。①

第二节 中学政治学科学习的理论基础

数十年来，关于学习理论一直存在着两大派别的争论：一派认为学习是个体在一定条件下形成刺激与反应之间的联结而获得新经验的过程，主要有行为主义学习理论，代表人物是巴甫洛夫、桑代克、斯金纳、班杜拉等；另一派认为学习是个体积极主动地形成新的认知结构的过程，主要有认知主义学习理论，代表人物是克勒、布鲁纳、奥苏伯尔和加涅。建构主义学习理论是认知主义学习理论的发展，强调同伴合作学习的重要性，注重学会学习，即获得学习的能力。教师宜采用情境式教学，强调学习环境应是真实的任务情境，学习应与问题解决联系起来，主张教师在课堂上要提供问题原型，指导学生进行探索。我国实施新课改以来，建构主义学习理论得到了越来越多的关注。这些学习理论对中学政治学科的学习都具有一定的指导作用。

一、行为主义学习理论

行为主义学习理论盛行于20世纪50年代。巴甫洛夫、桑代克、斯金纳、班杜拉等一大批心理学家借助心理学的各种实验试图揭开人类学习之谜，他们创造了一个又一个奇迹。这个理论为教师指导学生学习中学政治学科提供了心理学依据。

（一）行为主义学习理论的经典案例

美国心理学家华生于20世纪初创立了行为主义学习理论。行为主义学习理论学派主张用客观的、实证的方法来研究人的外显行为。他们认为，只有从可观察到的、可测量的刺激和反应方面去研究，才能成为一门真正的科学。为此，他们致力于研究环

---

① 《儒家思想经典一百句》编写组. 儒家思想经典一百句［M］. 石家庄：河北人民出版社，2015：306.

境刺激与行为反应之间的规律性关系，认为学习是由经验引起的行为的相对持久的变化，其实质就是刺激与反应之间的关系联结，故该学派的学习理论也称刺激-反应学习理论。在行为主义学习理论学派里有不少代表人物，如桑代克、巴甫洛夫、格思里、斯金纳等。他们在坚持学习是刺激与反应之间的关系联结这一基本观点的同时，也各有一些独特的见解。

 案例展现 1-7

桑代克的学习理论[①]

桑代克是 20 世纪上半叶著名的心理学家。他设计了"饿猫开迷笼"实验来证明学习是一个尝试错误的过程（如图 1-2 所示）。

桑代克将饿猫关入笼中，笼外放一条鱼，饿猫急于冲出笼门去吃笼外的鱼。但是要想打开笼门，饿猫必须一口气完成 3 个分离的动作：先要提起两个门闩，然后是按压一块带有铰链的台板，最后是把横于门口的条板拨至垂直的位置。经观察，刚放入笼中的饿猫以抓、咬、钻、挤等各种方式想逃出迷笼，在这些努力和尝试中，它可能无意中一下子抓到门闩或踩到台板，或触及条板，结果使门打开。多次实验后，饿猫的无效动作越来越少，最后一入迷笼就会立即以一种正确的方式去触及机关打开门。桑代克认为，动物的基本学习方式是试误学习，人类的学习方式可能要复杂一些，但本质是一样的。从动物学习研究中，桑代克总结出了三条学习定律：(1) 准备律。一切反应是由个人的内部状况和外部情境所共同决定的。(2) 练习律。其实质就是强化刺激与反应的感应联结。(3) 效果律。强调个体对反应结果的感受将决定个体学习的效果。

图 1-2 桑代克的"饿猫开迷笼"实验

[①] 卢家楣. 学习心理与教学——理论和实践 [M]. 3 版. 上海：上海教育出版社，2017：20. 此处有改动.

模块一　中学政治学科教学理论篇

案例展现 1-8

巴甫洛夫的学习理论①

巴甫洛夫是苏联著名的心理学家，他设计了经典的"巴甫洛夫的狗"实验（如图1-3所示）。当作为实验对象的狗被喂食过几次之后，只要看到给它喂食的人（而不是等到食物被喂到它的嘴里），它就开始分泌唾液。这时，食物到底是什么就变得不再重要了。巴甫洛夫很快就意识到这条狗的行为为他开辟了一个崭新的领域——人以及其他动物是如何进行"学习"的。

巴甫洛夫认为"所有的学习都是联系的形成，而联系的形成就是思想、思维、知识"。他所说的联系就是指暂时神经联系。他说："显然，我们的一切培育、学习和训练，一切可能的习惯都是很长系列的条件的反射。"巴甫洛夫认为，学习是大脑皮层暂时神经联系的形成、巩固与恢复的过程。

图1-3　"巴甫洛夫的狗"实验

案例展现 1-9

斯金纳的学习理论②

斯金纳提出了行为主义学习理论，并设计了著名的"斯金纳黑箱"实验（如图1-4所示）。他提出了一种操作条件反射理论，认为无论是人还是动物，为了达到某种目的，都有一定的行为，这种行为受环境的影响。当行为的结果对他有利时，这种行为就会重复出现；当行为的结果对他不利时，这种行为就会减弱或消失。他的强化理论认为行为是结果的函数，行为是环境引起的，行为可以通过控制结果来进行强制性的改变，通过重复可以强化某种行为。

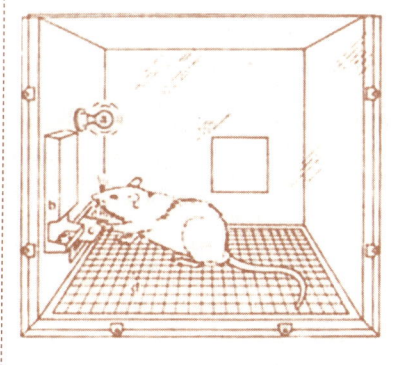

图1-4　"斯金纳黑箱"实验

---

① 卢家楣. 学习心理与教学——理论和实践［M］. 3版. 上海：上海教育出版社，2017：20-21. 此处有改动.

② 职慧勇. 心理：透视内心世界［M］. 北京：中国民族摄影出版社，1998：82-83. 此处有改动.

（二）行为主义学习理论对我国中学政治学科教学的启示

行为主义学习理论认为，一切学习都是通过条件作用，在刺激和反应之间建立直接联结的过程。强化在刺激-反应联结的过程中起着重要作用。在刺激-反应联结中，个体学到的是习惯，而习惯是反复练习与强化的结果。习惯一旦形成，只要原来或类似的刺激情境出现，习得的习惯性反应就会自动出现。学生的思想政治和道德法治素养的养成也是需要反复练习与强化的。

1. 规定目标

学生在知识学习、能力提升、觉悟提高上都需要有明确的目标，学习的过程就是一个通过条件作用，在已知和未知之间建立起联结的过程。

2. 小步子前进

学习需要学生小步子前进，分阶段设立目标，并对目标予以明确规定和表述。对于学生的激励，中学政治教师首先要设立一个明确的、鼓舞人心而又切实可行的目标。只有目标明确而具体时，中学政治教师才能采取适当的强化措施。同时，中学政治教师还要将目标进行分解，将其分成许多小目标，学生完成每个小目标后中学政治教师都要给予强化鼓励。

3. 强化措施要具体

中学政治教师要依照强化对象的不同采用不同的强化措施。学生的年龄、性别、经历不同，需要就不同，强化方式也应不同。如有的学生重视物质奖励，有的学生更重视精神奖励，这时中学政治教师就应区分情况，分别采用不同的强化措施。

4. 及时反馈

要想取得最好的激励效果，中学政治教师就应该在行为发生以后尽快采取适当的强化方法。一个学生在实施了某种行为以后，即使是中学政治教师表示"已注意到这种行为"这样简单的反馈，也能起到正强化的作用；如果中学政治教师对这种行为不予注意，这种行为重复发生的可能性就会减小，以致消失。所以，中学政治教师必须将及时反馈作为一种强化手段。

5. 正强化比负强化更有效

在强化手段的运用上，中学政治教师应以正强化为主；同时，中学政治教师在必要时也要对坏行为进行惩罚，要奖惩结合。

二、建构主义学习理论

建构主义学习理论对我国新课改的影响很大。瑞士著名教育家皮亚杰是认知发展领域最具有影响力的一位心理学家，他关于建构主义的基本观点是：学习者是在与周围环境相互作用的过程中，逐步建构起关于外部世界的知识，从而使自身的认知结构得到发展。学习者在接收信息时不是被动的，而是根据自己原有的知识对当前的知识进行积极的建构。

建构主义学习理论认为，学习者的学习有两个基本过程，即同化和顺应。同化是指认知结构数量的扩充，顺应是指认知结构性质的改变。学习是学习者在一定的情境即社会文化背景下，借助他人（包括教师和学习伙伴）的帮助，利用必要的学习资料，通过意义建构的方式获得知识的过程。

（一）建构主义学习理论的主要观点

1. 知识观

建构主义学习理论在强调知识的相对性、情境性的同时还强调知识的个体性与建构性，认为知识不可能以实体的形式存在于个体之外。尽管人们通过语言符号赋予知识一定的外在形式，甚至这些观点还得到了较为普遍的认同，但是这并不意味着学习者对这些观点有同样的理解，因为这些理解只能由学习者基于自己的经验背景建构起来。

2. 学习观

（1）学习不是由教师把知识简单地传递给学生，而是由学生自己对所学的知识进行建构的过程。

（2）学习不是学习者被动地接收信息刺激，而是主动地建构意义，是根据自己的经验背景对外部信息进行主动的选择、加工和处理，从而获得自己的学习意义。

（3）学习意义的获得是每个学习者以自己原有的知识经验为基础，对新信息重新认识和编码，建构自己的理解。学习既是学习者个人的建构活动，同时也是学习共同体的合作建构过程。

（4）同化和顺应是学习者认知结构发生变化的两种途径或方式。同化是认知结构的量变，而顺应则是认知结构的质变。同化—顺应—同化—顺应循环往复，平衡—不平衡—平衡—不平衡相互交替，学习者的认知水平的发展就是这样的一个过程。

3. 学生观

学习者是学习的主体，是意义的主动建构者。他们不是一张白纸，不是空着脑袋走进教室的，在他们走进教室之前就已经在日常生活中积累了不少的知识经验，对任何事情他们几乎都有自己的看法。因此，当他们学习新的知识时，总会凭着原有的经验去理解和吸收。学生是意义的主动建构者、是学习的主体。当然，建构主义学习理论在强调学生在学习过程中的主体作用的同时并没有轻视或否认教师的主导作用。

4. 情境观

建构主义学习理论十分强调情境对意义建构的作用，认为学习总是与一定的社会文化背景即情境相联系的，"在实际情境下进行学习，可以使学习者能利用自己原有认知结构中的有关经验去同化和顺应当前学习到的新知识，从而赋予新知识以某种意义；如果原有经验不能同化新知识，则要引起'顺应'过程，即对原有认知结构进行改造与重组。总之,通过'同化'与'顺应'才能达到对新知识的意义建构。"①

因此,在教学中教师必须创设具体的、真实的情境,促进学生对知识的意义建构。需要说明的是,意义建构是建构主义学习理论最基本、最核心的概念,它是整个学习过程的最终目标。

(二)建构主义学习理论对我国中学政治学科教学的启示

1. 关注学生的主体性

建构主义学习理论强调知识和学习的建构性,认为学习实质上是学习者个体的"自我建构。"从建构主义视角来看,传统的中学政治学科教学应该由对学生主体性的漠视走向对其关注。关注学生的主体性除必须转变传统的教学观念、明确师生在教学中的地位和作用外,还要引导学生进行建构性和探究性学习。建构性的道德教育是与简单机械的道德知识"灌输"、道德规范和道德原则的复制、"外铄"有着根本的区别,它的本真意义在于:道德价值引导下的自主建构。②

链接阅读1-6

> **"模拟政协"活动与公民教育**③
>
> 自2015年起,江苏省常州市整体开展了"全国青少年模拟政协活动"(以下简称模拟政协活动)。模拟政协活动可以说是适合我国国情的公民教育方式。在模拟提案的形成过程中,选题可以培养学生发现问题的能力,调研可以培养学生分析问题的能力,建议可以培养学生解决问题的能力,组内共同商讨提案可以培养学生合作交流的能力,提案的展示过程则可以培养学生演讲和表达的能力。最重要的是,开展模拟政协活动,让学生通过实践与其他人或团队的思想、观点发生交融,进而让学生了解中国的国情、理解中国的政体,有效提高了学生的国家自信和制度自信。模拟政协活动关注学生主体,注重发挥活动在学生公民教育中的价值。

2. 链接学习者的生活经验,关注学习者的日常生活世界

建构主义学习理论特别强调学习者在自主建构过程中原有生活经验的作用,并把学习者原有生活经验作为其自主建构的基础,学生获得的任何知识都是在他的整体生

---

① 夏凤琴,姜淑梅. 教育心理学 [M]. 北京:清华大学出版社,2015:77.

② 刘春晓. 建构主义视角下传统思想政治课教学的实然分析与应然走向研究 [D]. 广西师范大学,2007. 此处有改动.

③ 高丽. 从"模拟政协"看思想政治课核心素养培育的新路径 [J]. 中学政治教学参考(上旬·高中),2016(11):14. 此处有改动.

活经验的基础上进行理解的,需要他的整体生活经验的参与,而且他所获得的知识还必须经过整体生活经验的整合而有机地联系在一起,真正成为他自己的经验。教师要注意在教学中联系学生的生活实际用好、用活教材,充分考虑学生的生活经验与真实体验。

3. 重视情境的作用及其创设

建构主义学习理论十分强调情境在学生个体自主建构中的重要作用,认为学生的自主建构总是以一定的情境为条件的。建构主义学习理论对情境的强调意味着在教学中对情感体验的重视,具体到学校道德教育领域,就是对道德情感的重视。由此可见,中学政治学科在对学生进行教育时就应该创设恰当的、多元的道德情境,引发学生的价值冲突,激发学生的道德思考,在充分考虑学生的年龄特征和认知特点的基础上,尊重学生的真实道德情感,帮助学生直面生活中的道德困惑,而不是让他们一味地记诵一些抽象的、普遍的道德规范。

案例展现 1—10

《民主选举:投出庄严的一票》教学情境创设①

[教学片段一]

教师组织学生观看当地村委会主任或居委会主任选举现场的视频。

教师问:同学们,看完视频,你们的第一个感受是什么呢?这和你们原来的"认为"相同吗?

学生思考并回答:原以为村委会主任是个小官,选举可以"随便"一些,但看了视频,意识到村委会主任的选举这件事严肃而重要。

(其他的学生若有所思,点头表示认同)

教师引导:同学们体会到了选举是件庄严的事情。这个情境向我们提出一个什么问题呢?

学生议论:一名合格的选举人应该是什么样子。

[教学片段二]

教师引导并提问:(1)从刚才的视频中我们看到有少数村民在"敷衍"和"旁观"。假如你是现场组织者,请你围绕规范、理性和责任三个词写一个"指导村民选举"的谈话提纲。(2)结合班干部选举的事实,对照所学的知识,你觉得作为一个选举人还应该从哪些方面改进自己?

---

① 许大成. 教师课程实施力:教给学生进入世界的知识[J]. 中学政治教学参考(上旬·高中),2016(10):14-16. 此处有改动。

学生思考并议论，一个学生说书上找不到答案。

教师引导：结合视频，并思考我们的生活和教材上的知识，你们就可以找到答案……

[教学片段三]

教师问：一名合格的选举人应该是什么样子的呢？

一个学习小组：遵守《中华人民共和国村民委员会组织法》，熟悉选举方式的优点和局限，理解村委会主任的职责，了解候选人的为人和事迹，认真理性地投票。

教师引导学生思考：同学们回答得很好。我发现你们没有照搬书本知识，而是把书本知识串联起来，符合问题解决的要求。你们做到的秘诀是什么？

某学生反思：说不清楚，但我感觉丰富了。特别是以问题为线索，让思维穿梭在书本与生活之间，课本成了我生活的工具。

教师鼓励并追问：你所悟出的方法很有价值。假如你在现场投票，你会把手中的一票投给谁，为什么？

…………

在上述案例展现中，该教师通过播放选举视频，创设学习《民主选举：投出庄严的一票》的教学情境，并通过提问、追问、讨论等方式组织学生进行学习，把课本知识还原到生活中、提问中、意义中，引导学生探索问题，在探索的过程中形成迁移能力并生成了个人知识。

4. 营造浓郁的互动、合作氛围

建构主义学习理论也十分重视互动合作在学习者个体自主建构中的重要作用，认为教师是学习者意义建构的促进者，学习环境的提供者和创设者；学习者是积极的、社会性的学习者和情感的体验者。从建构主义视角来看，传统中学政治学科教学应该走向重视互动、合作的意义与价值，努力营造浓郁的互动、合作氛围，自觉消解教师的绝对权威，尊重信任学生，善于与学生交流、沟通。

专题小结：

本专题主要介绍了与中学政治学科教学密切相关的教学理论和学习理论：主要的教学理论有对话教学理论、建构主义教学理论、"教学做合一"理论；主要的学习理论有行为主义学习理论和建构主义学习理论。这些教学理论和学习理论丰富了我国中学政治学科教学的理论基础，为中学政治学科教学提供了理论支撑。

学习反思：

1. 不同的教学理论对我国中学政治学科教学有什么影响？

2. 学习理论主要有哪些，请你选择一个学习理论谈谈其对我国中学政治课教学的启示。

资源链接：

许丽丽，侯怀银. 改革开放以来生活教育理论研究的回顾与展望［J］. 南京晓庄学院学报，2019（2）.

模块二
中学政治学科教学实践篇

  中学政治学科教学从本质上来讲是一个有计划、有目的、系统的教育实践活动，涉及方方面面的实践要素，需要中学政治教师树立正确的教育观、课程观、教学观和评价观，综合运用学科专业知识、教育理论知识和实践性知识，构建一个适应基础教育实践需要的中学政治教师能力体系。

专题一

中学政治学科教师论

☞ **通过本专题的学习，你将：**

1. 了解中学政治教师的职业特点与价值引领功能，树立职业自信心和责任感；
2. 严格要求自己，只有具备良好的素质才能胜任中学政治教师的工作；
3. 认清中学政治教师的角色，规划专业发展的路径。

> **引 言**
>
> **教师的法定职责**
>
> 教师是履行教育教学职责的专业人员，承担教书育人，培养社会主义事业建设者和接班人、提高民族素质的使命。教师应当忠诚于人民的教育事业。

第一节 中学政治教师的职业特点与价值引领功能

一、中学政治教师的职业特点

不同的职业在性质上的差异使每种职业所扮演的角色表现出不同的特点。中学政治教师的职业特点主要表现在以下三个方面：

（一）职业角色的多样化

角色是每个人在一定的社会规范中履行一定的社会职责的行为模式。每个人在社会中同时扮演了许多角色，如一个人作为社会公民要扮演相应的公民的角色，作为家庭成员要扮演相应的家庭成员的角色，作为某一劳动集团的成员要扮演相应的职业角色。

与其他的职业相比，中学政治教师的职业角色非常丰富。一般来说，中学政治教师的职业角色主要有：

1. "传道者"的角色

中学政治教师具有传递社会传统道德、正确价值观念的使命，正所谓"道之所存，师之所存也"。进入现代社会后，尽管道德观、价值观呈现出多元化的特点，但中学政治教师的道德观、价值观总是代表着占社会主导地位的道德观、价值观，并且用这种观念来引导年青一代。因此，中学政治教师在教学中要注重对学生进行情感、态度与价值观的培养。除社会一般道德外，中学政治教师对学生的"做人之道""为业之道""治学之道"等也有引导和示范的责任。

2. "授业、解惑者"的角色

"师者，所以传道授业解惑也"。中学政治教师是各行各业建设人才的培养者，他们在掌握了人类经过长期的社会生活实践所获得的知识经验、技能的基础上，对其进行精心的加工、整理，然后以利于年青一代学习、掌握的方式传授给学生，帮助他们在很短的时间内掌握人类几千年来积累的知识；在学生遇到困惑时，启发他们的智慧，帮助他们解除困惑，使他们形成自己的知识结构和技能技巧。

3. 示范者的角色

中学政治教师的言行是学生学习和模仿的榜样。夸美纽斯曾经很深刻地揭示了这种角色的特点，他认为教师的职责是以自己为榜样来教育学生。因为学生具有向师性的特点，中学政治教师的言论、行动、为人处世的态度都会对学生产生耳濡目染、潜移默化的影响。

4. 父母与朋友的角色

中学政治教师往往被学生视为自己的父母或朋友：低年级的学生倾向于把中学政治教师看作是父母的化身，对他们的态度类似于对父母的态度；高年级的学生则往往视中学政治教师为朋友，希望得到他们在学习、生活、人生等多方面的指导，同时也希望中学政治教师成为分享自己的快乐与痛苦、幸福与忧愁的朋友。

5. 研究者的角色

中学政治教师的工作对象是充满生命力的、千差万别的个体，传授的内容是不断发展变化的科学知识和人文知识，这就决定了中学政治教师不能用千篇一律的态度对待自己的工作，而是要以一种研究的态度来对待自己的工作对象、工作内容和进行各种教育活动，不断地学习新知识、新理论，不断地反思自己的实践和经验，不断地反思新的特点和问题，以便使自己的工作不断地适应新的、变化着的形势，工作能有所突破和创新。

中学政治教师职业的这些角色特点，决定了其职业的重要意义和重大责任。

链接阅读 2-1

> **教师的作用**[①]
>
> 真正具有教师气质的人更希望在自己的著作中长存，而非依赖自己的躯体。精神上的独立感对于教师履行职责至关重要，因为他的职能在于传授知识、培植理性，以形成公众舆论。

---

① 吴国平. 站住讲台的力量：文化·教师·讲台［M］. 上海：上海教育出版社，2017：319.

（二）教师学习的专业化

中学政治教师要想成功地扮演教师角色并保持良好的职业形象，就必须接受专门的专业学习。中学政治教师专业学习的内容包括：

1. 专业意识

教师职业最大的功能和最明显的特征就是育人，也可以说育人是教师的天职。因此，教师应教会学生做人的道理，教会学生如何做人，使学生成为全面发展的对社会有用的人才。因此，中学政治教师要形成对教师职业的意义和价值的认识、对教师职业的社会期望的认识，以及由此形成的强烈的从业、敬业、乐业的动机。

2. 专业态度

教师职业具有很强的责任性，不仅关系到教育本身，而且直接关系到学生的素质，关系到国家的进步和发展。因此，教师应有正确的专业态度才能担负起如此重要的责任。中学政治教师要形成正确的专业态度，即对待教育要鞠躬尽瘁、甘为人梯；对待学生要倾心相待、诲人不倦；对待同事要精诚合作、协同施教；对待自己要严于律己、为人师表。

3. 专业知识

由于学生的多样性和教育学生过程的复杂性，以及教学工作的技巧性决定了教师职业具有复杂性，因此需要教师具有广博的知识。中学政治教师要具有从事教学工作所必需的专业知识，即具备广博的普通文化知识、所教学科的知识及教育心理学知识。这些知识的掌握和运用强度是衡量中学政治教师职业专业化水平最重要的标志。

4. 专业技能

中学政治教师从事教学工作所应具备的基本技能包括了解学生的情况、确定学习目标、制订教学计划与方案、设计教学程序，课堂讲授与板书、演示与实验、使用多媒体网络教学技术、课外活动组织以及激发学生的学习积极性、教会学生学习、评价教学效果等教学技能。

5. 专业品质

教师是一种崇高的社会职业，因此，教师应具有奉献精神。中学政治教师要养成从事教学工作所需要的个性品质，包括具有广泛的兴趣、能和学生打成一片、具有丰富的情感和乐观精神，相信每个学生的发展潜能；热爱学生、热爱教育，能客观公平地对待每个学生；沉着、自制、耐心，对艰苦的教育工作具有坚忍不拔的意志，具有创新精神，善于接受新事物、新观念等。

一位中学政治教师，只有通过教师职业的专业训练，取得一定的资格，才能成为符合教师职业规范要求的专业成员。

 资料卡片 2-1

《中学教师专业标准》（试行）的理念

1. 师德为先

热爱中学教育事业，具有职业理想，践行社会主义核心价值体系，履行教师职业道德规范，依法执教。关爱中学生，尊重中学生人格，富有爱心、责任心、耐心和细心；为人师表，教书育人，自尊自律，以人格魅力和学识魅力教育感染中学生，做中学生健康成长的指导者和引路人。

2. 学生为本

尊重中学生权益，以中学生为主体，充分调动和发挥中学生的主动性；遵循中学生身心发展特点和教育教学规律，提供适合的教育，促进中学生生动活泼学习、健康快乐成长，全面而有个性地发展。

3. 能力为重

把学科知识、教育理论与教育实践相结合，突出教书育人实践能力；研究中学生，遵循中学生成长规律，提升教育教学专业化水平；坚持实践、反思、再实践、再反思，不断提高专业能力。

4. 终身学习

学习先进中学教育理论，了解国内外中学教育改革与发展的经验和做法；优化知识结构，提高文化素养；具有终身学习与持续发展的意识和能力，做终身学习的典范。

（三）职业效果的深远性

一般物质生产性劳动和一般精神生产性劳动的劳动效果往往很快就会呈现出来，如工人、农民、科学家的劳动成果。他们在劳动之后往往很快就能见到自己的劳动成果。但是，教师的劳动效果不是很快就会显现出来的。

教师的劳动是一种直接的育人活动，教师的劳动效果要通过自己的劳动对象，也就是学生的知识、能力的获得，道德品质的提高、变化、发展反映出来。中学政治教师对学生的思想道德教育是长期培养的过程，情感、态度与价值观的提高、变化、发展的过程是漫长的过程：一是因为人的思想变化是个漫长的过程；二是因为学生的知识结构和道德品质的变化，只有通过社会生活实践才能真正充分地得到反映。进行社会生活实践是一个漫长的过程，学生的学习效果不仅表现在在校期间的学习活动中，而且更多地表现在进入社会以后的社会生活实践中。由于教师工作的效果显现得比较慢，所以对教育成果和教学效果的评价不应该是一时一事的评价，而应该对学生采用发展性评价。

二、中学政治教师的价值引领功能

人们普遍认为教师的专业精神、专业知识和专业技能是决定中学政治学科教学质量的最主要因素，教师的价值引领对中学政治学科教学质量的决定作用不可小觑。中学政治教师可以从以下三个方面发挥其价值引领功能：

（一）坚持正面教育与辩证分析相结合

由于学习的深入和思考的加深，学生会对教科书的一些内容产生质疑，对中学政治学科的教学内容缺乏信任感，认为教科书说一套，自己在生活中见到的又是另一套。

上述问题的产生是正常的，中学政治教师应坚持正面教育与辩证分析相结合：一方面，中学政治教师可以精选一些正面的典型事例来充实教学内容。如获得第22届中国新闻奖一等奖的《就业局长"潜伏"打工探扬州用工》，其主人公陈家顺本是云南省曲靖市就业局的副局长，通过"潜伏打工"，帮助乡亲们外出务工，踏踏实实地为当地农民做实事。他用自己的行动诠释了人民公仆为人民的宗旨。另一方面，中学政治教师要注重引导学生用发展的眼光看问题。如面对经济社会发展中出现的生态环境保护差强人意的问题，中学政治教师要引导学生树立青山绿水就是金山银山的意识，理解和支持国家落实可持续发展的理念，用发展的观点看待现实生活中的难题。

（二）坚持正确引导与实事求是相结合

坚持正确引导，第一要对学生进行日常行为习惯的教育和引导。比如，针对学生盲目攀比、追求名牌和浪费水电、粮食等现象，中学政治教师可以结合《树立正确的消费观》一课的教学，努力培养学生勤俭节约、艰苦奋斗的作风，让学生结合实际情况和切身体会进行讨论。第二要在课堂教学中对学生加强诚信教育。比如，在讲授《市场配置资源》一课的内容时，中学政治教师可以让学生在课前查找有关诚信的谚语和事例，课上采取男生和女生竞赛的方式，调动学生的积极性；课上结合社会事例和身边事例，让学生参与讨论，使学生认识到诚信的重要性和失信的危害性。第三要在课堂教学中对学生进行反对享乐主义和个人主义的教育。比如，在进行综合探究《树立正确金钱观》一课的教学时，中学政治教师可以结合最新、最典型的事例，通过表演、提问题、讨论、辩论等多种形式，使学生受到思想上的启迪。

实事求是就是从客观存在的规律和实际出发。在中学政治学科教学中，中学政治教师应把课堂教学的话语权更多地交给学生，创设合理的情境，设计恰当的问题，引导学生具体问题具体分析，在复杂的社会生活中，培养学生分清是非、荣辱、美丑，增强抵制各种信息污染的能力；引导学生在范例分析中展示观点，在价值冲突中识别观点，在比较鉴别中确认观点，而不是一味地压制学生表达真实想法或任由错误的观点牵着鼻子走。

（三）坚持民主实践与理性思考相结合

一方面，中学政治教师要研究课堂教学，积极转变教学方式，以教学方式的转变促进学生学习方式的转变，培养学生自觉地运用马克思主义基本立场、观点和方法分析社会问题和社会现象的能力；另一方面，中学政治教师又要积极投身现实生活，在民主政治实践中发挥积极作用。例如，中学政治教师要及时地为校领导提供改进选举工作的意见和建议，使选举活动规范有序，发挥基层民主的积极作用，进一步激发广大教师参与民主活动的积极性、创造性，推进学校各项事业健康有序地发展等。

中学政治教师具有价值引领功能，应该把教育建立在真实、全面的生活基础之上，尤其要从"社会黑暗面就是真实生活"的误区中走出来，回归真实而全面的生活，只有这样才能结出真实的教育之果。不仅如此，中学政治教师还应该精选教学内容，倡导真诚交流，增强参与体验，更好地发挥对学生成长的价值引领功能，牢记自己的使命在于引导学生通过对现实生活的感知和体验，发展其在未来生活中的能力，培养其改造现实生活、适应未来生活的正确价值观。

> **引 言**
>
> ### 孩子，我为何要向你道歉[①]
> ——一位中学政治教师的手记
>
> 在政治课上，女同学 A 屡屡走神，且不时地起哄干扰教学秩序，被我制止并当众严厉批评。事后，A 找到领导，控诉我不尊重学生。
>
> 翌日，我把 A 请到办公室，未等我开口，她主动地表态："老师，你不用向我道歉，这事我已经准备忘记并原谅你了。"
>
> "我为何要向你道歉？"我笑着问。
>
> "老师当众批评学生是不尊重学生人格的表现，当然要为此说对不起了。"A 理直气壮地说。
>
> "那么，我批评你的起因是什么？"
>
> "因为我上课走神，还干扰了课堂秩序。"A 的声音有些发虚。
>
> "我该不该批评你？"
>
> "应该，但您不应该当着大家的面批评我，人都是有尊严的。"A 不服气地反驳。
>
> "好，今天我们就谈谈尊严、尊重的问题。请问，公共秩序和其他同学的权利应不应该得到尊重？为什么有人公开不尊重他人的权利却不能对其公开批评呢？"
>
> 良久，她对我说："以前从未有人这样对我，即使犯错了，但也都是私下批评我，今天我本来是来接受您的道歉的，想不到又被您教育了一通。"
>
> 见此，我缓和了语气："你要明白，不是所有人都要宽容你，不是任何错误都可以原谅，也不是任何批评都要私下进行，如果他人剥夺了你的权利，老师也保持沉默，你做何感想？"
>
> A 若有所悟："老师，我好像明白了，我会永远记得您这一声棒喝！"
>
> 教育不仅仅是表扬，科学适度的惩戒是完整教育的重要组成部分，它向提升中学政治教师的素质提出了更高的要求。

第二节　中学政治教师应具备的素质

一、坚定的思想政治素质

思想政治素质是中学政治教师应具备的最根本、最重要的素质，对其他素质起着

[①] 吴光全. 孩子，我为何要向你道歉？[J]. 中学政治教学参考（上旬·高中），2016（3）：42. 此处有改动.

支配和决定作用,也是其做好中学政治学科教育、教学和科研工作的前提。

在事关政治原则、政治立场和政治方向的问题上,中学政治教师必须与党中央保持一致,否则不得从事这一工作。习近平总书记指出:"政治教师政治要强,让信仰的人讲信仰,善于从政治上看问题,在大是大非面前保持政治清醒。"①

一位高水平的中学政治教师必须具有坚定的共产主义信念、坚定和正确的政治立场、较高的政治和政策水平、较强的政治鉴别力和政治敏锐性,如此才能在纷繁复杂的形势面前保持清醒的头脑,把握正确的政治方向,在思想上、政治上与党中央保持一致,自觉地对学生进行爱国主义、集体主义、社会主义教育;才能在政治问题的面前明辨是非,科学地把握各种社会思潮和思想问题,并有针对性地进行中学政治学科教学;才能正确、有效地认识、理解、掌握和运用党的各项方针政策,正确地区分政治问题和学术问题、思想意识问题和思想认识问题、动机问题和方法问题的界限,有效地开展中学政治学科教学工作。

二、高尚的思想品德修养

教师的言行修养和道德觉悟影响着整个教学过程,因此,中学政治教师要努力培养崇高的思想品德修养。

第一,中学政治教师要加强思想政治素质建设:认真学习马克思列宁主义、毛泽东思想、邓小平理论、"三个代表"重要思想、科学发展观和习近平新时代中国特色社会主义理论,全面理解和掌握其理论精髓和精神实质;认真学习党的路线、方针、政策,树立正确的世界观、人生观和价值观,培养明辨是非的能力,真正掌握马克思列宁主义的真理性和科学性,坚定社会主义信念,逐步提高自身的思想素质。

第二,加强中学政治教师的师德建设,提高教师的思想道德素质,直接关系到党的各项方针、政策在中学的有效落实,关系到青年学生正确的人生观、价值观的树立。

要加强社会主义核心价值观教育,将师德养成教育浸润于高校思想政治教育专业职前教师培养的全过程,构建以师德养成为底色的教师教育课程体系。

链接阅读2-2

教师,请学会欣赏②

开学的第一节班会课上,江苏省政治特级教师倪绍旺老师作为班主任向全班同

---

① 习近平. 学校思想政治理论课教师座谈会 [N/OL]. [2019-03-19]. http:picture.youth.cn/qtdb/201903/t20190319_11900180_2.htm.

② 王淑杰. 记充满教育情感和情怀的倪绍旺教师 [EB/OL]. [2019-01-15]. https://www.meipian.cn/plp0mxy. 此处有改动.

学说出了自己爱的宣言:

你是我的宝贝!

你们是我的宝贝!

你们都是我的宝贝!

你们永远是我的宝贝!

课后,倪老师把小小叫到办公室谈心。这是一名全校闻名、一言不合就殴打同学、辱骂老师的女生。小小心想又是倪老师千篇一律的劝解、告诫吧。不料,倪老师和颜悦色地对她说:"你想想倪老师上课说了哪四句话?"小小说:"老师,你上课说了那么多,我不知道是哪四句啊?"倪老师笑着说:"你再想想。"小小这时略带羞涩地说:"你说俺是你的宝贝。可是我的表现很差,还能是老师的宝贝吗?"倪老师依然带着满脸的笑容说:"孩子啊,我说你是我的宝贝,但没说表现好的是我的宝贝,表现不好的就不是我的宝贝啊!我说的是'你是我的宝贝!你们是我的宝贝!你们都是我的宝贝!你们永远是我的宝贝!'当然包括你了。"小小不好意思地说:"老师,我经常管不住自己。"倪老师说:"能认识到管不住自己,说明你是一个很善于反思自己行为的好孩子,老师没让你一下改掉所有的坏习惯,你慢慢来,老师相信只要你能改掉坏习惯,咱们班所有的同学应该都可以!"

有人说,师德就是爱,爱一切的孩子,爱孩子的一切。

请结合以上资料,谈谈你对中学政治教师的师德的看法。

三、扎实的专业基础知识

中学政治教师不仅是一种职业,而且也是一种专业,因此要具备专业基础知识。教学总是要求教师要学习一定的知识信息,教师没有专业知识就无法完成教学任务。由于中学政治学科是一种以德育为主要目标的综合性的人文社会科学常识课,因此中学政治教师需要具备的专业基础知识也就具有综合性,可以划分为以下四种基本类型:

(一)学科性理论知识

学科性理论知识又称书本知识或间接经验,就是同中学政治学科相关的,以系统的科学理论体系展现出来的专业学科性知识。其最主要的内容是以马克思列宁主义为核心的综合性人文社会科学常识,包括哲学、政治学、经济学、社会学、法学、伦理学等。学科性理论知识的特点是间接性、系统性、理论性,是人类在某一学科领域认识成果的系统的归纳和总结,是中学政治学科课程内容的主要成分,是中学政治教师知识素质的最基本的要求。中学政治教师认真学习和全面掌握这些学科性理论知识是搞好教学工作的基本前提。

（二）学科教学知识

中学政治教师需要掌握《普通高中思想政治课程标准》（2017 年版）（以下简称《思想政治新课标》）和《义务教育思想品德课程标准》（2011 年版），掌握中学政治学科课程资源开发与利用的主要方法与策略，了解学生在学习中学政治学科内容时的认知特点，掌握针对中学政治学科内容进行教学的方法与策略。认真学习和掌握学科教学知识是中学政治教师搞好中学政治学科教学的基本前提。

（三）生活性知识和经验

生活性知识和经验就是教师与学生的社会生活经验，也叫实践经验，包括教师与学生对社会的历史和现状以及自身生活经历的感受、体验和认识（感性的和理性的）等。师生的生活经验在教学活动中具有十分重要的意义：从本质上来讲，教学活动并不完全是传习书本知识，在很大程度上是师生之间的一种社会生活经验的交流、沟通、引导和模仿。教师的社会生活经验越多，对学生的指导和引导就会越有利，学生的收获也就会越大。没有任何社会生活经验的教师是不可能对学生的学习提供帮助的。因此，任何一位中学政治教师都应该积极主动地深入实践、深入生活，努力扩大和不断地积累自己的社会生活经验。

（四）通识性知识

通识性知识就是除中学政治学科的专业知识和社会生活经验外的其他文化知识，包括人文社会科学知识和自然科学知识，如语文、历史、地理、音乐、美术等学科知识。中学政治教师学习和掌握通识性知识，有利于扩大知识面，帮助他们加深对专业知识内容的理解，提高教学质量；有利于他们对学生的学习和成长做出全面的指导和引导，帮助学生全面发展。因此，通识性知识也是中学政治教师素质结构的重要内容和表现，每位中学政治教师都应当全面学习，不断地丰富和扩大自己的知识面。

四、熟练的教学技能

课程与教学不仅是一种理论，而且也是一种实践，是一种操作技术和操作技能。因此，中学政治教师应当具有熟练的教学技能，主要包括以下三个方面：

（一）教学与组织管理能力

中学政治教师的教学能力主要包括钻研、分析课程标准和教材的能力，制订教学计划和编写教案的能力，上课与说课的能力，复习辅导和考试考查的能力，总结讲评和教学反思的能力等。组织管理能力既体现在教学过程中，又体现在课外活动中，主要有组织课堂教学的能力、指导和组织学生开展课外活动的能力、进行班级管理的能力、建立广泛的社会联系和社会交往的能力等。组织管理能力是中学政治教师搞好教学工作和班级工作的重要保证，因而也是其素质的基本要求。

（二）学科教学能力

中学政治教师需要具备学科教学能力。学科教学能力包括教学设计能力、教学实施能力和教学评价能力。教学设计能力包括科学地设计教学目标和教学计划，合理地利用教学资源和教学方法设计教学过程，以及引导和帮助学生设计个性化的学习计划的能力；需要具备教学实施能力，包括营造良好的学习环境与学习氛围，激发与保护学生的学习兴趣，通过启发式、探究式、讨论式、参与式等多种方式，有效地实施教学，有效地调控教学过程，引发学生独立思考和主动探究，发展学生的创新能力，将现代教育技术手段渗透、应用到教学中的能力；同时还要具备教学评价能力，包括利用评价工具，掌握多元评价方法，多视角、全过程评价学生的发展，引导学生进行自我评价，及时调整和改进教学工作的能力。

（三）语言表达能力

中学政治教师的语言表达能力包括口头语言表达能力、书面语言表达能力和普通话表达能力等。教师的教学活动主要是通过口头语言和书面语言表达的方式来实现的，没有较好的口头语言、书面语言和普通话表达的能力，就不可能实现教学的目标和任务。

 资料卡片 2-2

> **承继匠人精神**[①]
>
> 有关中国匠人的记载中，有一个名字叫梓庆，一位 2300 多年前的优秀木匠。他是一名普通的民间艺人，却尽显古代"师者"宝贵的精神品格。新时期的教师肩负着更多的传道、授业、解惑的重任，应承继和弘扬中国传统的匠人精神。匠人精神是摒浮弃躁、刻苦钻研的精神，是专注忘我、精雕细琢的精神，是淡泊名利、默默奉献的精神，是回归生活、物我两忘的精神。

五、受人尊重的外在形象

中学政治教师的外在形象主要指中学政治教师的风度和仪表行为。

---

① 王海林. 承继"匠人精神"[J]. 中学政治教学参考（上旬·高中），2016（6）：1. 此处有改动.

（一）平等待人

中学政治教师要谦虚谨慎、尊重他人，对下级不盛气凌人，对上级不阿谀奉承；要平等待人，特别是要公平地对待所有的学生；要尊重学生，做学生的良师益友。

（二）语言要文明

中学政治教师要做到语言文明，只有美的语言才能启迪学生的心灵，才能体现教师的文化素质和道德素质。中学政治教师无论是在课堂上还是在其他的场合都要做到文质彬彬、温文尔雅、朴实温和。此外，中学政治教师的语言还要富于情感、美感，只有富有感情色彩的语言才能激起学生的情感体验。

（三）举止要从容、适度

中学政治教师的举止要从容主要是指其在教学活动空间变化的表现。中学政治教师的举止应当从容不迫，上课时要感情丰富、沉着镇定、胸有成竹、有条不紊、稳健亲切，不能行为失控、大吹大擂、缺乏修养。此外，中学政治教师在学生的面前还要举止适度、得体，教育学生时要掌握分寸，要恰到好处，要严中有度、严中有爱。

六、健康的身体素质和心理素质

身体是人生活的基础，是事业成功最基本的物质条件。没有健康的身体素质，任何完美的计划和美好的愿望都将成为泡影。因此，中学政治教师要有良好的身体素质，其基本标志是具有良好的体力和耐力，生活有规律，且精力充沛。因此，中学政治教师要有明确的生活目标，养成良好的生活习惯。

人的健康不仅是身体健康，而且也包括心理健康，身体健康和心理健康是互为条件、互为因果的。因此，中学政治教师还要具有良好的心理素质。由于受工作繁重、竞争压力大、社会对教师的期望值越来越高等因素的影响，教师面临着巨大的心理压力，因此，中学政治教师要善于调整自己的心态，不断地提升自己的心理素质，保持乐观向上、乐于反思的精神状态。

> **引 言**
>
> ### 十年，让教育情怀落地[①]
>
> 这些年，我珍惜所有的优质课、展示课、研讨课机会，用心甘情愿的心做力所能及的事；我珍惜课例撰写、课题申报、论文评比的机会，用专业的心做专业的事；我把闲暇时间交给阅读、反思、写作，用有意思的心做有意义的事。无数次的磨课、授课，让我对课堂充满自信；广泛的阅读，让我对课堂充满敬意；反思性的写作，让我对课堂产生期许。只有勇于实践、勤于阅读、善于反思、乐于写作，才会有专业底气、精神底色，才能有打动学生的精神力量。我想对自己说：专注地去探索"课的情调"，悉心地拨动"心的琴弦"，让情怀落地，不负此生，不负己心。
>
> 这位教师的十年成长历程，诠释了一位青年中学政治教师专业发展的经典路径：设计与实践；阅读与写作；反思与超越。

第三节 中学政治教师的专业发展

一、中学政治教师专业发展的内涵及特点

（一）中学政治教师专业发展的内涵

中学政治教师的专业发展是指中学政治教师在整个教学生涯中，通过自身专业意识的提高和外在专业背景的支持，不断地完善自己的专业知识、增强自己的专业技能和提高自身的道德修养，逐步成为一位优秀的中学政治教师的专业成长过程。

中学政治教师作为教师群体中的一部分，其发展要符合新课改的总体要求，即坚持以学生发展为本的理念，转变教师的教学方式和学生的学习方式，以及具有信息技术与学科整合的能力。中学政治教师专业发展的特殊内涵是由中学政治学科自身的学科特性所规定的。

（二）中学政治教师专业发展的特点

1. 具有阶段性

中学政治教师专业发展具有阶段性，分为职前专业发展阶段、入职阶段、在职积

---

① 张国平. 十年，让教育情怀落地［J］. 中学政治教学参考（上旬·高中），2016（3）：1. 此处有改动.

极阶段、相对停滞阶段和在职腾飞五个阶段。

2. 具有自主性

中学政治学科具有思想性、人文性、综合性和实践性的特点，由此决定了中学政治教师专业发展具有个性化和自主发展的需求。

3. 具有差异性

中学政治教师的专业发展表现在进行教学设计、组织教学活动、创设学习情境、诊断学生学习等多种活动中。由于中学政治教师自身的素质、条件不同，致使其专业发展的各方面也呈现出一定的差异性。

4. 具有实践性

中学政治教师的专业发展是教师主体通过各种实践活动与环境积极相互作用的结果，在实际的教学情境中，通过不断地观察、领悟、反思、实践而获得的。

二、中学政治教师专业发展的意义

（一）对教师的意义

中学政治教师的专业发展既是中学政治教师改善自身职业生存的有效方法和保障，也是社会对中学政治教师职业素养认可的重要前提。

（二）对学生的意义

中学政治教师在学生的发展中扮演着重要角色，其专业发展不仅关乎教师自身的发展，而且也是新时代学生发展的必要条件，学生的发展离不开中学政治教师的专业发展。

（三）对国家与社会的意义

百年大计，教育为本，教育大计，教师为本。从某种意义上来说，中学政治教师的专业发展成效将会影响国家与社会人才培养的质量和教学成效。

（四）对新课改的意义

新课改不是单纯地教科书更替，而是要在课程观念和课程体制两个层面实现同步的变革。中学政治教师的专业发展是新课改深入推进的必要前提，因而具有重要的现实意义。

三、中学政治教师专业发展的路径

（一）制定个人专业发展规划

中学政治教师的专业发展如何由"他主"转为"自主"，制定个人专业发展规划，用目标来引领是一种最有效的策略。它会促使一位只注重实践而不善于动脑的经验型中学政治教师逐步走上自主发展的专业之路。

1. 在认识自我中找到"短板"

在制定个人专业发展规划的过程中，中学政治教师要重新审视个人发展的状况，依据个人的实际，理性地分析自身的优点和缺点，更重要的是发现自己专业素质中存在的"短板"，从而突破制约个人专业发展水平的关键点。中学政治教师在制定个人专业发展规划时，要对自己的现状进行分析，认识到自己的优势和不足，在多次反复思考中对自己有一个清晰的认识。为了改变现状，中学政治教师应针对自己存在的"短板"来确定专业发展目标。

2. 落实目标，促进成长

中学政治教师在开始制定专业发展规划时，对自己的专业发展目标不一定有准确的认识，所制定的目标多半是不明确的，甚至是空洞的，所以要在实践中不断地进行修改，这样才能针对自己存在的"短板"找准发展方向，使专业发展目标的制定更具体、发展措施更切实可行。

3. 建立个人专业发展档案，在评价中改进

为了落实个人专业发展规划，促进自主发展，中学政治教师可以按自己喜欢的个性化的模式建立个人专业发展档案，内容包括阶段性成长规划、自己的教学理念、课题研究、各种活动记录、教学反思的相关材料、专业发展的有关奖励证书等。这样做的目的是促进中学政治教师进行自我评价，在不断的反思中寻找提高和改进的有效策略，提炼总结自己的成功经验，为形成个性化教学风格奠定基础。

在个人专业发展规划的引领下，中学政治教师不仅能够找到并弥补自己存在的"短板"，而且能够改变发展方式，实现自我超越，在扬长补短中形成自己专业发展的风格，从而打造更优秀的自我。

（二）积极参加校本教研活动

校本教研既是课程改革的需要，也是中学政治教师专业发展的需要。新课改需要研究型教师，校本教研为中学政治教师专业发展提供了机会和重要平台。

因此，中学政治教师要努力念好"校本教研"十字经，即"备、教、批、辅、考、学、记、思、听、研"。备，即中学政治教师每周要参加一次集体备课。教，即中学政治教师每期要上一节公开课。批，即中学政治教师每期要进行一次作业展览。辅，即中学政治教师要建立学生辅导档案。考，即中学政治教师要参与考试研究。学，即中学政治教师每周要参加一次业务学习。记，即中学政治教师在每节课后要撰写教后反思。思，即中学政治教师每周要撰写一篇教学反思、随笔、故事。听，即中学政治教师每周要听一节课。研，即中学政治教师每期要撰写一篇与课题相关的教学案例或教研论文。

（三）掌握教学反思的方法

教学反思不是教师简单地回头看，也不是单纯地找问题，更不是一味地自我批评，而是教师基于对真实的教学过程情境及其价值意义的自我再理解、再发现，对新的教育流程的重新建构过程。教学反思可以直接提高教师的教学水平，有利于教师的长远发展。中学政治教师进行教学反思的方法有以下六种：

1. 自我反问法

自我反问法是指中学政治教师对自己全部的教学流程进行自我观察、自我监控、自我调节、自我评价后提出一系列问题，以促进自己的反思能力提高的一种方法，如中学政治教师在设计教案时的自我反问和教学后的自我反问。

2. 教学诊断法

教学诊断法是指中学政治教师可以通过科学有效的教学诊断，帮助自己或他人减少教学遗憾的一种方法。"课堂教学是一门遗憾的艺术"[1]，科学有效的教学诊断可以帮助中学政治教师减少教学遗憾。中学政治教师可以从教学遗憾的研究入手，挖掘隐藏在其背后的教学理念。中学政治教师还可以通过各种渠道收集各种教学"病例"，然后进行归类，找出典型，针对"病理"进行分析，讨论影响教学有效性的各种教学观念，最后提出解决问题的对策。

3. 交流对话法

交流对话法是指中学政治教师可以借助集体备课、共同观课议课等活动就教学问题进行对话交流的一种方法。教师之间充分的对话交流，无论是对群体的发展还是对个体的成长都是十分有益的。如在集体备课时，中学政治教师可以向同事提出自己在教材解读、教材处理、教学策略、学生学法等方面遇到的疑点和困惑，请大家共同分析、共同诊断、共同反思，通过这种合作反思、联合攻关，可以达到相互启发、资源共享、共同成长的目的。

4. 案例研究法

案例研究法是指中学政治教师可以以案例来承载课程内容，通过对典型案例的分析，研究教学设计和实施中的问题的一种方法。在课堂教学案例研究中，中学政治教师首先要了解当前教学的大背景，在此基础上，通过阅读、课堂观察、调查和访谈等方法收集各种典型的教学案例，然后对教学案例做多角度、全方位的解读。中学政治教师既可以自己对课堂教学行为做出技术分析，也可以围绕教学案例中体现的教学策略、教学理念进行研讨，还可以就其中涉及的教学理论问题进行阐述。

---

[1] 任英杰，徐晓东. 隐性知识与教师专业发展——"中小学教师知行同盟"行思文集［M］. 沈阳：东北大学出版社，2009：269.

5. 观摩分析法

观摩分析法是指中学政治教师通过课堂、录像、网络视频等观摩自己和其他教师的课，并与其进行对话交流的一种方法。中学政治教师应多观摩其他教师的课，并与他们进行对话交流，这样才能取长补短。在观摩中，中学政治教师应分析其他教师是怎样组织课堂教学的，他们为什么这样组织课堂教学，自己会如何组织课堂教学，课堂教学的效果与他们相比有什么差距，从他们的教学中自己受到了哪些启发等。通过这样的反思与分析，中学政治教师能够得到启发和提高。

6. 总结记录法

总结记录法是指中学政治教师通过对自己或他人的课堂教学进行观察和反思后，对自己的所学所悟进行及时总结、整理的一种方法。一天的教学任务完成后，中学政治教师应该静下来仔细想想，这节课呈现的教学内容是否符合学生的年龄特征和认识规律，教学环节的安排是否合理，教学方法的运用是否得当，教学手段的运用是否充分，哪些行为是合理的，哪些地方做得还不够好，哪些地方需要进行调整、改进，学生的积极性是否调动了起来，自己成功或失败的原因何在，自己还有什么困惑等。中学政治教师把这些问题想清楚并记录下来，这样就可以为以后的教学提供宝贵经验，长期积累下来中学政治教师将获得一笔宝贵的教学财富。

案例展现 2-1

> **《校本课程三十六计当中的哲学智慧》的实施反思**[①]
>
> 与学生的深度接触引发了我的诸多思考，渐次将着力点放在"3W"问题的解决上。
>
> 1. 教什么（What）——"三多"与"三少"
>
> 依据学生的特点，循序渐进，巧妙地将三十六计当中的每个计谋与学生所学的哲学知识、生活常识等联系起来，使教学内容富有实用性和灵动性，有效地防止教学内容的泛化、虚化和窄化，做到了：课外延伸多，考点灌输少；生活诉求多，刚性教案少；文史哲有效整合多，学科单打独斗少。
>
> 2. 怎么教（How）——"三少"与"三多"
>
> 教师对教学策略和教学手段的选择对教学内容和教学目标的实现有着至关重要的影响。施教中，教师要力争做到：讲授少，自主探究多；板书少，鲜活影像多；作业少，课堂思维碰撞多。

---

① 窦月玲. 浸润文化滋养　融贯哲思品行——校本课程《三十六计中的哲学智慧》行思录[J]. 中学政治教学参考（上旬·高中），2015（12）：48. 此处有改动.

3. 为何教（Why）——实现"三个面对"

首先，乐观地面对学习。在校本课程实施中，教师要抓住两点，即"点燃兴趣"和"授之以渔"，让学生轻松愉快地掌握三十六计的名称。我选用了一位学者在三十六计当中各取一字，依序组成的一首诗：金玉檀公策，借以擒劫贼。鱼蛇海间笑，羊虎桃桑隔。树暗走痴故，釜空苦远客。屋梁有美尸，击魏连伐虢。

其次，理性地面对社会。大千世界纷繁复杂，阳光背后也有阴影，教师通过教学，要让学生懂得运用全面、辩证、历史的观点，看待社会问题，透过现象看本质，分清主流和支流。

最后，智慧地面对人生。《生活与哲学》中的方法论是人生良友，引导学生将理论知识置于生活实践和自身体验中，赋予这些理论以生命，进而去感悟其中的深意，品尝智慧的琼浆，享受生命的从容。

（四）撰写中学政治教师个人自传

我国教育家钟启泉教授指出，教师的专业发展的含义具有多面性，专业发展过程是教师经验与环境持续互动的过程。因此，中学政治教师的专业发展应从个人、课堂教学和学校发展等多个层面来检视。

1. 撰写教育自传

教育自传既包括中学政治教师对自己教学的反思性叙述，也包括对教育生活中发生的教育事件的叙述和反思。前一种也可以称为教学后记，是中学政治教师在上完课后针对本次课上的得失，反思自己的教学实践。已有研究表明，那些具有反思性智慧的教师，可以更快地完成教师的专业成长和专业发展，成为专家型教师；而那些不具备反思性智慧的教师，可能在整个教学生涯中都不能完成这一成长发展过程。

所谓教育事件，是指在师生、生生交往中发生的对教师的教育决策、教学理念有重大影响的事件。中学政治教师要时刻反思在已经发生和正在发生的教育事件中，自己扮演了什么样的角色？这个角色是自己应该充当的吗？如果不是，自己应该是个什么样的角色？如果是，自己作为这个角色哪些地方做得好？哪些地方还可以做得更好？中学政治教师将这些东西见诸文字便是很好的教育自传，它像一面镜子，让中学政治教师在教育自传中更加深刻地记录教育、反思教育、理解教育。这样，以撰写教育自传的方式养成一种反思的习惯，这正是中学政治教师主动寻求专业发展的表现，也是其最终实现专业发展的一条有效途径。

2. 共享教育自传

所谓共享教育自传，是指每位中学政治教师都要把自己的教育自传拿出来供大家一起学习、讨论、评析，共同学习、共同进步。现代社会强调竞争，但更注重合作和交流。教师个体主动发展只涉及一位教师的事，发展到了一定的程度就会呈现出"高原"状态；但如果有来自于集体的专业力量的支持，本着合作、平等、伙伴共生的行动原则，就可能形成一种"水涨船高"的发展态势。因此，对个体专业发展达到相当程度的中学政治教师来说，追求群体共同专业发展，既能体现个人价值，又可以使自己获得更大、更快的专业发展。因此，共享教育自传是一条很好的实现教师群体共同专业发展的途径。

当教育自传作为中学政治教师共同学习的案例时，便会成为学校共同体成员之间进行教学法方面对话的催化剂，它们不但刺激中学政治教师对自己的教学进行自我反思，而且也为教师相互之间的对话和交流提供了基础。

专题小结：

本专题主要介绍了中学政治教师的职业特点、价值引领功能和专业发展，教师的职业特点、中学政治教师应具备的素质，以及中学政治教师专业发展的路径等。

学习反思：

1. 简述中学政治教师应具备的素质。
2. 你认为中学政治教师应该如何实现自身的专业发展。

资源链接：

［1］陈美兰，程友平. 政治教师的价值引领功能刍议［J］. 中学政治教学参考. 2013（7）.

［2］胡惠闵，王建军. 教师专业发展［M］. 上海：华东师范大学出版社，2014.

［3］吴晶，胡浩. 铸魂育人 思政课作用不可替代 政治要强 让有信仰的人讲信仰［EB/OL］.［2019-06-24］. http：//gov. eastday. com/node2/shds/n218/n221/u1ai31702p1. html.

专题二

中学政治学科课程论

☞ **通过本专题的学习，你将：**

1. 了解我国中学政治课程改革的发展历程；

2. 了解中学政治课程标准的结构，理解中学政治课程的性质、基本理念与设计依据、课程目标与课程结构、实施建议；

3. 理解《思想政治新课标》的三个变化要点：思想政治学科核心素养、活动型政治课程以及中学政治议题式教学。

引 言

尊道贵德[①]

道生之，德畜之，物形之，势成之。是以万物莫不尊道而贵德。道之尊，德之贵，夫莫之命而常自然。故道生之，德畜之，长之育之，亭之毒之；养之覆之。生而不有，为而不恃，长而不宰，是谓玄德。

老子认为，"道"生长万物，"德"养育万物，尊道贵德。德育既是中学政治学科教学的重要内容，也是其特有的性质。

第一节　中学政治课程改革回顾

改革开放以来，中学政治课程不断地改革、完善，从"拨乱反正"时期的中学政治课到中学思想政治课；从初中与高中政治课程整体设置，到初中政治课程纳入九年义务教育课程，高中单独规划设置；在 21 世纪初开始的基础教育课程改革中，初中与高中的政治课程也是基础教育新课程体系的组成部分。进入核心素养时代，中学政治课程继续承担着学科育人的使命。

一、"拨乱反正"时期的中学政治课程

中华人民共和国成立以后到"文化大革命"之前，中学政治课作为中学德育课程也经历了起伏的过程。在这个过程中，对中学政治课程的性质和任务总体上有一个比较恰当的认识。1959 年，教育部颁发了《中等学校政治课教学大纲（试行草案）》，指

[①] 蓝进. 道德经导论［M］. 青岛：中国海洋大学出版社，2016：48. 此处有改动.

出中学政治课是党在学校中的思想政治工作的重要组成部分,中等学校政治课是思想政治教育和道德品质教育的重要课程。①

1980年9月12日,教育部印发了《关于改进和加强中学政治课的意见》。该意见明确了中学政治课的地位"是中学教学计划中主要课程之一,是对学生进行马列主义、毛泽东思想基础知识教育的课程,是思想政治教育的重要途径之一,是贯彻德、智、体全面发展的教育方针的重要方面,是区分社会主义教育与资本主义教育的重要标志。"同时,该意见还明确了中学政治课的任务是"以马列主义、毛泽东思想的基础知识武装学生,提高学生认识问题的能力和政治觉悟,培养学生的共产主义道德品质,教育学生坚持又红又专的方向,逐步树立无产阶级世界观和人生观,立志为人民服务,为实现祖国的社会主义现代化而献身。"该意见还根据中华人民共和国成立30多年来中等教育的实践经验、中学的培养目标及政治课的任务,考虑到学生的年龄特点、知识水平,政治课与其他学科的关系,提出了中学政治课设置方案。

二、德育课程全面改革中的中学政治课程

1985年8月1日,《中共中央关于改革学校思想品德和政治理论课程教学的通知》提出,根据我国改革开放的新形势,对大中小学德育课程改革进行了全面的规划。以这个通知为标志,改革开放以后我国中学德育课程进入全面改革阶段。该通知对中学阶段德育课程的内容作了具体的规定,对初中和高中分别提出了要求。

《国家教育委员会关于落实中学思想政治课改革实验的通知》确定中学政治课程设置方案为:初一为社会主义公民(内容包括道德、民主和法制、纪律教育);初二为社会发展简史;初三为社会主义建设常识(内容包括政治常识、经济建设常识和就业前的教育);高一为革命人生观(结合人生观教育普及辩证唯物主义和历史唯物主义知识);高二为经济常识;高三上学期为政治常识,下学期进行毕业前的思想教育。与此同时,《全国中学思想政治课改革实验教学大纲》开始研制。大纲研制后个别课程的名称进行了调整,如将初一"社会主义公民"改为"公民"。

根据《中共中央关于改革学校思想品德和政治理论课程教学的通知》的要求,1985年11月18日《国家教育委员会关于落实中学思想政治课改革实验的通知》发出,提出用3年左右时间在部分地方首先进行中学思想政治课改革的实验。到1988年,《中学思想政治课各科改革实验教学大纲(试行草案)》公布,标志着改革后的中学政治课程体系初步形成。

---

① 《中国教育年鉴》编辑部. 中国教育年鉴(1949—1981)[M]. 北京:中国大百科全书出版社,1984:433.

三、初中与高中政治课程的分设

1986年，《中华人民共和国义务教育法》颁布实施，义务教育阶段德育课程整体设计提上日程。1988年9月20日，国家教委印发了《义务教育全日制小学、初级中学教学计划（试行草案）》。在这个试行草案中，将小学和初中的培养目标作为一个整体来表述。在课程设置中，明确初中开设思想政治课。从此，初中思想政治课程被纳入九年义务教育课程体系，作为九年义务教育体系中的课程来建设，而高中思想政治课程则作为高中课程体系中的课程来建设。

进入21世纪以后，国家进行基础教育课程改革，首先推进义务教育阶段的课程改革。2003年，教育部印发了《思想品德课程标准（实验稿）》。在这个标准中，初中思想政治课程的一个重要变化是将"思想政治课"改成了"思想品德课"。2004年，教育部印发了《普通高中思想政治课程标准（实验）》。在基础教育课程改革中，初中思想品德课程依然是放在九年义务教育体系中，而高中思想政治课程则区分于九年义务教育课程。

四、核心素养时代中学政治课程的发展

2010年，中共中央、国务院颁布了《国家中长期教育改革和发展纲要（2010—2020年）》，九年义务教育阶段的课程标准也进行了修订。2011年版的思想品德课程标准相对于2003年版的课程标准有了较大变化：对"课程目标""课程性质""内容标准"等方面均作了修改，在教育目标上明确提出"思想品德课程以社会主义核心价值体系为导向，旨在促进初中学生正确思想观念和良好道德品质的形成与发展，为使学生成为有理想、有道德、有文化、有纪律的社会主义合格公民奠定基础"。在展开线索方面，改为"成长中的我""我与他人和集体""我与国家和社会"等几个方面。自2016年起，根据这一课程标准编写的各版本的《思想品德》教材变为《道德与法治》教材，《道德与法治》教材逐渐取代了《思想品德》教材。从2017年秋季开始，教育部组织编写的《道德与法治》教材逐渐取代了各版本的《道德与法治》教材，到2019年完成全国范围内的"一标一本"。此外，为了突显法治教育的重要性，在八年级下册专门设置了《道德与法治》教材的"法治教育专册"。

2013年，教育部启动了普通高中课程标准的修订工作，以发展学生核心素养和学科核心素养为主要"标杆"的新课改迅速在国内形成热潮，成为普遍关注的焦点。2016年6月，教育部、司法部、全国普法办印发了《青少年法治教育大纲》，对初中阶段法治教育的目标和内容作了明确规定。2017年1月，中共中央办公厅、国务院办公厅印发了《关于实施中华优秀传统文化传承发展工程的意见》，首次以中央文件的形式阐述了中华优秀传统文化传承发展工作。该文件阐述的中华优秀传统文化传承发展的意义、目标等内容必将对中学政治课程产生深刻影响。

> **引言**
>
> ### 成功的道路是目标铺出来的[①]
>
> 心理学家曾做过一个实验，组织两组人让他们分别向10公里以外的两个村子进发。第一组人既不知道村庄的名字，也不知道路程有多远，只告诉他们跟着向导走就行了。刚走出两三公里，就开始有人叫苦，越往后走，他们的情绪也就越低落。第二组人不仅知道村庄的名字、路程，而且公路旁每一公里处就有一块路标，人们边走边看路标，每缩短一公里大家便有一小阵的欢乐，行进中他们用歌声和笑声来消除疲劳，情绪一直很高涨，所以很快就到达终点。
>
> 生活中总有一些教师忙忙碌碌，天天想法去应对学校的各项工作，一方面希望学生考试能有一个好成绩，另一方面他们的课程意识淡漠，备课时甚至不看课程标准，只顾埋头走路，就像第一组人那样，越走越苦还难以到达目的地。抬头看路标，认清方向再行动，才能有收获。路标是什么？对于中学政治教师而言，路标就是课程标准。

第二节　中学政治课程标准解读（上）

课程标准是"规定中小学的培养目标和教学内容的文件"[②]。中学政治课程标准是指由中华人民共和国教育部制定的，规定中学政治学科的课程性质、课程理念、课程目标、课程结构、课程内容、学业质量与实施建议等，并用以指导、规范、评估和管理中学政治课程与实施的纲领性文件。中学政治课程标准具有法规的性质，体现着国家意志以及对中学政治课程的教学管理要求。

资料卡片 2-3

> **什么是课程**[③]
>
> "课程"这个词源自古罗马战车竞赛的"跑道"一词，拉丁语的"跑"（currere）是其词源。原意为"跑道"的这个词，其后又衍生出了"人生阅历"这一含义。即使在今天，英语中的"curriculum vitae"也不是指学校的课程而是指"履历书"。

---

① 朱淑玲. 成功的道路是目标铺出来的——朱老师谈6S学习策略之目标策略[J]. 心理技术与应用，2013（3）：39. 此处有改动.

② 中国大百科全书总编辑委员会《教育》编辑委员会，中国大百科全书出版社编辑部. 中国大百科全书（教育）[M]. 北京：中国大百科全书出版社，1985：208.

③ 佐藤学. 教育方法学[M]. 于莉莉，译. 北京：教育科学出版社，2016：125.

2018年1月16日,《思想政治新课标》正式颁布,这是高中思想政治课程建设中的一件大事。《思想政治新课标》凝练了高中思想政治学科核心素养,研制了学科学业质量标准,优化了学科课程结构与教学内容,增强了对于高中思想政治课程实施的现实指导性,体现了高中思想政治课程在实现立德树人这一教育根本任务中的学科智慧与学科价值。

一、中学政治课程的性质

(一) 高中思想政治是综合性、活动型学科课程

《思想政治新课标》规定,高中思想政治以立德树人为根本任务,以培育社会主义核心价值观为根本目的,是帮助学生确立正确的政治方向、提高思想政治学科核心素养、增强社会理解和参与能力的综合性、活动型学科课程。

高中思想政治课程紧密结合社会实践,讲授马克思主义基本原理,特别是马克思主义中国化最新成果,引导学生经历自主思考、合作探究的学习过程,理解中国特色社会主义进入新时代的历史方位,了解新时代中国特色社会主义经济、政治、文化、社会、生态文明建设和党的建设进程,培育政治认同、科学精神、法治意识和公共参与等核心素养,逐步树立共产主义远大理想和中国特色社会主义共同理想,坚定中国特色社会主义道路自信、理论自信、制度自信、文化自信,基本形成正确的世界观、人生观、价值观。

高中思想政治课程具有学科内容的综合性、学校德育工作的引领性和课程实施的实践性等特征,它与初中道德与法治、高校思想政治理论等课程相互衔接,与时事政治教育相互补充,与高中其他学科教学和相关德育工作相互配合,共同承担思想政治教育立德树人的任务。

《思想政治新课标》所表现出来的政治性、教育性、科学性及全面性充分凸显了时代性特征,顺应了时代要求,响应了时代呼唤,是习近平新时代中国特色社会主义理论在思想政治课程建设方面的重要体现。《思想政治新课标》的学科性、实践性、操作性及综合性必将为高中思想政治课程的有效实施提供有力保障,必将有助于重塑与捍卫学科课程标准应有的权威地位。①

(二) 初中思想品德是综合性德育课程

目前正在使用的由教育部组织编写的初中《道德与法治》②教材,主要依据《义

---

① 王锦飞. 反映时代呼唤 重塑课标权威——《普通高中思想政治课程标准》(2017年版)解读 [J]. 中学政治教学参考 (上旬·高中), 2018 (2): 13-15.

② 由于目前正在使用的由教育部组织编写的初中《道德与法治》教材,主要依据《义务教育思想品德课程标准》(2011年版) 和2016年印发的《青少年法治教育大纲》编写。而《义务教育道德与法治课程标准》尚未出台,为了跟《义务教育思想品德课程标准》(2011年版) 的内容保持一致,所以书中在介绍相关内容时依然使用的是思想品德课程。

务教育思想品德课程标准》（2011年版）和2016年印发的《青少年法治教育大纲》编写。该课程标准规定本课程的性质是一门以初中学生生活为基础、以引导和促进初中学生思想品德发展为根本目的的综合性课程。

1. 思想性

以社会主义核心价值体系为导向，深入贯彻落实科学发展观，根据学生身心发展特点，分阶段分层次对学生进行爱祖国、爱人民、爱劳动、爱科学、爱社会主义的教育，为青少年健康成长奠定基础。

2. 人文性

尊重学生学习与发展规律，体现青少年文化特点，关怀学生精神成长需要，用初中学生喜闻乐见的方式组织课程内容、实施教学，用优秀的人类文化和民族精神陶冶学生的心灵，提升学生的人文素养和社会责任感。

3. 实践性

从学生实际出发并将初中学生逐步扩展的生活作为课程建设与实施的基础；注重与社会实践的联系，引导学生自主参与丰富多样的活动，在认识、体验与践行中促进正确思想观念和良好道德品质的形成和发展。

4. 综合性

有机整合道德、心理健康、法律和国情等多方面的学习内容；与初中学生的家庭生活、学校生活和社会生活紧密联系；将情感、态度与价值观的培养，知识的学习，能力的提高与思想方法、思维方式的掌握融为一体。

初中思想品德课程所表现出来的思想性、人文性、实践性和综合性，体现了新课改为了每位学生发展的核心理念，渗透在对初中学生实施心理健康教育、道德教育、法治教育和国情教育的全过程中。

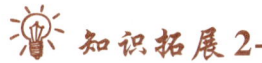

知识拓展 2-1

中学政治学科旨在培养具有德性的现代公民

帮助学生过积极健康的生活，做负责任的公民是《义务教育思想品德课程标准》（2011年版）规定的课程核心。对应政治认同、科学精神、法治意识与公共参与四个要素，高中思想政治课程就是要培养有信仰的中国公民、有思想的中国公民、有尊严的中国公民、有担当的中国公民。

2017年1月，上海普陀区开展"现代公民读本"课程项目，把立德树人放在教育优质化工程的首位，结合区域教育特色和资源优势，以深化课程改革和提升学生生活品质为切入点，推动区域中小学德育课程一体化实施。

二、中学政治课程的基本理念与设计依据

（一）中学政治课程的基本理念

理念是人们付诸行动的信念，它是人们在对某一事物现实的深刻分析和未来展望的基础上所形成的，具有时代性和前瞻性。课程理念是课程的灵魂和支点。

1. 高中思想政治课程的基本理念

（1）坚持正确的思想政治方向。

高中思想政治课程坚持理论与实践相结合的原则，对学生进行马克思主义基本理论教育，使他们理解马克思主义中国化就是马克思主义基本原理同中国具体实际相结合的过程，习近平新时代中国特色社会主义思想是马克思主义中国化最新成果。

面对当前社会变革和实践创新中的新挑战、新问题，要用历史的眼光、国情的眼光、辩证的眼光、文化的眼光和国际的眼光，引领学生通过观察、辨析、反思和实践，真学真懂真信真用马克思主义，在人生成长的道路上把握正确的思想政治方向。

（2）构建以培育思想政治学科核心素养为主导的活动型学科课程。

高中思想政治课程力求构建学科逻辑与实践逻辑、理论知识与生活关切相结合的活动型学科课程。学科内容采取思维活动和社会实践活动等方式呈现，即通过一系列活动及其结构化设计，实现"课程内容活动化""活动内容课程化"。高中思想政治课程关注思想政治学科核心素养的培育，着眼于学生的真实生活和长远发展，使理论观点与生活经验有机结合，让学生在社会实践活动的历练中、在自主辨析的思考中感悟真理的力量，自觉践行社会主义核心价值观。

（3）尊重学生身心发展规律，改进教学方式。

高中思想政治课程针对高中学生思想活动和行为方式的多样性、可塑性，着力改进教学方式和学习方式。在课程实施中，要充分利用现代信息技术，拓展教育资源和教育空间；要通过议题的引入、引导和讨论，推动教师转变教学方式，使教学在师生互动、开放民主的氛围中进行；要通过问题情境的创设和社会实践活动的参与，促进学生转变学习方式，在合作学习和探究学习的过程中，培养创新精神，提高实践能力。

（4）建立促进学生思想政治学科核心素养发展的评价机制。

高中思想政治课程紧紧围绕思想政治学科核心素养的形成与发展，建立激励学生不断进步的发展性评价机制。要注重学生学习和社会实践活动的行为表现，采用多种评价方式，综合评价学生的理论思维能力、政治认同、价值判断力、法治素养和社会参与能力等，全面反映学生思想政治学科核心素养的发展状况。

以上四个基本理念贯穿于高中思想政治课程的教学设计、教学实施和教学评价的全过程，指导教师如何教、学生如何学以及如何评价学生的学等诸方面。

真题及解析

2. 初中思想品德课程的基本理念

（1）帮助学生过积极健康的生活，做负责任的公民是课程的核心。

初中学生正处于身心发展的重要时期，自我意识和独立性逐步增强。在初中阶段帮助学生形成良好品德，树立责任意识和积极的生活态度，对学生的成长具有基础性的作用。思想品德课程的任务是引领学生了解社会、参与公共生活、珍爱生命、感悟人生，逐步形成基本的是非、善恶和美丑观念，过积极健康的生活，做负责任的公民。

（2）初中学生逐步扩展的生活是课程的基础。

思想品德是人在对生活的认识、体验和实践过程中逐步形成的。初中学生的生活范围逐渐扩展，需要处理的各种关系日益增多。思想品德课程正是在初中学生逐步扩展的生活经验的基础上，与他们一起体会成长的美好、面对成长中的问题，为初中学生正确认识成长中的自己，处理好与他人、集体、国家和社会的关系，提供必要的帮助。

（3）坚持正确价值观念的引导与学生独立思考、积极实践相统一是课程的基本原则。

思想品德的形成与发展，离不开学生的独立思考和积极实践，国家和社会的要求只有通过学生的独立思考和积极实践才能为学生真正接受。思想品德课程将正确的价值引导蕴含在鲜活的生活主题之中，注重课内课外相结合，鼓励学生在实践中进行积极探究和体验，通过道德践行促进思想品德的健康发展。

初中思想品德课程围绕培育合格公民这一中心，从核心、基础和基本原则三个方面规定了该课程的基本理念，为该课程的教学实施和教学评价提供了理念支持和价值引领。

 链接阅读 2-3

德育旨在立德育人

十九大报告指出："加强思想道德建设。人民有信仰，国家有力量，民族有希望。要提高人民思想觉悟、道德水准、文明素养，提高全社会文明程度。广泛开展理想信念教育，深化中国特色社会主义和中国梦宣传教育，弘扬民族精神和时代精神，加强爱国主义、集体主义、社会主义教育，引导人们树立正确的历史观、民族观、国家观、文化观。"

思想政治学科作为重要的德育课程，其发展的根本任务就是立德树人，在政治上必须与中央精神保持一致，通过情境互动、整合教材资源、时政资源、教师经验、学生经验等课程资源，引导学生关注国家、社会发展，培养学生的个人修养、社会关爱和家国情怀，充分发挥思想政治学科的价值导向功能。

（二）中学政治课程的设计依据

课程设计是一个有目的、有计划、有系统地设计课程计划、课程标准以及教材的系列活动。根据课程设计的思想性、政治性和时代性的特性，现阶段中学政治课程设计需要依据中国特色社会主义理论体系，党和国家的路线、方针、政策，中学生的认知特点和学习规律等来进行设计。

1. 高中思想政治课程的设计依据

高中思想政治课程结构的设计主要依据以下要求：

（1）聚焦思想政治学科核心素养，讲述马克思主义基本原理，紧跟实践基础上的理论创新进程，阐明习近平新时代中国特色社会主义思想，落实立德树人根本任务，全面加强爱国主义、集体主义、社会主义教育，体现思想政治课程的性质与理念；

（2）坚持改革方向、问题导向，立足当下、不忘本来、面向未来，彰显一脉相承、与时俱进的改革信念；

（3）根据博采众长、为我所用的原则，在坚守本色、保持特色的同时吸收、借鉴国际教育发展的经验；

（4）促进知行合一，凸显活动型学科课程的实践性和参与性；

（5）贯彻整体构建、有序衔接、依次递进的思路，在统筹规划大中小学德育课程的框架中，定位高中阶段的内容目标；

（6）遵循教育规律和学生成长规律，课程设计兼顾基础性与选择性、提高学习效率与减轻学业负担的要求，促进学生全面而有个性地发展。

这些设计依据既注重课程实施的纵向与横向之间的联系，又关注教育规律和学生成长规律；既聚焦学科核心素养目标，又体现知行合一的学科特点，全方面、多角度地体现了高中思想政治课程的性质和理念。

2. 初中思想品德课程的设计依据

初中思想品德课程以初中学生逐步扩展的生活为基础，以学生成长过程中需要处理的关系为线索，有机整合道德、心理健康、法律、国情等方面的内容，进行科学设计。

初中学生逐步扩展的生活，尤其是处在青春期的初中学生的身心发展特点是思想品德课程设计的基础，课程从学生的生活实际出发，直面他们成长中遇到的问题，满足他们发展的需要。初中阶段的学生需要进一步学习正确处理与自我、与他人和集体，以及与国家和社会的关系。这三组重要关系依次构成了该课程的三大内容板块。每一内容板块中均涉及道德、心理健康、法律和国情等方面的具体内容。八年级下册增加了"法治教育专册"内容，以加强对初中学生的法治教育。

三、中学政治课程的课程目标与课程结构

(一) 中学政治课程的课程目标

课程目标是指课程本身要实现的具体目标和意图。它规定了某一教育阶段的学生通过课程学习以后,在发展品德、智力等方面期望实现的程度。

课程目标一般分为行为取向性目标、生成性目标和表现性目标三种。

行为取向性目标是指学生在教师预先设计的教学过程中获得的预期学习结果。它具有导向功能、控制功能、激励功能与评价功能。这一目标具体、明确,便于操作、评价,对于学习以训练知识、技能为主的课程内容较为适合。

生成性目标是指学生在教育情境之中随着教育过程的展开而自然生成的目标。这一目标关注的是学习活动的过程,而不是像行为取向性目标那样重视结果。

表现性目标是指学生在教育情境的种种遭遇中个性化地、创造性地表现目标。这一目标关注学生的创造精神、批判思维,适合以学生活动为主的课程安排。

核心素养时代中学政治课程的课程目标更多关注表现性目标的达成,注重预设与生成的和谐统一。

1. 高中思想政治课程的课程目标

通过高中思想政治课程的学习,学生能够具有思想政治学科核心素养。

(1) 具有政治认同素养的学生,应能够:认同走中国特色社会主义道路是历史的必然,坚信中国特色社会主义是国家富强、民族振兴、人民幸福的根本保障,坚定中国特色社会主义道路自信、理论自信、制度自信、文化自信;拥护党的领导,领会中国特色社会主义最本质的特征是中国共产党领导,中国特色社会主义制度的最大优势是中国共产党领导,党是最高政治领导力量;明确社会主义核心价值观是公民最基本的价值标准,自觉践行社会主义核心价值观,树立共产主义远大理想和中国特色社会主义共同理想。

(2) 具有科学精神素养的学生,应能够:用马克思主义基本立场、观点和方法,观察事物、分析问题、解决矛盾;解放思想、实事求是,对经济、政治、文化、社会和生态文明建设的实践,作出科学的解释、正确的判断和合理的选择;感悟人生智慧,过有意义的生活;以锐意进取的态度和负责任的行动促进社会和谐。

(3) 具有法治意识素养的学生,应能够:理解法治是人类文明演进中逐步形成的先进的国家治理方式,全面依法治国是国家治理的一场深刻革命,明确建设社会主义法治国家的基本要求;树立宪法法律至上、法律面前人人平等的法治理念;懂得权利与义务的关系,养成依法办事、依法行使权利、依法履行义务的习惯;拥有法治使人共享尊严,让社会更和谐、生活更美好的认知和情感。

(4) 具有公共参与素养的学生,应能够:具有集体主义精神;遵循规则,有序参

与公共事务；热心公益事业，践行公共道德，乐于为人民服务；积极参与民主选举、民主协商、民主决策、民主管理、民主监督的实践，体验人民当家做主的幸福感；具备善于对话协商、沟通合作、表达诉求和解决问题的能力，勇于担当社会责任。

立足学科核心素养，培养具有政治认同、科学精神、法治意识和公共参与素养的学生是高中思想政治课程的主要目标，它像一根红线贯穿于高中思想政治课程教学与评价的始终。

2. 初中思想品德课程的课程目标

初中思想品德课程以社会主义核心价值体系为导向，旨在促进初中学生正确思想观念和良好道德品质的形成与发展，为使学生成为有理想、有道德、有文化、有纪律的社会主义合格公民奠定基础。

初中思想品德课程引导和帮助初中学生达到以下几个方面的目标：

（1）情感、态度与价值观。

①感受生命的可贵，养成自尊自信、乐观向上、意志坚强的人生态度。

②体会生态环境与人类生存的关系，爱护环境，形成勤俭节约、珍惜资源的意识。

③养成孝敬父母、尊重他人、诚实守信、乐于助人、有责任心、追求公正的品质。

④形成热爱劳动、注重实践、崇尚科学、自主自立、敢于竞争、善于合作、勇于创新的个性品质。

⑤树立规则意识、法制观念，有公共精神，增强公民意识。

⑥热爱集体、热爱祖国、热爱人民、热爱社会主义，认同中华文化，继承革命传统，弘扬民族精神，有全球意识和国际视野，热爱和平。

（2）能力。

①学会调控自己的情绪，能够自我调适、自我控制。

②掌握爱护环境的基本方法，形成爱护环境的能力。

③逐步掌握交往与沟通的技能，学习参与社会公共生活的方法。

④学习收集、处理、运用信息的方法，提高媒介素养，能够积极适应信息化社会。

⑤学会面对复杂的社会生活和多样的价值观念，以正确的价值观为标准，做出正确的道德判断和选择。

⑥学习运用法律维护自己、他人、国家和社会的合法权益。

（3）知识。

①了解青少年身心发展的基本常识，掌握促进身心健康发展的途径与方法，理解个体成长与社会环境的关系。

②了解我与他人和集体关系的基本知识，认识处理我与他人和集体关系的基本社会规范与道德规范。

③理解人类生存与生态环境的相互依存关系，认识当今人类所面临的生态环境问题及其根源，掌握环境保护的基础知识。

④知道基本的法律知识，了解法律在个人、国家和社会生活中的基本作用和意义。

⑤知道我国的基本国情，初步了解当今世界发展的现状与趋势。

从情感、态度与价值观，能力和知识三个维度，课程标准对初中学生学习思想品德课程提出了三维目标要求，凸显情感、态度与价值观教育，这是初中思想品德课程区别于高中思想政治课程的显著特点。

（二）中学政治课程的课程结构

课程结构是课程各部分的配合和组织，它是课程体系的骨架，主要规定了组成课程体系的学科门类，以及各学科内容的比例关系、必修课与选修课、分科课程与综合课程的搭配等，体现出一定的课程理念和课程设置的价值取向。课程的知识构成是课程结构的核心问题。

1. 高中思想政治课程的课程结构

（1）高中思想政治课程的课程结构由必修课程、选择性必修课程和选修课程组成。

以发展中国特色社会主义的主线，设计必修课程的整体框架，包括4个模块。模块1"中国特色社会主义"，依循历史进程，讲述为何开创和发展中国特色社会主义；模块2"经济与社会"、模块3"政治与法治"、模块4"哲学与文化"，依托模块1的基本原理，讲述如何坚持和发展中国特色社会主义。

基于必修课程强调实践体验的要求，采取内容与活动相互嵌入的组合方式。强调社会实践活动并不意味着减少学科内容的学习时间，而是要求采取社会实践活动的方式学习学科内容。为此，在对接内容要求的教学提示中，以议题的方式提示课程内容，并提出多种活动建议，供课程实施时选择。

基于选择性必修课程和选修课程是必修课程延展的需要，确定选择性必修模块和选修模块与必修模块的关系。选择性必修课程设置"当代国际政治与经济""法律与生活"和"逻辑与思维"三个模块，与必修课程的实施相互配合、相互补充。选修课程设置"财经与生活""法官与律师"和"历史上的哲学家"三个模块，是对必修课程和选择性必修相关课程的进一步拓展。

必修课程设置4个模块，共6学分；选择性必修课程设置3个模块，共6学分。必修课程与选择性必修课程作为国家课程总计12学分。必修课程是全体学生必须完成的学业。选择性必修课程是选择思想政治课程作为学业水平等级性考试的学生应完成的学业，考试成绩计入高校招生录取总成绩；也可以供对该课程有兴趣的学生选修，计入毕业学分。选修课程是学生自主选择修习的课程，包括国家设置的拓展、提高性课程和校本课程，涉及个人生活、职业体验、大学先修等方面的内容，可以根据学生个性化发展的需求和当地经济、科技、文化发展的特点开设。如何选课取决于学生的志趣。

高中思想政治课程结构表参见表2-1。

表 2-1 高中思想政治课程结构表

必修	选择性必修	选修
中国特色社会主义（1学分）	当代国际政治与经济（2学分）	财经与生活
经济与社会（1学分）	法律与生活（2学分）	法官与律师
政治与法治（2学分）	逻辑与思维（2学分）	历史上的哲学家
哲学与文化（2学分）		

必修课程各模块应按顺序依次开设，其中模块 1 和模块 2 为一学期，模块 3 和模块 4 各为一学期；选择性必修课程模块可以灵活安排。

（2）2017 年版课程结构与 2004 年试验版课程结构的比较。

必修课程是培育全体学生学科核心素养的基本载体。与 2004 年试验版课程结构相比，必修课程的数量没有变但学分减少了 2 学分，增加了"中国特色社会主义"1 学分、"经济与社会"1 学分，比原先"经济生活"减少了 1 学分。"生活与哲学"与"文化生活"合并为"哲学与文化"（2 学分），"政治生活"变成"政治与法治"（2 学分）。必修课程强化了中国特色社会主义理论教育，坚定坚持和发展中国特色社会主义的自信，同时把法治教育纳入高中必修课程，体现了法治教育不断线、宪法教育是关键、权利和义务是本位的思想。

选择性必修课程是对必修课程的延展，以满足学生多样化的学习兴趣和升学需要。《思想政治新课标》有三门选择性必修课程，即"当代国际政治与经济""法律与生活"和"逻辑与思维"，每门 2 学分，共计 6 学分。作为一种全新的课程模块，它服务于参加学业水平等级性考试的学生，他们需学习选择性必修课程模块，其考试成绩计入高校招生录取总成绩。

选修课程更关注学生专业素养发展、高校自主招生及学生个性化发展的需要。它由原来的 6 门课程减少到 3 门课程，没有具体的学分规定。同时，课程名称发生了很大变化，改成"财经与生活""法官与律师"和"历史上的哲学家"，较多关注学生个性化和专业素养的培养，是必修课程的拓展。

2. 初中思想品德课程的课程结构

七年级上册教材有成长的节拍、友谊的天空、师长情谊和生命的思考四个单元。以初中学生遇到的与同伴、老师和家人交往的主要问题为线索展开。以成长为核心，涵盖、整合有关学习、自我探索、交往和生命的话题。这册教材也是全套教材构建的逻辑起点，蕴含了初中思想品德课程核心价值观的萌芽，反映了学生成长的基调，融合了道德、心理健康、法律和国情等方面的内容，以学生逐步展开的生活为基础，选取和确定了关注成长、学会相处、感悟生命等不同维度的学习主题。

七年级下册教材有青春时光、做情绪情感的主人、在集体中成长和走进法治天地四个单元。伴随着初中学生迅猛发展的身心，他们的视野也在不断扩大，独立意识逐渐增强，生活矛盾也开始凸显。这册教材通过主题探究、问题解决、方法引领，引导学生过有意义的青春生活，突出体现了学生初中生活的青春文化色彩。

八年级上册教材有走进社会生活、遵守社会规则、勇担社会责任和维护国家利益四个单元。教材以学生生活空间和范围的进一步扩展为起点，引导学生在家庭和学校生活的基础上，进一步扩大自己的认识视野，从一般意义的社会生活层面，加深对社会的理解，进而让学生发现参与社会生活的基本规则和要求。

八年级下册教材有坚持宪法至上、理解权利义务、人民当家做主和崇尚法治精神四个单元。作为初中法治教育专册，这册教材以宪法教育为主要内容。随着学生生活领域的不断扩展和生活经验的增长，他们不仅在家庭、学校和社会中面对和处理各种社会关系，而且作为公民，还要在国家生活中面对和处理与国家的关系。法治教育的关键是宪法教育。

九年级上册教材以社会主义核心价值观为主线，设计了富强与创新、民主与法治、文明与家园和和谐与梦想四个单元。这册教材全面展现了中国腾飞的历史进程、取得的伟大成就、面临的时代挑战和作出的积极应对，引导学生心怀祖国，倾听、讲述和思考中国故事，感受与弘扬中国精神，凝聚与传递中国力量，追梦出彩，共享同祖国和时代一起成长与进步的机会，做自信中国人。

九年级下册教材有我们共同的世界、世界舞台上的中国和走向未来的少年三个单元。这册教材在设计构架上，将建设社会主义强国目标的主题与初中学生的生活经验紧密结合，帮助初中学生在开放多元的世界舞台背景下，在中国社会转型和实现中华民族伟大复兴的进程中，逐步确立正确的学习观、生命观、劳动观和择业观，为初中学生终身发展奠定基础，增强其社会责任感和使命感。

四、中学政治课程的实施建议

中学政治课程的实施，以课程标准为依据，以发展学生思想政治学科核心素养为目标，力求将学业质量转化为具体的教学要求，体现教学与评价的一致性。

（一）高中思想政治课程的实施建议

高中思想政治课程教学与评价的具体建议包括：活动型学科课程的教学设计；辨析式学习过程的价值引领；综合性教学形式的有效倡导；系列化社会实践活动的广泛开展。

1. 围绕议题，设计活动型学科课程的教学

活动型学科课程的实施要使活动设计成为教学设计和承载学科内容的重要形式。一方面，要对应结构化的学科内容，力求提供序列化的活动设计，并贯穿于教学全过程；另一方面，要针对相关活动，设计可操作的测评。

教学设计能否反映活动型学科课程实施的思路,关键在于确定开展活动的议题。议题,既包含学科课程的具体内容,又展示价值判断的基本观点;既具有开放性、引领性,又体现教学重点、针对学习难点。围绕议题展开的活动设计,包括提示学生思考问题的情境、运用资料的方法、共同探究的策略,并提供表达和解释的机会。活动设计应有明确的目标和清晰的线索,统筹议题涉及的主要内容和相关知识,并进行序列化处理。要了解学生对议题的认识状况及原有经验,以提高教学的针对性、实效性;还要了解议题的实践价值,创设丰富多样的教学情境,引导学生面对生活世界的各种现实问题。

活动型学科课程的教学评价,应专注学科核心素养的行为表现,一般采用"求同"取向与"求异"取向相结合的验证思路。这是一种有统一标准、无标准答案的评价。应以基本观点为统一标准,在此前提下,采用多种活动方式,鼓励学生运用相关学科知识和技能,基于不同经验、运用不同视角、利用不同素材,表达不同见解、提出不同问题解决方案。既评价达成基本观点的过程,也评价实现教学设计的效果。

衡量素养水平的尺度是行为表现的特质,而不是标准答案的刻度,而表明素养水平的证据,来自学科内容的"使用",而不是答案。据此,教师可以参考以下两个评价工具:

(1)教师简要描述学生在活动中的表现是积极的还是消极的;

(2)对照学习目标,评价学生在上述议题活动中任务完成的情况[①]并进行统计分析。

议题式学习评价表参见表2-2。

表2-2 议题式学习评价表

分数	表现描述
5	表现出对议题的全部理解,完全达到了任务的所有要求
4	表现出对议题的相当程度的理解,基本达到了任务的所有要求
3	表现出对议题的部分程度的理解,达到了任务的大多数要求
2	表现出对议题较少的理解,任务的大多数要求没有达到
1	基本没有表现出对议题的理解,任务的要求基本没有达到
0	没有参与、没有回答,或活动任务没有尝试

2. 强化辨析,选择积极价值引领的学习路径

高中思想政治课程的教学与评价,必须凸显价值引领的意义,需要用支撑思想政治学科核心素养的基本观点统整、统筹学科知识。有些学科概念旨在引导学生思考和

---

① 王少非. 课堂评价[M]. 上海:华东师范大学出版社,2013:49.

行动，无须要求学生从理论上掌握其内涵。可通过范例分析展示观点，在价值冲突中深化理解，在比较、鉴别中提高认识，在探究活动中拓展视野，引领学生认同、坚信社会主义核心价值观。

在教学中切实强化价值引领，学习路径的选择至关重要。应立足于当今信息化环境下学习的新特点，直面社会思想文化的影响相互交织、相互渗透，学生接收信息的渠道明显增多的新态势；要着眼于学生思想活动的独立性、选择性、多变性、差异性和高中阶段成长的新特点，引导他们步入开放的、辨析式的学习路径，理性面对不同观点。只有使学生亲历自主辨识、分析的过程，并作出判断，才能真正实现有效的价值引领。

评价这种辨析式学习成功与否，要点在于能否切实把握过程与结论的关系，既关注过程，又不忽略结论；能否有效掌控导向性与开放性的关系，取向求同或取向求异，都需要合理的引导；能否恰当处理思想内涵与辨析形式的关系，遵循意义优先、兼顾形式的原则。

3. **优化案例，采用情境创设的综合性教学形式**

高中思想政治课程的内容涉及哲学、经济学、政治学、法学等学科，具有综合性。教学与评价既要体现内容的广泛性，又要关注问题的复杂性；既要多维度观察对象，又要多途径进行探究。应力求凭借相关情境的创设，提供综合的视点，提升综合能力。

真题及解析

以案例为载体进行综合性教学，既要着眼于同一课程模块的内容，综合不同的学科核心素养要素，又要着眼于同一学科核心素养要素，综合不同课程模块的内容。优化案例的关键在于优化情境的功能：能有效地支持、服务于学科核心素养的培育；有助于呈现并运用相关学科的核心概念和方法；能充当组织教学内容、贯穿逻辑线索的必要环节；其内在意涵具有丰富的、现实的、可扩展的解释空间；围绕议题，指导、组织富有成效的活动；显现生活中真实的情境，力求可操作、可把握。

实施综合性教学评价，重点是考查学生整合知识、理论联系实际、分析和解决问题的能力。教师在进行综合评价的时候，要注意评价的根本目的在于促进发展，评价的内容要综合，既要关注评价的结果也要关注评价的过程，同时还要注重评价方法要情境化。

4. **走出教室，迈入社会实践活动的大课堂**

学科内容的教学与社会实践活动相结合，是活动型学科课程的显著特点。社会实践活动包括志愿服务、社会调查、专题访谈、参观访问，以及各种职业体验等。校外社会实践活动为教学提供了更广阔的空间、更丰富的资源、更真实的情境，是实施活动型学科课程的社会大课堂。开展社会实践活动，要从学生的成长需要出发，注重通过乡土资源的开发与利用，丰富教学内容，加深学生对社会的认识与理解。

真题及解析

社会实践活动的评价可以以议题为纽带，以活动任务为依托，不仅评价有关学科内容的学习效果，而且还要评价学生在社会实践活动中表现出来的情感、态度、能力；

可以以学生的自我记录、自我小结为主，兼顾同学、教师、家人、社区工作人员等的评价。评价的关注点是学科核心素养能否得到提升，具体要看学习目标是否明确，活动设计是否合理，活动组织是否恰当，活动资源是否充分利用，学生的主体性、创造性是否得到充分发挥，学生的交往能力是否得到增强，学生是否有获得感、成就感。

（二）初中思想品德课程的实施建议

1. 教学建议

教学是落实《义务教育思想品德课程标准》（2011年版）、达成思想品德课程目标的主要途径和基本环节。教学的组织与实施，应全面贯彻党的教育方针，以社会主义核心价值体系为导向，坚持正确的政治方向；应坚持课程改革的理念和要求，贯彻思想品德教学原则，进行教学改革，提高思想品德教学的实效性；应以本标准为依据，遵循初中学生身心发展和思想品德形成与发展的规律。

（1）准确把握课程性质，全面落实课程目标。

教学应准确把握课程的综合性，以学生健康成长需要处理的主要关系为线索，将道德、心理健康、法律、国情等内容进行有机整合、科学设计，避免将这些内容割裂开来，分块进行教学；应准确把握思想品德课程的德育性，避免概念化、孤立化地传授和记诵知识，努力使知识的学习服务于学生思想道德发展的需要。

（2）强调与生活实际以及与其他课程的联系。

教师要深入了解学生的学习需求，面向丰富多彩的社会生活，善于开发与利用初中学生已有的生活经验，选取学生关注的话题组织教学，为学生的思想道德成长服务。思想品德课程实施者应增强课程的开放性，积极开发各门学科中的相关资源，加强与其他课程的有机联系和融通，形成教育合力。

（3）创造性地使用教材，优化教学过程。

教材是学生学习的基础性资源，教师要了解和研究教材的整体布局，把握教材的具体内容在单元和整个教材中的地位、任务，根据《义务教育思想品德课程标准》（2011年版）设定鲜明而集中的教学目标。在合理使用教材的基础上，教师应创造性地组织教学内容，设计合理的教学结构，灵活采用多种教学方法和教学手段，优化教学过程，提高课堂教学水平。

（4）注重学生的情感体验和道德实践。

情感体验和道德实践是最重要的道德学习方式。教师要善于利用并创设丰富的教育情境，引导和帮助学生通过亲身经历与感悟，在获得情感体验的同时，深化思想认识。教师还要为学生提供直接参与实践的机会，提高他们道德践行的能力。

链接阅读 2-4

《做友好往来的使者》一课的教学片段

某教师在上《做友好往来的使者》一课时，运用多种体验法，引导学生进行多样化的文化体验，因此使学生的学习热情高涨。

体验1：视频入境体验。播放视频《文化使者在哪里》。学生观看教师精心剪辑的视频，如孔子传道、玄奘西游、鉴真东渡等，共同感悟文化使者为世界文化交流所做出的贡献。

体验2：小组竞答体验。教师播放生活中与饮食、建筑、诗歌等相关的图片，让学生说出它们分别代表哪个城市（国家、地域）的文化。学生分组抢答，开展文化"对对碰"活动。通过这一活动，学生既可以了解文化的基本特征和丰富多样的表现形式，同时也可以理解文化的发展需要彼此交流与传播。

体验3：模拟旅行体验。围绕"小胖将去美国修学旅行"这一话题，组织小组讨论，然后由组长将讨论结果写在小黑板上并派代表进行交流、展示。教师在点评学生代表的发言时巧妙地运用以下提问：(1) 如何适当地宣传中国文化？(2) 如何尊重当地的人文环境？从目标设计、内容选择到模拟体验和表达分享，师生共同完成文化交流的学习体验任务。

学生在教师的指导下通过视频入境体验、小组竞答体验和模拟旅行体验等，不断地联结自己的生活经验，对文化交流传播和发展的重要性、途径等获得了新的体悟和理解。

（5）引导学生学会学习。

在教学中，教师要激发学生的学习积极性，引导学生通过调查、参观、讨论、访谈、项目研究、情境分析等方式，主动探索社会现实与自我成长中的问题，在合作和分享中扩展自己的经验，在自主探究和独立思考的过程中增强道德学习能力。

2. 评价建议

思想品德课程评价是促进学生思想品德健康发展的重要手段。设计思想品德课程评价方案时，应以课程目标和课程内容为依据，体现学科评价特点，收集学生学习的完整信息，客观评价学生的思想道德状况。教师要总结与反思评价结果，改进教学，进而更好地实现课程目标。

（1）评价目标。

思想品德课程的评价目标是，考查学生达成学习目标的程度，提高教学质量，保证课程目标的实现，使评价成为促进教师教学、学生思想品德发展与提高的有效手段。

（2）评价方式。

思想品德课程倡导的评价方式主要有以下六种：

①观察。

教师在自然状态下，有目的、有计划地观察学生在日常学习、生活中所表现出来的情感、态度、能力和行为，并记录下来，作为对学生进行评价和引导的依据。

②描述性评语。

教师在与学生进行充分交流的基础上，用描述性的语言将学生在思想品德某一方面的表现，如态度、能力和行为等写成评语，并针对存在的问题提出改进建议。

③项目评价。

按照不同的项目将学生分成若干小组，由学生自主设计活动计划，学生可以围绕真实的社会生活问题进行收集、组织、解释或表达信息，如提交调查报告或小论文等。师生可以对小组成果进行分析，将小组评价与个人评价相结合。

④谈话。

教师通过与学生各种形式的交流和对话，获得学生思想品德发展状况的信息，据此对学生进行评价和引导。

⑤成长记录。

教师应建立学生的成长记录袋，记录学生在思想品德课程学习中的各种表现，主要是进步和成就。以学生的自我记录、自我小结为主，教师、同学、家长共同参与，学生以评价对象和评价者的双重身份参与评价过程。

⑥考试。

考试方式应灵活多样，如辩论、情境测验、开闭卷的笔试等。要加强思想品德考试命题研究，注重考查学生运用知识解决道德实践中实际问题的能力，发挥考试对教学的正确导向作用。

思想品德课程鼓励学校教师结合本校实际，积极探索独具特色、符合本课程特性和学生发展实际情况的有效评价方式。

（3）评价实施要求。

①评价要客观、公正，要准确记录和描述学生的学习状况和思想品德发展状况，调动学生道德学习的积极性。

②评价不仅要重视结果，更要注重发展、变化和过程，要把形成性评价与终结性评价结合起来，突出形成性评价。要注意给予学生足够的机会展示他们的学习成果。

③要重视学生、教师和家长在评价过程中的作用，使评价成为学生、教师和家长等共同参与的交互活动，使评价过程成为促进学生、教师共同发展的过程。

④各级教育行政、招生考试部门以及学校教师在设计思想品德课程评价方案时，必须以《义务教育思想品德课程标准》（2011年版）评价目标与评价实施要求为依

据，综合多方面获取的考查信息，对学生的思想品德课程学习作出合理评价。要注意评价的导向性，不能用单一的知识性考试成绩作为对学生思想品德课程学习质量评价的唯一方式，警惕应试倾向的评价方式，避免评价方式偏离思想品德课程的目标和理念。

> **引言**
>
> **关于发展学生核心素养**[①]
>
> 叶圣陶先生曾说:"所有的课都应当是政治课,所有的课也都应当是语文课。"所谓都是政治课,不是要求把所有的课都上成政治课,而是所有的课都应当从学科课程的性质、任务、特点出发,自然地进行思想品德教育……叶圣陶先生的话至少有两点相当重要:一是学生发展核心素养中少不了思想品德素养和语言文字素养;二是学生发展核心素养既是基于学科的,又是超越学科的,应当用学生发展核心素养来统领各学科教学。因此,学科教师既要研究本学科的教学,又要关注、研究、把握和落实学生发展的核心素养。当然,学科教师不仅要把握共同的、一般的核心素养,而且还应当研究和把握学科本身的核心素养。

第三节 中学政治课程标准解读(下)

目前,由于《义务教育道德与法治课程标准》尚未出台,所以本节有关中学政治课程标准的解读仅针对《思想政治新课标》。

一、核心素养与思想政治学科核心素养

2014年,我国颁布了《教育部关于全面深化课程改革落实立德树人根本任务的意见》,第一次提出了"核心素养"的概念。2016年9月,以"全面发展的人"为核心,北京师范大学相关课题组发布了《中国学生发展核心素养》框架。2017年12月,以"核心素养"为内涵的新一轮高中思想政治课程标准出台。所谓核心素养,是指个体在面对复杂的、不确定的现实生活情境时,能够综合运用特定学习方式所孕育出来的(跨)学科观念、思维模式和探究技能,结构化的(跨)学科知识和技能,以及包括世界观、人生观和价值观在内的动力系统,在分析情境、提出问题、解决问题、交流结果的过程中表现出来的综合性品质。它是认知系统、动力系统和情感系统的综合体,与学科知识积累成正相关。思想政治学科核心素养体现了党和国家立德树人的根本任务和发展中国学生核心素养的要求,具体表现在以下三个方面:

[①] 明刚. 教师如何立德树人[M]. 北京:中国轻工业出版社,2015:106.

(一) 思想政治学科核心素养是三维目标的整合

思想政治学科核心素养特指中学生的政治立场、观念和行为方式,是中学生通过学习思想政治学科的知识和技能、思想和方法而习得的重要观念、关键能力和必备品格。思想政治学科核心素养具有指向双基(基础知识、基础能力)、问题解决和学科思维这三个层面,同时核心素养还具有综合性、人文性、思想性和时代性、发展性、终身性等特性。有学者从关注三维目标、突出三观教育、指向完满人格和公民责任感培养的角度,提出思想政治学科核心素养是中学生通过思想政治课教育及自身实践和认识活动,获得思想政治学科基础知识和技能、情感、观念和品质的素养。由此可见,思想政治学科核心素养主要是中学生通过学习思想政治课程而逐步形成的正确价值观念、必备品格和关键能力,是中学生面对不确定政治、经济、文化、社会生活情境时,能综合运用该学科所学知识分析、解决问题的核心能力以及在这一过程中所表现出来的关键品格,是原有三维目标的高度统一。

(二) 思想政治学科核心素养的主要内容

思想政治学科基于学科本质凝练了本学科的核心素养,明确了学生学习该学科课程后应达成的正确价值观念、必备品格和关键能力,对情感、态度与价值观,能力和知识三维目标进行了整合。《思想政治新课标》把思想政治学科的核心素养表述为政治认同、科学精神、法治意识和公共参与,这四个核心素养已成为本学科教、学、考有机衔接的重要依据。思想政治学科核心素养表现在:

第一,政治认同。

政治认同是指人们对一定社会制度和意识形态的认可和赞同。它涉及道路、理论、制度和价值观四大关键维度。政治认同是一种政治态度、政治情感,主要对象有国家、民族、政党、政府、制度、政策和价值观等。其中,对国家认同当属最基本认同。政治认同遵循从利益认同到制度认同再到价值认同的内在逻辑,其中,利益认同是政治认同的逻辑起点,制度认同是政治认同的关键,价值认同是政治认同的核心。我国公民的政治认同,就是拥护中国共产党的领导,坚持和发展中国特色社会主义,认同中华人民共和国、中华民族、中华文化,弘扬和践行社会主义核心价值观。这一界定为中学政治学科教学指明了方向,强化了对中学政治学科育人特质的认识。

第二,科学精神。

所谓科学精神的"科学",有两层意思:一是作为独立学科的科学,即狭义的自然科学;二是作为价值目标判断标准的科学,即广义的科学。由于自然科学研究对象的客观性、科学规律的确定性,人们将此抽象为一个普遍概念,即把所有合乎客观规律的都称为科学,把在自然科学基础上形成的文化精神称为科学精神。作为思想政治学科核心素养的科学精神,就是人们在认识世界和改造世界的过程中表现出来的一种精神取向，即坚持马克思主义的科学世界观和方法论，能够对个人成长、社会进步、国家发展和人类文明作出正确的价值判断和行为选择的一种素养。这一界定是从科学思维方法和价值目标判断标准来理解科学精神的，侧重于广义的科学而非狭义的。

第三，法治意识。

法治意识是指人们对法律的认可、崇尚与遵从，是关于法治的思想、知识和态度，是人们遵守宪法和法律，依靠正当途径，遵守规则和程序，合法维护自己的权利、履行自己的义务的意识。树立权利与义务意识、养成诚信和契约意识、掌握规则和诉讼意识有助于培养中学生的法治意识，涵养中学生的法治精神。我国公民的法治意识，就是尊法、学法、守法、用法，自觉参加社会主义法治国家建设。增强青少年法治意识，就是要求他们在生活中依法行使权利、履行义务，严守道德底线，维护公平正义，做社会主义法治的忠实崇尚者、自觉遵守者、坚定捍卫者。

第四，公共参与。

公共参与是指公民进入政治生活、参与社会治理，对那些有关政治、经济、社会、民生、公共政策施加影响的途径。我国公民公共参与是指有序参与公共事务、承担社会责任，积极行使人民当家做主的政治权利。中学生公共参与主要是指中学生通过合法有序的方式和途径参与公共事务和国家治理，表达利益诉求，影响公共活动以及公共决策的态度、知识和能力。培养中学生公共参与素养，就要激发中学生公共参与的意愿，提升公共参与的能力，知晓公共参与的维度，承担公共参与的责任。

（三）四大学科核心素养之间的内在关联

四大学科核心素养是一个有机整体，着眼于培养未来有信仰、有尊严、有思想、有担当的公民。其中，政治认同位于四大学科核心素养之首，体现了鲜明的学科特质，其余三大学科核心素养服务和指向政治认同；法治意识通过必修课程"政治与法治"、选择性必修课程"法律与生活"和选修课程"法官与律师"来体现，相比较原课程，此次法治教育得到了强化，为达成政治认同创造了条件；公共参与体现了公民应具有的社会责任和担当，培育公共参与意识需要在法治轨道上进行，只有有序参与公共生活才能有效达成人民当家做主的政治目标；而政治认同、法治意识以及公共参与的培育都离不开马克思主义的科学世界观和方法论的指导。简言之，作为一门以立德树人为根本任务，以培育社会主义核心价值观为根本目的的综合性、活动型学科课程，思想政治学科应围绕政治认同、科学精神、法治意识和公共参与素养目标，结合课程模块内容，按照学业要求，有针对性地开展教学和学业质量评价活动。

二、活动型政治课程

构建以培育思想政治学科核心素养为主导的活动型政治课程是《思想政治新课标》

的四大理念之一。如何界定活动型政治课程的概念，不同的学者有不同的看法。

（一）什么是活动型政治课程

在学习、借鉴众多学者观点的基础上，本书认为活动型政治课程是指依据一定的教学理论，在尊重学生主体地位的基础上，以社会主义核心价值观为指导，确定议题，以活动为根本特征，着眼于活动设计的内容化和课程内容的活动化，以促进学生思想政治学科核心素养发展为目标的创新课程。它不单是一种活动教学的方式，也不同于传统学科课程和经验课程。

（二）实施活动型政治课程的理论依据

1. 哲学依据

实施活动型政治课程应遵循辩证唯物主义认识论的基本要求。认识是一个由实践到认识，又从认识回到实践的循环上升过程。认识有感性认识和理性认识之分，二者既有区别又相互依存、相互渗透。理性认识可以通过概念、判断和推理获得，而感性认识则需要个体亲身参加社会生活实践习得。学科型课程和活动型课程在目标上具有一致性、内容上具有互补性、学习活动方式上具有互促性、功能上具有整体优化性。活动型政治课程就是通过系列议题和活动将学科型课程和活动型课程进行融合，从而达成思想政治课程立德树人目的的创新课程，它是获得感性认识继而上升为理性认识，再由理性认识指导实践的重要路径。

2. 教育学基础

实施活动型政治课程应体现卢梭自然主义教育和杜威"从做中学"的理论要求。早在18世纪，卢梭就主张让儿童回归大自然，使他们在感觉中、活动中、经验中学习。此后，裴斯泰洛齐、福禄培尔也阐释了活动教学思想。杜威继承该传统，系统地论述了活动教学"从做中学"对儿童成长的意义。活动型政治课程中的活动特指与思想政治课程教学关联的各种课堂内外的学习活动，如时事演讲、民生问题听证会、模拟法庭、各种热点问题的辩论会等。《思想政治新课标》提到的活动型政治课程是在原有学科课程基础上对活动型课程的强化，其本质依然是对学生进行政治、经济、文化、法治、哲学和逻辑、伦理等社会科学教育的一门必修学科课程，蕴含着教育学要旨。

3. 现实教学需求

实施活动型政治课程反映了思想政治课程教学的实际需求。尽管以往思想政治课程教学改革也强调生活化，提倡基于情境、基于案例、基于问题教学，鼓励中学政治教师创设贴近学生生活的情境，分析符合教学内容的真实案例。但是，无论是情境教学还是案例教学，往往局限于中学政治学科课堂内，大多只是模拟课外生活场景，将课外生活通过各种途径虚拟地搬入课堂内学习，课程资源欠丰富、学习方式较单一，不利于发展学生的创造潜能和有效实施思想政治教育。而活动型政治课程注重学生的实践体验，采取内容与活动相互嵌入的方式，要求中学政治教师切实组织学生围绕议题参与相关的社会实践活动，例如问卷调查、社区走访、展览馆参观、学科知识板报制作等，让学生在活动中充分发挥主体作用，学会合作探究，体验知识生成的乐趣。活动型政治课程的实施将有助于中学政治教师更好地促进教学方式转变、创新评价方式，更加凸显社会主义核心价值观议题的学习，这对培养学生的政治认同、科学精神、法治意识和公共参与的能力，促进学生思想政治学科核心素养目标的达成具有积极作用。

（三）活动型政治课程的实施框架

设计活动型政治课程是一个系统的决策过程，它不仅包括课前的教材分析（钻研与处理）、学生分析（了解学习目的、学习态度、学习方法及知识基础、能力水平等）、教学目标分析（怎样符合科学性、操作性、检测性并怎样根据实际情况进行合理调整），而且还包括教学初始、教学期间、教学结束的评价以及课后反思，便于中学政治教师思索如何进行教学的矫正和弥补，以及方案进一步完善后的再实施。为了便于理解和操作，依据活动型课程本身的特点，本书拟从以下五个方面来建构活动型政治课程的实施框架。

1. 活动议题和依据

活动议题和依据是活动型政治课程的实施前提，依据《思想政治新课标》的规定和教材学情分析确定恰当的活动议题。如某中学政治教师依据课程标准和教学实际，把《政府：国家的行政机关》变成活动议题《讲身边的事情，谈政府的职能》。这一议题变学理性强的命题为生活化的活动议题，通过学习活动的推进便于学生更好地了解政府、理解政府的职能、信任政府、支持政府，同时又要监督政府的工作，符合《思想政治新课标》中有关科学精神和公共参与等思想政治学科核心素养的培育要求。因此，确定适切的活动议题是开展活动型政治课程的前提。

2. 活动设计的旨趣

活动型政治课程的实施框架应明确设计的旨趣，在于如何达成思想政治学科核心素养目标。如上述教师的活动议题旨在引导学生关注日益变化的生活，进而明确公民与政府的密切关系，并能在了解政府各部门日常工作的基础上，增进对政府职能的理解，从而为培育公民意识、行使公民权利、增强公共参与能力奠定基础。这样的活动设计的旨趣能有效地促进活动型政治课程的实施。

3. 活动实施的要领

活动实施的要领包括预期效果、准备工作和流程设计。

（1）预期效果。

预期效果就是预期目标的达成度，而预期目标是教学任务的具体化，是指教学活动的主体在具体的教学活动中所要达到的预期结果标准。它是将教学目的分解为更细微的项目，并使之行为化，对教学的每个层次、每个小过程作出具体的教学标准规定，以便于贯彻和检验。如上述教师旨在通过活动型政治课程使学生对政府的性质、地位加以理解；学生通过了解政府各部门的行为和活动，理解政府的职能并培养积极的公民意识。因此，明确预期效果有助于提升活动型政治课程的实效性。

（2）准备工作。

活动型政治课程的有效实施离不开充分的准备工作。这种准备工作包括多个方面，既包括教师的课标研读、教材分析、学情调研，也包括学生课前的心理准备、认知准备、工作准备以及设施准备。如上述教师可以让学生每六人分成一组，准备进行小组讨论，并要求学生提前阅读教材、准备展板和相关的文字资料、照片用于课上进行交流展示等。

（3）流程设计。

流程设计是活动型政治课程实施的关键环节，一般包括指导学生明确目标，掌握基本知识目标—布置活动议题及学习要求—小组分组进行活动探究—推荐代表发言，进行展示、交流—师生互动质疑、补充—师生共同总结—相关检测、评价、反馈、调整。

4. 活动实施的评价

《思想政治新课标》增加了学业质量标准研制。学业质量是学生在完成思想政治课程学习后的学业成就表现。学业质量标准是以思想政治学科核心素养及其表现水平为主要维度并结合课程内容，对学生的学业成就表现的总体刻画。

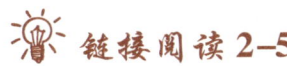 链接阅读 2-5

评价任务与活动目标一致性工具（以《我国公民政治参与》一课为例）

思想政治学科核心素养目标的关键维度	中学政治学科课堂呈现的评价任务（可多个）	所评价的关键行为表现	综合分析
政治认同	增强公民自豪感	参与社区管理和听证会的态度和行为表现；在活动交流展示环节的态度与行为表现	依据学生在活动准备、活动过程以及活动交流中关键行为表现的分数或等级进行分析
科学精神	热爱我国的政治制度		
法治意识	归纳总结、辩证思维		
公共参与	合法有序地参与政治生活		

5. 参考文献

教师可以为实施活动型政治课程提供与本专题教学内容有关的文献资料或网站作为教学参考。

（四）活动型政治课程实践创新样态

1. 凸显活动议题

活动型政治课程的设计与实施，关键在于确定活动议题，教师依据《思想政治新课标》的相关规定，在教材分析、学情分析的基础上确定恰当的活动议题，把教材中学理性比较强的课题变成有学科价值的生活化的可议之题，并通过系列学习活动的开展来实施教学。如某中学政治教师以《市场配置资源》一课为例，结合"网约车与出行"这个生活话题，设计了四个活动：活动1，围绕"网约车的优势及影响"，在交流分享中增强政治认同；活动2，围绕"网约车乘客爽约现象分析"，在情景表演中树立法治意识；活动3，围绕"如何看待网约车的市场乱象"，在小组辩论中涵养科学精神；活动4，围绕"如何规范网约车的发展"，在角色模拟中鼓励公共参与。上述四个活动紧紧围绕"网约车与出行"这个生活话题，借助学习活动来培育学生的思想政治学科核心素养。

2. 构建活动课堂

《思想政治新课标》倡导活动型政治课程的设计、辨析式的学习过程、案例情境式教学以及基于学科内容的社会实践活动。从横向来看，可以通过构建"体验型"活动课堂，引领学生形成正确的价值观，实现政治认同，培育有立场、有理想的政治公民；构建"议辩型"活动课堂，启迪学生思维，树立科学精神，培育有思想、有理智的理性公民；构建"综合型"活动课堂，塑造学生品格，培养法治意识，培育有自尊、守规则的法治公民；构建"实践型"活动课堂，锻炼学生能力，培养公共参与素养，培育有担当、有情怀的责任公民。从纵向来看，有些中学政治教师从活动设计—活动开展—成果展示—活动总结四个环节进行活动课堂的有效构建。由此可见，丰富多样的活动课堂反映出活动是活动型政治课程的根本特征，是未来思想政治课程教学方向之所在。

3. 围绕课程要素

无论是"现代课程理论之父"拉尔夫·泰勒的《课程与教学的基本原理》还是小威廉姆·E.多尔的《后现代课程观》，都从预设和生成两个方面揭示了学习是教学目标、教学内容、教学活动与教学评价四维一体的活动。当下，活动型政治课程一方面强调学科核心素养的德育目标，另一方面重视表现性和过程性评价。教师既可以从教学目标、教学内容、教学活动和教学评价四个核心要素出发，探讨如何培养学生的思想政治学科核心素养，提高学生的公民素质和终身发展能力；也可以基于学科核心素养，从教学目标的确定、教学内容的选择和组织、教学活动的设计等方面进行思想政治课程教学探讨。尽管从活动型政治课程的实施方向来看，围绕课程要素设计的活动型特征不够明显，但作为一种比较成熟的学科教学样态，将会与活动型教学样态相辅相成，共同服务于学生思想政治学科核心素养目标的达成。

活动型政治课堂上所表现出来的凸显活动议题、构建活动课堂与围绕课程要素设计这些实践创新样态具有内在一致性，三者关系紧密、不可分割，共同致力于面对复杂多变的现实生活情境，综合运用思想政治课程所学知识、技能与价值观，应对挑战，解决问题的核心素养培育过程。

三、中学政治议题式教学

教学设计能否反映活动型学科课程实施的思路，关键在于确定开展活动的议题。议题，既包含学科课程的具体内容，又展示价值判断的基本观点；既具有开放性、引领性，又体现教学重点、针对学习难点。围绕议题展开的活动设计，包括提示学生思考问题的情境、运用资料的方法、共同探究的策略，并提供表达和解释的机会。活动设计应有明确的目标和清晰的线索，统筹议题涉及的主要内容和相关知识，并进行序列化处理。[①]

（一）什么是中学政治议题式教学

《思想政治新课标》中的 4 门必修课程共有 34 个议题，这种基于议题而开展的议题式教学是当下思想政治课堂教学实践的重要样态。中学政治议题式教学是一个正在实践与研究的新课题，学者李锦等认为，中学政治议题式教学是基于建构主义教育理论，以议题为轴心，以情境为背景，以素养为目标，以学科知识为中心，促使学习者调动思维活动深度参与学习的一种教学方法。[②] 学者余国志认为，中学政治议题式教学是对高中思想政治学科传统教学方法的改造和创新，是一种直面真实问题解决的建构式学习方式，也是"学习者中心"的回归。本质上而言，它是基于真实议题、真实场景、真实学习而达成真实效果的一种教学方法，具有互为主体间性、协同性、场景性、真实性等特点。[③]

（二）中学政治议题式教学的价值

中学政治议题式教学既是落实高中思想政治学科核心素养培育的重要渠道，也是

[①] 中华人民共和国教育部制定. 普通高中思想政治课程标准（2017 年版）[M]. 北京：人民教育出版社，2018：41.

[②] 李锦，竭成. 议题式教学：新课标下的课堂新样态[J]. 中学政治教学参考（上旬·高中），2018（12）：39—40.

[③] 余国志. 议题式教学：高中思想政治课教学的新路径——以"做好就业与自主创业的准备"为例[J]. 中学政治教学参考（上旬·高中），2017（10）：26—28.

转变教师的教学方式和学生的学习方式的重要渠道，对落实立德树人根本任务、提升高中思想政治学科教学质量具有重要的理论与实践指导价值。

中学政治议题式教学具有议题性、情境性、活动性和建构性四个特征。议题性反映了议题是中学政治议题式教学的纽带和引子。情境性强调议题往往是基于真实生活情境的议题，让学生去体验、探究、发现和建构。活动性是指思想政治学科知识的学习是采取问题驱动的活动来推进，中学政治教师将问题设计成学习活动来推动学生学习。而建构性则是指学生带着经验和以前的知识在议题式教学中主动建构学科知识，从而内化主流价值观。这样不仅有助于促进学生形成正确的价值观、必备品格和关键能力，培育思想政治学科核心素养，而且有助于解决传统中学政治学科教学中过分强调单向"灌输"和被动"接受"，学科教学始终存在重知识、轻实践，重外铄、轻体验等问题，促进中学政治学科教学方式的转变；同时能更好地体现和落实《思想政治新课标》所规定的课程性质和课程理念的要求。

（三）中学政治议题式教学的实施

中学政治议题式教学在实施层面一般包括议题设置的原则、教学场景的设计、教学实践的程序和教学效果的评价等环节。

1. 坚持议题设计的原则

（1）生活化原则。

生活化原则是指教师通过议题在整合思想政治课程的教学内容时，要符合教学知识与现实生活相结合的原则，遵循学科逻辑和生活逻辑的和谐统一。

（2）结构化原则。

结构化原则是指中学政治议题式教学不同于以往的传统教学方式，其议题设置一般采用结构化、系列化的问题，问题之间存在结构性和逻辑性的递进关系。

（3）生本化原则。

学生学习的过程，不能仅仅归结为学科逻辑的演绎，更要关注学习的主体，尊重学生的主体地位。议题的设计要贯彻生本化原则，尊重学生的身心发展规律，贴近学生的生活，坚持从学生中来、到学生中去。

（4）学科性原则。

议题应与中学政治学科课程内容直接相关联，设计议题必须包括中学政治学科的具体知识内容，同时又要受到学科核心知识的限制。好的议题应包括中学丰富的、可发掘的、既基于学科知识又高于学科知识的学科内容，具有鲜明的学科特点，蕴含着学科教学的价值；既有助于思想政治学科知识的掌握和运用，又有助于思想政治学科核心素养的形成和培育。

（5）综合性原则。

思想政治学科核心素养四个要素之间是在内容上相互交融、在逻辑上相互依存的有机整体，培育思想政治学科核心素养需要中学政治教师整体理解与把握学科内容，需要培育"完整的生命个体"的整合思维。设计中学政治学科议题，应与思想政治学科核心素养的培育相适应，坚持综合性原则。

（6）思辨性原则。

中学政治议题式教学不是纯学科理论的研究，更多的是关注与学科相关的实践问题的探究。它既有课内思辨活动，也有围绕议题的课外综合探究活动，其实质和核心是思辨和质疑。唯有教师尊重学生自主辨识、选择的权利，帮助他们经历以建设性批判思维为特征的辨析过程，才能使其真正认同"学科观点"，实现有效的价值引领。

2. 选取契合议题的教学场景

中学政治议题式教学的开放性和平等性决定了教学场景的布置一般要采用圆桌形、马蹄形、椭圆形和长方形的学生座椅摆放样式。学生置身于这样的场景中，有利于身心放松与投入，有利于进行研究和讨论，有利于思维的碰撞与对话。

3. 遵循议题式教学的程序

中学政治议题式教学的程序一般包括进程设计、场景预置、议题生成和共识呈现四个环节。

（1）进程设计。

依据教学进程进行设计，这种设计思维是议题式教学的核心思维。该核心思维需要教师根据学科性质和课题进行教学进程的设计，尤其要考虑课程内容、教学目标、学情需求等，并进行思维整合和教学资源的有效配置。

（2）场景预置。

场景包括教室的场景和教学内容的场景，而教学内容的场景是中学政治议题式教学的重要环节。教师要尽量选择现实的或符合学生经验的场景，对某些素材进行教学化的处理。

（3）议题生成。

在生活的真实场景呈现出来后，学生根据特定场景，结合自己的经验与体验，进行深入思考，对场景本身和场景背后的本质进行剥离、抽象与提炼。中学政治学科的议题选择往往需要把学科核心知识与生活话题进行有机结合。

（4）共识呈现。

中学政治议题式教学的实质是对话。对话既包括讨论的规则和时间，也包括讨论的过程以及最后凝聚共识的过程；既包括语言表达，也包括观点表达；既可以是小组合作研究讨论，也可以是群体辩论、个体辩论和自由辩论。通过充分、开放的思维对话、质辩，学生最后形成共同意见。

链接阅读 2-6

> **《广州财政》的议题教学**[①]
>
> 《国家财政》一课教学涉及的知识点较多、较零碎，某教师选取了"广州财政"这一中心议题后，以故事篇章的形式设置了"广州·城""广州·事"和"广州·人"三大情境，重新整合、建构了教材知识。在"广州·城"中，该教师由视频中广州的基础设施建设引出财政的含义、实质，以图文展示的形式带出预算、决算等基本概念。在"广州·事"中，该教师以"钱从哪里来，花到哪里去，账目怎么样"为线索展示了广州市的财政收支情况、近年来广州地区生产总值及公共财政收入的数据，引导学生思考财政收入的渠道、财政支出的用途、影响财政收入的因素等。然后，该教师以"花得值不值，人民说了算"引出第三篇"广州·人"，并选取了3个典型事例让学生分析财政的作用。

4. 采用议题式教学的评价

与传统的结果性评价不同，中学政治议题式教学更加注重学生的学习过程及其在场景选取、议题制定、议题研究讨论、共识达成时的即时表现，因此采取过程性评价和真实性评价。在中学政治议题式教学中，教师在教学现场即时记录学生的发言与表现、对话与交往、思辨与质疑、共识与分歧等情况，并给予现场反馈。真实性评价则要求教师观察一段时期内学生的整体表现，通过对学生的学习信息进行分析，对学生的学习活动进行事实上的推测判断，并在过程性记录的基础上，还原学生整个学习过程的真实情况，从而实现促进学生不断发展的目的。

专题小结：

本专题主要介绍了中学政治课程改革的发展历程，中学政治课程的性质、基本理念与设计依据、课程目标与课程结构、实施建议等方面的内容，建议对思想政治学科核心素养、活动型政治课程以及中学政治议题式教学等主要知识点需要进行重点学习和把握。

学习反思：

1. 简述中学政治课程改革的发展过程。
2. 简述思想政治学科核心素养、活动型政治课程与中学政治议题式教学三者之间

[①] 毕建华. 议题式教学促进深度学习 [J]. 思想政治课教学，2018（10）：51-53. 此处有改动.

的关系并说明理由。

3. 依据《思想政治新课标》必修课程内容的教学提示，任选一个议题进行设计，并说明理由。

资源链接：

［1］朱小蔓. 关注心灵成长的教育：道德与情感教育的哲思［M］. 北京：北京师范大学出版社，2012.

［2］拉尔夫·泰勒. 课程与教学的基本原理［M］. 北京：中国轻工业出版社，2014.

［3］小威廉姆·E. 多尔. 后现代课程观［M］. 王红宇，译. 北京：教育科学出版社，2015.

专题三

中学政治学科教学论（上）

☞ 通过本专题的学习，你将：

1. 了解中学政治学科教学准备的主要内容和教案的编写过程；
2. 了解中学政治学科教学设计的原则和内容；
3. 掌握中学政治学科模拟教学的意义以及提升模拟教学水平的途径；
4. 掌握中学政治学科说课的基本要求及教学反思。

> **引 言**
>
> **有备无患**
>
> 人们常说："不打无准备之仗""凡事预则立，不预则废""有备而来"，只有做到这些方能"胸有成竹"。中学政治教师只有在课前进行精心的预设，才有可能在课堂上实现精彩的生成。

第一节 中学政治学科的教学准备

教学是有目的、有计划的活动，在进行教学之前，中学政治教师需要进行必要的准备，在头脑中有计划，才能做到有条不紊、游刃有余，找到教学的方向感，在教学中有自信。教学准备主要包括制定教学进度表、有效备课和编写教案等。

一、制定教学进度表

中学政治教师在接受班级课程教学任务后，就应该开始教学准备工作。教学进度安排是中学政治教师在考虑本学期的授课时数的前提下，根据教学内容、教学目标和学生的实际情况，对本学期的教学任务进度及时间等进行整体的计划与安排，目的是保证模块（学期）教学任务的有序进行和顺利完成。在安排教学进度时，中学政治教师要注意留有余地，即要留出一定的机动时数，以防法定节假日及其他特殊情况占用上课时间，造成被动。中学政治教师在安排教学进度时切忌不要出现前紧后松或前松后紧的现象。

中学政治教师制定教学进度表一般包括总体说明和教学进度的安排两个部分。其中，教学进度的安排是主体部分。

(一) 总体说明

总体说明主要包括授课班级、教学的目的和要求、全学期教学的重点和难点、教学内容的基本分析、学生情况分析、全学期教学总时数、教学的主要措施等内容。

(二) 教学进度的安排

教学进度的安排主要是中学政治教师根据教学总时数，按上课周次和教学内容体系，对各课、各节的教学时数以及复习、考试时间做出合理安排。此外，中学政治教师还应考虑在教学中开展的各种活动，特别是课外进行的活动，如参观、访问、社会调查、实施报告会和小论文活动等，不仅要统一安排时间，而且同样需要事先制订计划。即中学政治教师要对围绕什么内容、安排什么活动、达到什么目的、如何实施等做好充分的准备，以达到预期的教学目的。

为了简明扼要、一目了然，教学进度的安排一般采用表格的形式来表示。表格的项目一般包括周次、教学内容、教学时数、教学方法和备注等项目。下面"案例展现"中的格式可供中学政治教师参考。

案例展现2-2

××学校学期教学进度表

科目		班级		任课教师	
课本名称		编者		出版社	
本学期要达到的目的					
周次	起止 月 日	教学时数	教学内容与教学方法	作业及其他	备注
1					
2					
3					
4					
5					
6					
7					
8					
9					
……					

教研组长审核签字：　　　　　　　　　教务处长（主任）审核签字：

二、有效备课

有效备课是课堂教学的重要前提，教师只有备好课才有可能上好课。对中学政治教师而言，备好课不仅可以加强教学的计划性和针对性，而且有利于中学政治教师充分地发挥主导作用，提升课堂教学的有效性。

（一）备课的含义

备课是指教师根据学科课程标准的要求和本门课程的特点，结合学生的具体情况，选择最合适的教流方法和教学流程，以保证学生有效地学习。备课分为个人备课和集体备课两种。备课是教师重要的基本功，是教师准备上课内容的全过程，是教师从事教学活动的基础性工作，也是教学的基本环节。教师要根据课程标准、教学目标、学生的需要以及当地的客观条件，创造性地探索有效的教学方法。备课还可以帮助教师提高自身的课堂教学技能，同时也体现了教师对教育事业的责任感和职业道德水平。因此，中学政治教师要认真备课并善于备课，掌握备课技巧。

（二）有效备课"五要素"

在备课时，中学政治教师应该深入地思考以下五个方面的问题，不断地提高自己备课的有效性：

1. 备目标——确立学科核心素养目标

中学生发展思想政治学科核心素养是党的教育方针的具体化、细化。为了建立思想政治学科核心素养与课程教学的内在联系，充分挖掘各学科课程教学对全面贯彻党的教育方针、落实立德树人的根本任务、发展素质教育的独特育人价值，各学科基于学科本质凝练了思想政治学科核心素养，明确了学生学习中学政治学科课程后应达成的正确价值观念、必备品格和关键能力，对情感、态度与价值观，能力和知识三维目标进行了整合。思想政治学科核心素养主要包括政治认同、科学精神、法治意识和公共参与。

案例展现 2-3

《当代国际社会》一课的教学目标设计

通过"说文解字"这一活动，说出构成主权国家的基本要素，进而进一步分析和理解主权对于一国的重要意义，树立主权意识。

通过"谁来解决全球性问题"这一活动，说出当代国际社会的主要成员，在自主阅读思考的基础上，结合教师的指导，能正确辨别主权国家行使的权力，形成正确的理性认识。

> 结合"猜猜看"环节以及自主列举的案例，归纳国际组织特别是联合国的积极作用，并通过"说说看"环节印证中国在国际社会中是负责任的国家，形成政治认同。

2. 备教材——明确教材指向

关于教材，一般有两种解释：(1)根据一定学科的任务，编选和组织具有一定范围和深度的知识技能体系，一般以教科书的形式来具体反映；(2)教师指导学生学习的一切教学材料。

教材是教与学的中介，是教学最重要、最基本的依据。教材有广义和狭义之分。广义的教材指在课堂上和课堂外，教师和学生使用的所有教学材料（如教科书、练习册、活动册），以及教师自己编写或设计的材料等。狭义的教材就是教科书，是一个课程的核心教学材料。对教材的分析和处理是确定教学目标、设计课堂教学、制订教案的前提和基础，是教师必须掌握的一项基本技能。教师应成为教学资源的设计者、组织者和实施者，好教师的标准是会"用教材"。

在备课时，中学政治教师首先要明确教材的指向，领会教学要达到什么目标，紧紧咬定目标、抓住重点，排除其他因素的干扰，做到重点突破，才能有效地提高备课的有效性。

（1）深入研究教材，把握教材的精髓。

备教材的基本要求是中学政治教师应该通读整套教材、分析教材，在头脑中建立起对整套教材的印象，这是教师进行教学设计和教学活动的基础和前提。在备课时：第一，中学政治教师要准确地理解编写者的意图，进入教材的内在天地，理解教材符合学生的学习心理和认知规律的编写方式。第二，中学政治教师要把握整套教材的基本内容和基本结构，统观全局，弄清教材内容的前后联系及逻辑关系，梳理出教材的知识体系。第三，中学政治教师要明确各部分内容的地位、作用以及相互联系，把具体内容的教学纳入整个课程的教学体系之中，进行统筹规划和安排。同时，中学政治教师还要注意到新知识往往是旧知识的延伸和发展，同时又是后续知识的基础。

（2）根据学情进行取舍，找出教学重点和教学难点。

教学重点是指在整个知识体系中处于重要地位或发挥突出作用的部分。它是学生必须掌握的基本知识和基本技能。教学难点是指学生难于理解和掌握的内容。教学难点的形成，除教材外，还与学生的知识基础和学习能力等因素有关。由于教学重点和教学难点形成的依据不同，所以有的内容既是教学重点又是教学难点，有的内容虽然是教学重点但不一定是教学难点，还有的内容是教学难点但不一定是教学重点。在教学中，中学政治教师需要在分析教材的基础上，根据学情和教学目标来区分教学重点和教学难点，同时还要对教材进行合理取舍，突出教学重点和教学难点。

（3）开发教学资源，重组拓展教材。

在备教材时，中学政治教师需要依据课程标准和学情，在吃透教材、尊重教材的基础上，依据教学目标的要求和学生的实际情况，发挥自身的能动作用，对教材进行适当的剪裁、组合、改造，创新、重组，甚至自编教材、讲义等，为学生的学习提供更为充分的材料。对教材的加工还体现为中学政治教师创造性地制作教学用具，改变教材的呈现方式，使之更适合特定教学目标的需要。

案例展现 2-4

《唯物辩证法的实质与核心》一课的教材分析片段①

《唯物辩证法的实质与核心》这一课，最终是要使学生明确"对立统一规律是唯物辩证法的实质和核心"，这是本课的主目标。学生一开始对此难以理解，因此，教师可以先把这个主目标放在一边，去追求"矛盾是事物发展的源泉和动力"这个从属目标（实现主目标的条件）。而学生要想更好地把握"矛盾是事物发展的源泉和动力"，就必须理解"什么是矛盾""关于事物矛盾问题的精髓""矛盾分析方法的普遍意义""具体问题具体分析"等内容，这些既是更小的从属目标，也是达成"矛盾是事物发展的源泉和动力"这一目标的条件。只有这些从属目标实现后，最后学生才能真正懂得"对立统一规律是唯物辩证法的实质和核心"。

3. 备学生——关注学生发展

备学生也称学情分析。每个学生都有不同的特点，每个班级也都有属于自己的特点，这就要求教师在备课的时候要注意到学生的学情。学情分析就是教师对学生在学习上有针对性的、较为全面的分析，如学习基础如何、学习兴趣如何、学习方法和学习习惯怎样、学习有何特点等都要进行分析。在教学中，中学政治教师进行学情分析可以采用档案调阅、摸底测验、问卷调查、学生座谈、宿舍走访和个别谈心等方式进行。通过学情分析，中学政治教师可以设计有针对性的教学。

（1）备学生的知识基础。

在教学准备中，学生已有的知识经验与将要获得的知识是密切相关的。备学生的知识基础就是中学政治教师要了解学生的智力状况、学习态度、学习方法、学习兴趣、学习习惯、学习能力、作业完成情况和学业成绩情况等，对学生掌握知识的情况进行综合分析。中学政治教师只有较为全面地掌握了学生已具备知识的基础情况，才能较

---

① 胡田庚. 中学思想政治课程标准与教材分析 [M]. 北京：科学出版社，2012：201. 此处有改动.

为准确地确定教学重点和教学难点，从而确定教案和教学方法。

（2）备学生的学习能力。

学生的学习能力是指学生在学习过程中独立获取知识的能力，收集、处理信息的能力和动手操作的能力等。学习能力在很多种基本活动中表现为观察力、记忆力、抽象概括能力、意志力、理解能力等。通过分析，中学政治教师可以了解学生的阅读能力、观察能力、思维能力、分析问题能力等情况，在组织课堂教学时就可以胸有成竹、有的放矢。中学政治教师可以根据学生理解、掌握新知识的能力，学习、掌握操作技能的能力来设计教学任务的深度、难度和广度。同时，通过对学生学习能力的分析，中学政治教师还可以了解、掌握学生之间的学习能力的差异，从而采取灵活的教学策略，真正做到因势利导、因材施教。

（3）备学生的学习风格。

学习风格是学生持续一贯的带有个性特征的学习方式，是学习策略和学习倾向的总和。每个学生在自己长期的学习过程中，因为先天因素和后天因素的影响，学习方式都会有所不同，渐渐地每个学生都会偏爱某种学习方式，进而形成自己的学习风格。中学政治教师应该结合教学经验和课堂观察，捕捉相关信息，关注学生的学习风格，并因材施教、合理引导。

此外，学情分析还包括分析学生的学习经验、思想状况、成长背景、情感因素和身心特征等。

案例展现2-5

学情分析的比较

以下是两位教师在教学准备中做的学情分析：

1. 《面对经济全球化》学情分析

与初中生相比，高中生的身心发展趋于成熟，知识积累量增多，社会接触面扩大，社会交往更加频繁，思想意识日趋活跃，思维能力明显提高，有关注国家建设、社会发展的倾向。从已有的生活经验来看，高中生在生活中几乎处处能感受到经济全球化的影响，尤其是他们比较关注的一些品牌或商品，但对现象的观察、分析尚显幼稚和肤浅，对经济全球化有关知识的了解不完整、不准确，相关事例接触不多。

2. 《促进小康社会经济发展》学情分析

学生在九年级"道德与法治"课中已经对全面建成小康社会有所了解。学生在学习本课时可能对党的十八大提出的全面建成小康社会新的要求了解不多，在理解相关理论方面有一定的困难。

请你分析上述两种学情分析方式，并对其学情分析进行评价。

4. 备方法——重视教学资源

教学方法就是在教学中为了完成一定的教学目的、教学任务所采取的教学途径或教学程序，是以解决教学任务为目的的师生之间共同进行认识和实践的方法体系。

真题及解析

教学方法一般有五类：第一类是以语言传递信息为主的方法，包括讲解法、谈话法、讨论法和读书指导法等；第二类是以直接感知为主的方法，包括演示法、参观法和现场教学法等；第三类是以实际训练为主的方法，包括练习法、实验法和实习作业法；第四类是以欣赏活动为主的方法，如陶冶法等；第五类是以引导探究为主的方法，如发现法、探究法等。中学政治教师选择教学方法的目的是要在实际教学活动中有效地运用。

5. 备"意外"——预设课堂情况

在备课的过程中，中学政治教师对课堂中的生成性问题要尽量预测到位。虽然课堂教学不能全部被预测，但是中学政治教师在备课时多考虑可能发生的事情，上课时才能有对策。在备课时，中学政治教师最好多准备一些相关资料，如果能对相关的教学内容做更深入地研究，上课时遇到意外情况也就能泰然处之。

三、编写教案

 案例展现 2-6

教案真的有用吗

X 教师：教师上课，只要能熟悉教材，把课讲得生动活泼就行了，写不写教案没有多大关系。

Y 教师：写教案比较烦琐，会束缚老师的手脚。

Z 教师：上课前临时抓起教材看一看，准备讲到哪里，在课本上做个记号就完事了，根本不用写教案。

W 教师：写教案最大的好处是可以帮助我们老师整理思想，加强计划，加深备课。它不仅可以使课堂教学过程变得严密，让老师在上课时胸有成竹，讲课时从容不迫，而且有助于我们更好地研究新的教学方法，不断地提高教学质量。有一两次我也试过不写教案，结果是不行的。这让我有准备不周、仓促上阵、手忙脚乱的感觉，更谈不到有计划地开展教学了。

请你结合上述案例谈一谈教案到底有什么作用？

（一）教案的含义及其重要性

教案也称教学设计稿、教学方案，是指教师为了顺利而有效地开展教学活动，根据课程标准和教科书的要求以及学生的实际情况，以课时或课题为单位，对教学内容、教学步骤、教学方法等进行具体设计和安排的一种教学文书。教案包括教材简析和学生分析、教学目的、教学重点和教学难点、教学准备、教学过程及练习设计内容等。教案的种类包括课程模块教案、单元教案和课时教案。另外，课外活动也是中学政治学科教学的重要形式，学科课外活动方案自然也属于教案的范围。教案是中学政治教师进行教学准备的书面成果，是中学政治教师的教学是否有准备、准备是否充分的基本衡量标志，也是影响教学活动进行、教学目标达成、教学效果提高的主要因素。在教学活动前编写教案是中学政治教师必须做好的重要工作。

（二）教案的主要内容

教案的主要内容一般包括：（1）授课班级、时间；（2）课题；（3）教学目标；（4）教学重点和教学难点；（5）教学方法和学法指导；（6）教学过程与教学内容；（7）板书设计与作业要求；（8）教学反思等。

（三）教案的呈现方式

教案的呈现方式多种多样，一般有条目式、表格式以及各种创新型教案。表格式教案的一般格式如下所示：

表格式教案的一般格式

学校		年级		班级	
科目		执教者		时间	
课题					
教学目标					
教学重点和教学难点					
教学方法和学法指导					
教学过程		1. 检查提问			
		2. 导入新课			
		3. 讲授新课			
		4. 总结新课			
		5. 布置作业			
		6. 布置预习			
板书设计					
教学反思					
备注					

> **引 言**
>
> ### 两个书法家①
>
> 清朝乾隆年间有两个书法家甲和乙。书法家甲极认真地模仿古人，讲究每一笔、每一画都要酷似某位大家，如某一横要像王羲之的，某一捺要像米芾的。一旦练到了这一步，他便颇为得意。
>
> 书法家乙则正好相反，他不仅苦苦地练，而且还要求每一笔、每一画都不同于古人，讲究自然，直到练到了这一步才觉得心里踏实。
>
> 有一天，书法家甲嘲讽书法家乙，说："请问仁兄，您的字哪一笔是古人的呢？"
>
> 书法家乙并不生气，而是笑眯眯地反问了一句："也请问仁兄，您的字究竟哪一笔是您自己的呢？"
>
> 书法家甲听了，顿时张口结舌。
>
> 一味地模仿别人，只会迷失自我，泯灭自己的个性。教学设计亦然。

第二节　中学政治学科的教学设计

教学设计是指从事教学工作的教师为了完成、优化教学目标，运用系统的方法整合各教学要素和教学环节，为学生设计的教与学的操作计划方案。它是课堂教学进行的程序，是教学准备的重要组成部分。教学设计的特点是以学生为本，是为学生的学习服务的。

一、教学设计的原则

中学政治教师在进行教学设计时应遵循以下原则：

（一）主体性原则

中学政治教师在进行教学设计时要充分发挥学生的主体作用，使学生积极、主动地参与到教学中来，发挥学生积极探索、合作和创新的精神，让学生在教师的引导下自己去发现知识和积累经验，使学生成为学习的主人。所以，在教学设计中，从教学

---

① 金波，卢德娥. 青少年成长智慧书［M］. 北京：北京工业大学出版社，2012：155. 此处有改动.

目标、教学内容、教学手段、教学重点、教学难点到教学操作过程，中学政治教师都要考虑从学生的知识、心理、思想道德实际出发，真正体现以学生为主的原则。

（二）系统性原则

教学设计是个教学系统，在进行教学设计时中学政治教师要从系统的角度整合教学设计的每个环节。教学设计需要中学政治教师考虑多种教学要素，如学情、教材、教学目标、教学重点、教学难点、教学流程、教学工具、教学效果训练等，这些教学要素和环节都是很具体化的，它们之间要上下贯通、相互联系、相互制约，并成为一个完整的系统。各个教学要素在这个系统中的最佳组合才是好的教学设计，只有这样才能取得优化的教学效果。

（三）灵活性原则

教学就是一个有开端、过程和结果的动态过程，设计这样一个过程必须体现弹性、灵活性、动态性，不能一成不变。教学设计是中学政治教师根据教学任务、教学内容、学情、教学环境和条件预先设计的，具有一定的稳定性。但是，学生是鲜活的，课堂也是动态的，中学政治教师意料不到的事情随时可能会发生。在师生的双边活动中，教学常常会偏离原来的教学设计。所以，中学政治教师在进行教学设计时要有一定的灵活性，要根据教学运行动态对设计出的方案进行一定的调整，使教学设计在动态中生成教学效果。

（四）创新性原则

教学设计是教师的一种创新活动，也是一种思维活动和实践活动的组合，它既有教学思想观念的创新，也有教学方式和教学方法的创新。中学政治教师在进行教学设计时要运用教学理论、学习理论、教学技术理论和心理学理论等多种理论方法。另外，中学政治教师还要以各种教学理论作为思想基础，破除传统教学设计的旧观念，根据教学实际大胆创新，使设计出的教案体现出先进教育思想和新课改精神的新思想、新举措。

二、教学设计的内容

一般来说，中学政治教师进行教学设计的操作流程包括教材分析、学情分析、教学目标分析、教学重点和教学难点分析、教学方法和学习方式的选择、教学设计理念的更新、教学过程设计、板书设计、教学反思等环节。

（一）教材分析

1. 教材地位分析

教材地位分析可以从两个角度进行：一是所教内容在整个教材体系中的地位。中学政治学科的教材是一个整体，其中的每一模块、每一单元、每一课、每一框都是教材的有机组成部分，都在教材体系中占有特定的地位。二是所分析的教材在学生发展中的地位和作用。分析教材的这种特定地位和意义是教师确定教材目标和教学重点、教学难点，选择和处理教材内容，设计教案等的重要依据。

2. 教材内容结构分析

教材内容结构分析可以从多个层面进行，其中最基本的有三个层面。第一，整体结构，即某一课程模块教材的宏观结构。中学政治学科教材的各模块都由若干单元构成，都围绕着一定的主线展开。分析教材的整体结构，有利于中学政治教师从宏观的角度通盘考虑教学，加强教学设计的计划性和系统性。第二，单元结构，即同一教学单元内各课之间的相互关系。分析教材的单元结构，对于分析该单元的教学目标及每一篇课文在单元中的地位和作用具有十分重要的作用。第三，课时内容结构，即每一课内容之间的相互关系。中学政治学科教材的各框、各目都包含了若干的知识点，各知识点之间有着这样或那样的关系。分析各知识点之间的相互关系有利于中学政治教师从微观的角度把握学科知识的内在联系，建立系统化的知识体系。

真题及解析

（二）学情分析

了解学生的内容很多，就中学政治学科的教学设计来看，中学政治教师除要了解班级的学生构成情况、整体学习情况，以及学生的姓名、年龄、身体状况、师生关系、家庭环境、个性心理品质等一般情况外，尤其要重点了解以下三个方面的情况：

1. 学生的学习基础

中学政治教师既要了解班级的整体基础，也要了解学生个人的学习基础，还要了解学生的智力状况、学习态度、学习方法、学习兴趣、学习习惯、学习能力等，力求使教学能够量力而行、科学适度。

2. 学生的学习可能面临的疑难和困惑

对于中学政治学科教材中的有些内容，学生理解起来可能存在一定的难度，在接受过程中会产生各种疑虑。中学政治教师在进行教学设计时要考虑学生的智力水平和接受能力，对学生学习中的疑难和困惑要预先了解，并加以引导。

3. 学生的思想情况

中学政治学科最根本的任务是对学生进行思想政治教育和道德教育，提高学生的思想道德素质和思想政治素质。因此，中学政治教师在教学设计中要了解学生的思想状况，包括他们对党和国家各项路线、方针、政策的态度，对国家法律和学校各项规章制度的遵守，对班集体的感情，对集体劳动的态度，文明礼貌和行为习惯的表现等。中学政治教师只有了解了学生的思想状况，才能使教学设计能针对学生的思想实际，才能帮助学生提高认识、陶冶情操、启迪觉悟。

（三）教学目标分析

1. 教学目标是课堂教学过程中的教与学的互动目标

目标是有预期的，是具体情境下学生行为变化的结果，是用"学生学会了什么"来表示的，它通常是策略性的，是可观察、可测量的、可评价的。因此，教学目标设计是整个教学设计的首要内容。

2. 教学目标的制定应遵循的原则

（1）整体性原则。

整体性原则是指中学政治教师设计的教学目标必须把三维目标统一起来，发挥三维目标的整体功能。根据课程标准的要求，教学目标应从情感、态度与价值观，能力和知识三个维度进行设计，各个教学目标之间是相互联系、相互促进和相互制约的。情感、态度与价值观，能力和知识等领域的教学目标要有机地融合在一起，在学生获得知识和技能的过程中，促进其增强情感体验，掌握正确的态度，受到价值观的教育。因此，中学政治教师在教学中要全面关注三维目标并将它们整合于统一的教学活动过程。

（2）主体性原则。

主体性原则是指中学政治教师在制定教学目标时从学生的角度出发：一是要体现"以学生发展为本"的核心理念；二是要引导和促进学生自主学习、探究学习和合作学习。此时，教师的角色由传授者变为参与者，由控制者变为帮助者，由主导者变为引导者。

（3）科学性原则。

科学性原则是指中学政治教师在制定教学目标时必须着眼于全体学生的发展，最大限度地适应不同程度的学生的需求。在课堂教学中，每节课可能包含三个维度的教学目标，但通常情况下由于受知识本身以及学生的学习实际和学习环境所限，一节课往往实现不了所有的目标。因此，中学政治教师应从知识的记忆目标到理解与运用目标，再到发展能力、解决实际问题和情感体验目标等，由浅入深，层层递进。特别是对情感、态度与价值观，能力这类领域的教学目标不能急于一时，要考虑到学生个体的学习差异，考虑到不同班级、同一班级的不同学生的知识结构、理解能力、经验或经历的差异。因此，中学政治教师必须全面了解学生在思想品德方面的真实想法以及行为表现，使教学目标落在学生的"最近发展区"内，促进教学目标的达成。

（4）具体性原则。

具体性原则是指中学政治教师在设计教学目标时要依据课程标准的要求，根据教材的内容和学生的认知结构、能力水平、生活阅历、兴趣、习惯等，使教学目标具体化。即中学政治教师设计的教学目标要用简明的语言和文字来表达，能紧密结合教材，

真题及解析

综合考虑教学目标的达成措施和方法。中学政治教师在陈述教学目标时要尽量精细、明确、具体、有针对性，不要过于"高大上"，而是要"接地气"，具体到某个方面或某个环节，并使用一些更加精确的行为动词；要避免出现主体错位、面面俱到、指向不明等问题。

 案例展现 2-7

《人生难免有挫折》一课的教学目标分析

在讲授《人生难免有挫折》一课时，某中学政治教师设计了以下教学目标：

【教学目标】

情感、态度与价值观目标：使学生面对挫折能拥有积极乐观的人生态度，善于用英雄模范人物、先进人物、名人战胜挫折的事迹和名言激励自己，深刻领悟人生难免有挫折的道理，进而在日常生活和学习中培养坚强的意志。

能力目标：初步培养学生多角度、全方位分析挫折的能力。

知识目标：使学生知道人生难免有挫折、挫折是不可避免的道理，懂得挫折能磨炼意志的道理。

请你指出以上教学目标的表述存在的问题并阐述相关理由。

【解析】上述教学目标的表述中存在的主要问题是：(1) 主体错位。行为主体是教师（三维目标中使用的是"使学生知道……""使学生面对……"等字眼进行陈述），而不是学生，违背了"以学生为主体"的新课改的教学理念。(2) 指向不明。教学目标中使用的"初步培养……"含糊、笼统、抽象，缺乏可操作性，难以测量、评价。

真题及解析

（四）教学重点和教学难点分析

教学重点是教材中最基本、最重要的核心部分，在整个教材中起着重要作用。教学重点既可以是知识上的重点，如学科的基本概念、基本原理、基本观点，它们是学生学习后继内容的基础，具有常用性和应用性；也可以是中学政治学科的重点，需要学生掌握思想观点和形成行为品质。教学难点是教材中学生难以理解和接受的部分，包括：一是知识上的难点，有些知识由于比较抽象或学生缺乏一定的基础，所以难以理解；二是思想上的难点，即学生在道理上容易理解，但在思想上却难以接受的内容；三是学生容易出错或混淆的内容。

资料卡片 2-4

突出教材重点的方法

1. 题目分析法：教材中每一框的题目往往是本节课教学的重点，教师要分析题目的含义，尤其是抓住"题眼"分析透彻。

2. 咬文嚼字法：教师要抓住教材中的关键词进行分析、研究，借以突出教材的重点。

3. 琢句分析法：教师要抓住教材中带有概括性、总结性的中心句、重点句或句群，琢磨它在教材中的地位、作用，从而突出教材的重点。

4. 主次辨析法：在讲授教材时，教师要指导学生分析哪些内容是主要的，哪些内容是次要的，主次分明后教材的重点当然就突出了。

5. 层层剥皮法：教师要依据教材内容的结构，像剥竹笋一样层层剥皮、层层深入。

6. 逐层递加法：教师先概括出教材各部分、各层次的重点，然后把各部分、各层次的重点叠加起来，从而突出整个教材的重点。

7. 由表及里法：教师先从教材内容的表面入手，再逐步过渡到教材的重点。

8. 上挂下联法：教师先点出教材的重点，然后联系上下文来讲解。

9. 提纲挈领法：教师把教材的重点通过列提纲的方式突出出来。

10. 表格突出法：教师运用表格把教材的重点突出出来。

11. 图示展现法：教师通过图形、图画等形式来突出教材的重点。

12. 摘要突出法：教师通过摘录教材中的主要语句、重点自然段来突出教材的重点。

13. 比较对照法：教师通过对教材中两类或两类以上相近或相反的内容进行比较、对照来突出教材的重点。

14. 悬念存疑法：教师通过设置疑点，激发学生急于求解来突出教材的重点。

（五）教学方法和学习方式的选择

教学方法是中学政治教师组织运用教材实现教学目标的思想、方法、途径、程序、手段和教与学相互作用的方式。中学政治教师必须根据当前的教学任务、教学内容的特点、学生的实际情况、自身的经验和特长、教学条件、课程标准规定的时间和进度设计和选择教学方法。中学政治教师设计教学方法要体现新课改的基本理念，这样有助于推进学生学习方式的转变。中学政治教师要从学生关注的社会生活现象及其所遇到的具体问题入手，精心设计问题和情境，坚持情理互动原则，引导学生运用所获得的理性知识去分析、研究和解决实际问题。中学政治教师能否根据中学政治学科的性质、教材内容的特点以及师生的实际情况恰当地设计和选择教学方法会直接影响课堂教学的质量。

在学生的学习方式上，中学政治教师既要重视学生学习兴趣的培养和动机的激发，重视教学过程的情感化，也要考虑学生学习方式的养成，重视学生的学习能力和创新能力的培养，更要考虑教学的有效性。

（六）教学设计理念的更新

每位教师都是带着教育思想走进课堂的，每个教育行为的背后都隐藏着教育者的理念。实践证明，任何变革首先是观念的变革，教学设计的改革源自教学观念的改革。传统教学设计存在的诸多问题无疑会阻碍新课改的实施，而要改变这种状况，教师的教学设计观念的更新是关键性的前提。适应新课改的要求，中学政治教师的教学设计理念应进行以下四个方面的更新：

1. 教学目标设计理念的更新：从知识本位到注重发展

中学政治教师的教学设计要回归生活，要服务于教会学生如何做人、如何做事，这是中学政治学科担负的重要使命。新课改的核心理念是促进学生发展，中学政治教师在进行教学设计时，所有的内容和环节都必须突出学生的主体地位，必须充分考虑学生的年龄、心理和认知等方面的特点，必须围绕促进学生思维和能力的全面提升来设计，而不是首先把握这节课教学的重点与难点。当然，这不是说中学政治教师不要传授书本知识，而是要把学科核心素养目标落实到每节课上，使学科知识的增长过程同时成为学生人格的健全与发展过程。

2. 教学过程设计理念的更新：从以教为本到主体参与

中学政治学科作为人文社会科学知识，具有价值性和主观性的特点，这决定了学生的学习过程具有体验性、情境性和个体性，决定了教学内容和教学目标不能完全脱离主体而独立存在。学生不是被动的信息接收者，而是主动的意义建构者。与此相适应，中学政治教师的教学过程设计理念必须从"以教师的教为本位"转变为"以学生的学为本位"，真正确立学生的主体地位。但是，强调"以学生的学为本位"并不是否定中学政治教师在现代教学设计中的地位，而是要中学政治教师明确现代教学设计首先是为学生的学服务的。

3. 教学方式设计理念的更新：从单向灌输到情境建构

新课改的理念认为，课堂教学不是对教学内容的移植，而是对教学内容有意义的建构，这就否定了中学政治教师对教材内容的单纯陈述。课堂教学设计需要中学政治教师利用情境、协作、会话等学习环境要素充分发挥学生的积极性、主动性和创造性，最终使学生完成对当前所学知识的意义建构。在教学设计中，中学政治教师要根据教材的内容和学生的特点有针对性地进行教学情境的创设、问题开发、活动设计、实践探索，以此激发学生的探究欲望，积极主动地去发现问题、解决问题，让学生经历知识的形成过程，知道知识的来龙去脉，而不是仅仅记住现成的结论。

4. 设计观的更新：从静态预设到动态生成

新课改的理念认为，中学政治学科的教学过程是可以预设的、具有相对稳定程序的教学过程，同时，学生的学习过程又是学生对教学内容自我建构的过程，由此决定了中学政治学科教学是一个动态、开放的生成过程，它必须向学生的生活世界和个人知识经验开放，尊重学生独特的感受、体验和见解，使中学政治学科的教学过程体现出预设与生成，确定性与创造性、灵动性的辩证统一。

（七）教学过程设计

教学过程设计是教学设计的核心内容，具体包括导入设计、课堂教学内容处理设计、教学资源利用设计、情境设计、问题设计、板书设计、练习设计和作业设计等。中学政治学科的内容特点决定了其教学过程是一个教师引导下的学生自我建构的过程，具有互动性和动态生成性的特点。中学政治教师进行教学过程设计应尽可能地加强"内容活动化"或"活动内容化"的设计，将体验性、研究性活动设计作为教学内容呈现的基本方式，将学习过程的步骤、程序和策略与知识学习、能力培养、情感体验有机地结合起来，使学生在动手与动脑、认知与体验有机结合的活动过程中，提炼、归纳和把握概念、原理、观点和方法。

真题及解析

（八）板书设计

从动态来看，教学板书是指中学政治教师在上课时以在黑板上书写的文字、符号、图标等传递教学信息的一种言语活动方式；从静态来看，教学板书是中学政治教师在教学过程中为了帮助学生理解、掌握知识而利用黑板以精炼简洁的文字、符号、图标等呈现的教学信息的总称。

中学政治教师在课堂上的板书还有正板书和副板书之分。正板书是指中学政治教师在钻研教材的基础上，根据教学目标和学生的实际情况，经过精心设计呈现在黑板上的文字、符号、图表等，通常写在黑板中部的突出位置。副板书是指中学政治教师在教学过程中随讲、随写、随擦的辅助性文字、符号等，一般写在黑板的两边。

（九）教学反思

教学反思是指中学政治教师通过对教学活动进行理性观察，总结成败得失，不断地优化教学问题的解决方法，努力提高教学实践合理性的自觉活动和过程。它是中学政治教师日常教学工作的重要组成部分和教育科研的重要方式，对于中学政治教师优化和升华教学经验，促进隐性经验显性化，更新教学理念，促进中学政治教师的专业成长具有重要意义。因此，中学政治教师应当加强课后教学反思，建构教学与反思有机结合、互动发展的教学工作方式。

世界因生命而精彩

1. 教学任务分析

认识生命形态的多样性，理解人类的生命离不开大自然的哺育是《义务教育思想品德课程标准》（2011年版）所规定的教学内容。

结合《义务教育思想品德课程标准》（2011年版），通过教学使学生明确世界因生命而精彩，生命存在的重要性及生命的脆弱性，从而感悟到人人必须关爱生命。

2. 学生分析

七年级学生已经学会观察一些社会现象，已能用自己的感官感知生命的多样性、重要性及脆弱性，但对于应该关爱生命还缺乏一定的认识，在平时的生活实践中也还会不自觉地发生一些破坏生命的行为。本节课力求通过学生的生活实践让学生"在活动中体验，在体验中感悟"，世界因生命而精彩，爱护自然，热爱生命，以学生为本，从而培养学生的创新精神和实践能力。

3. 教学目标

情感、态度与价值观目标：树立热爱生命、亲近自然、保护生态环境的意识，并在生活中付诸实践。

能力目标：培养学生爱护自然、鉴赏自然、保护环境的能力。

知识目标：了解世界是由各种各样的生命所组成的；理解人与其他生命之间应该和谐共处；分析生命存在的重要性及人类破坏生态环境带来的危害性。

4. 教学过程安排

教学环节	教学活动设计	设计意图
导入	《狮子王》片段	比较荒凉的世界与多彩的世界，明确世界因生命而精彩
体验篇　多彩的生命	画出生命样态并进行展示	培养学生的动手能力，感知生命的生动、精彩与可爱
认知篇　生命的价值	编织生命网	师生互动，使学生充分参与课堂教学，发挥主体作用；培养团队精神、创新意识；感知人应与自然和谐共处

（续表）

教学环节	教学活动设计	设计意图
反思篇　脆弱的生命	反思人类破坏生命的行为和由此带来的后果	了解地球上的生命面临的危机，从而使学生体会到保护生态环境的重要性
感悟篇　关爱生命	故事讲解及播放歌曲《一个真实的故事》	用感人的故事和歌曲来感染学生，从而进行情感教育，进一步培养学生热爱生命、热爱自然的意识
收获篇　心得与实践（小结）	学生畅谈，并辅以设计广告语、集体宣誓等活动	真正让学生在今后的生活实践中学会保护环境、保护地球

> **引 言**
>
> ### 庖丁解牛[①]
>
> 　　魏惠王有一位非常出色的厨师庖丁，专门替他杀牛。
> 　　庖丁解牛的技艺远近闻名，传说庖丁在解牛时，让人感到的是一种艺术享受。他的每一个动作都如舞蹈一样优雅。他身上服饰的抖动、手法、指法、肩的动作、膝的蹲式、脚的踏法，都让人叹为观止。
> 　　庖丁解牛发出的声音很轻柔、很悦耳，充满节奏感，魏惠王也不得不称赞叫绝。
> 　　有一次，魏惠王问庖丁："你的技艺为何如此精湛？"
> 　　庖丁平静地回答："因为我十分喜欢这项工作，所以干起来十分投入、十分欢悦，我感到是一种享受。当然，这不是说一开始只要喜欢就会干好，而是经过了多年的实践和摸索，才达到今天的境界……"
> 　　这则寓言告诉我们，在实际生活中，要想真正学到知识或掌握一门技艺，常常需要反复实践。只有勤学苦练，才能发现并掌握规律，将技艺修炼到出神入化的境地。教学亦是如此。

第三节　中学政治学科的模拟教学

　　模拟教学既是职前教师专业发展的必经之路，也是职前教师综合素质和实践能力的集中展现。一位职前教师是否适合成为中学政治教师，必须通过模拟教学的实践来检验。

一、模拟教学的含义

　　模拟教学是指职前教师在高校学习期间，在没有直接可用的班级上课的教学环境下，为了训练常规教学技能而采取的模拟上课情境的教学活动。具体来说，职前教师在指导教师的指导下，结合专业背景与行业特点来模拟真实情境，在有限的时间内，通过口头语言、形体语言、各种教学技能与组织形式的展示，在具体活动中进行实践操作的教学形式。通过模拟教学可以重点考查职前教师的综合素质和实践能力，所以教师招聘考试往往采用模拟教学这种形式。另外，模拟教学的时间通常在15分钟左右，所涉及的教学内容是中学政治学科某一课时中的全部内容或片段，听课的学生通常由职前教师的同学扮演，指导教师则给予必要的点评和指导。

---

① 《晨旭阅读》丛书编委会. 中国古代寓言 [M]. 南昌：江西教育出版社，2016：1. 此处有改动.

二、模拟教学的内容

模拟教学的内容主要分为三个部分。第一部分，中学政治学科教学设计的原理与中学政治学科教学经典课例观摩。职前教师在简明讲授完中学政治学科教学设计的原理之后，指导学生观摩一定数量的精选课例，学会初步分析中学政治学科教学课例中包含的教学设计理念与方法。第二部分，中学政治学科教学设计的步骤与方法。职前教师结合"中学政治学科教学技能训练"课程对中学政治学科教学设计的各个具体环节进行专门学习，并通过模拟教学亲身实践中学政治学科教学设计的理念与技能，通过教育叙事研究的方法记录自己的专业成长历程。第三部分，中学政治学科教学课例分析与创新设计。职前教师深入研读和分析中学政治学科教学名家的课例，探索中学政治学科教学设计的创新策略和创新方法。这一阶段的学习以理论研讨和经典课例比较分析为主。①

三、模拟教学的基本要求

（一）常规教学与模拟教学的区别

1. 对象不同

常规教学的对象是学生，教师在心理上有一定的优势，不会形成较大的压力。同时，师生之间的配合比较默契，教学内容有一定的连贯性，学生有一定的心理预期。而模拟教学则是由一位职前教师来扮演教师，对指定的教学内容需要在15分钟内模拟中学政治学科课堂完成教学；由职前教师的其他同学来扮演学生，教学对象是自己的同学而非学生，此外教学内容也缺乏连贯性。

2. 目的不同

常规教学是循序渐进的，达成教学目标是最终目的。教师讲课的好坏不是通过15分钟或者一二节课的考查来评判的，而是通过较长时间来实现的。如教师做学生的思想工作、端正学生的学习态度都是一种"磨刀不误砍柴工"的铺垫。而模拟教学是以教学内容与教学环境为展示载体，职前教师不能脱离教学环节，需要利用有限的时间把自己最优秀的一面展示出来，期望获得听课者的肯定，希望表现出自己拥有成为一位合格教师的潜力。

3. 教学内容的安排不同

常规教学的时间一般是固定的，教师最重要的不是展示自己的才华，而是将自己的知识和技能传授给学生，重点在于增长学生的知识、启迪学生的思维。而模拟教学往往采用时空分割法，如职前教师通过"上节课我们讲了……通过预习我们又初步了

---

① 朱燕. 以教师专业发展为旨趣的高中政治课例研究——以溧阳埭头中学为例[D]. 杭州师范大学，2018. 此处有改动.

解了……今天我们介绍……""刚才我们学习了……下面我们接着探讨……"等这样的铺垫可以很快地把听课者吸引到下一个教学环节中，充分展示出自己的教学才华。

4. 组织教学的目的不同

常规教学的目的是教师为了正常的教学需要，并不需要突出表现自己的教学才能。而模拟教学既有与一般教学在确定教学目标、教学内容、教学方法及教学过程方面的相似点，也有在教学过程中，与教学对象进行目光和肢体语言交流的相似点。所不同的是，模拟教学的最终目的是锻炼、提升职前教师的综合素养和实践能力。

（二）模拟教学与说课的区别

说课时，说课教师要说教材的内容、地位、教学目标、教学重点和教学难点，不仅要说出"怎样教"，而且还要说清"为什么这样教"，要让听课者不仅知其然，还要知其所以然，比较侧重理性层面。而模拟教学则是说课的延伸和补充，职前教师选取说课中的"教学过程"这一部分把它具体化，把教材的内容、地位、教学目标、教学重点和教学难点等通过模拟教学表现出来，更侧重于实践性，职前教师在模拟教学的过程中模仿实际教学，但没有学生的配合，往往需要把45分钟的实际教学内容在15分钟内展现出来。

链接阅读 2-7

模拟教学与说课的比较

关系		模拟教学	说课
区别	应试模拟角色	教师和学生	教师
	考查的内容	直接展开教学过程：导入—新授课—互动教学—小结—板书作业	说全7~8个方面的内容：说整体设计思想；说教材；说学情；说教学目标；说教学重点和教学难点；说教学方法；说教学过程；说教学预想或教学反思
	实践的重点	教学过程设计和教学组织能力，尤其是和学生互动的模拟，如设计一个精彩的课堂导入	教学设计能力和教学思想，尤其是教学过程的设计思路及设计理念
	得高分的秘诀	（1）精彩的导入语； （2）抓住重点，条理清晰； （3）设置互动环节； （4）教学过程尽可能完整	（1）说课标要"透"； （2）说学情要"准"； （3）说教学设计要"新"； （4）说教学流程要"清晰"； （5）说教学理念要"突出"
联系	（1）都需要获得良好的第一印象，要注重礼仪（包括表情、眼神、着装和语言等），要体现出精、气、神 （2）都需要扎实的教学基本功：①语言流畅，亲切有活力；②教态自然，大方有自信；③板书美观，规范有讲究		

但是，模拟教学与说课中的"教学过程"有一个共同的特点，就是教师不能平均使力，应抓住本节课自己认为是亮点或教学重点、教学难点的地方加以重点突出、详细阐述。与说课相比，模拟教学更侧重于职前教师综合素质和实践能力的反映。

（三）模拟教学应注意的问题

1. 教学设计方面

模拟教学是真实教学的一个缩小版，职前教师要力图把教学设计或教学流程清晰地展示出来，虽然没有真实的学生，但也要想象着有学生。学生的回答，有些不需要职前教师重复，但如果学生的回答有引出下一个环节的作用或是本课的教学重点、教学难点、易错点时，职前教师可以代替学生说出来，但不能生硬重复，要自然表达、不着痕迹。

2. 教学语言方面

因为模拟教学没有真实的学生的参与，焦点全部集中在讲课的职前教师身上，所以这时职前教师的每句话、每个字都显得非常重要、非常突出。职前教师不仅要注意教学语言的流畅性（因为这样可以让听课者看出职前教师的心理素质和备课的充分程度）和准确性（比如对教材的把握和挖掘的程度，以及讲解的科学性），同时还要体现学科语言的特点。此外，职前教师还要注意使用衔接语、过渡语、评价语、激励语等。

3. 教学手段方面

教学手段是师生在教学中相互传递信息的工具、媒体或设备。随着科学技术的发展，教学手段经历了口头语言、文字和书籍、印刷教材、电子视听设备和多媒体网络技术等五个阶段。在模拟教学中，职前教师可以结合教学内容精心地设计课件并现场投放，同时还可以把小黑板、小卡片、小制作等与模拟教学的内容有机结合起来，这样能有效弥补职前教师在某些方面的不足（如字体、朗读、语言描述、知识讲解等），同时适当的教学手段也会给职前教师增添魅力。

4. 师生互动方面

师生互动通常是在上课时，教师为了增加课堂氛围，发起并邀请学生与自己合作完成某一教学目标，是一种特别能体现新课改的教学理念的教学要求。作为职前教师，尽管是在进行模拟教学，学生不在现场，但也要让听课者觉得是在给学生上课，而不只是给指导教师和同学上课。职前教师要与想象中的学生进行学习方面的互动交流，要体现以学生为主体的思想，要体现新课改的教学理念。

5. 合作学习方面

合作学习一般以小组或同座学生为基本单位开展学习，安排得当的合作学习能有效地促进学生的学习，共同达成教学目标。如果合作学习组织安排的不当，则会影响教学目标的达成。因此，职前教师在进行模拟教学合作学习设计时，一定要做细致的安排，比如：小组内的分工怎样；交流时学生应该怎么表达自己的观点，有不同的意见时应该怎么办；学生又该如何吸取别人的建议等。

6. 板书设计方面

无论是常规教学还是模拟教学，板书都很重要。板书可以说是"微型教案"，浓缩了一节课的精华。在进行模拟教学时，职前教师要抓住教学重点和教学难点，进行巧妙的设计，让听课者看了一目了然，同时还要讲究板书的科学性、艺术性、美观性。好的板书体现了职前教师的基本素养，所以职前教师应重视板书设计。

7. 礼仪与教态方面

在进行模拟教学时，职前教师上台时的开场语（包括问候专家评委，报自己的学号和讲课题目等）和下台时的结束语要恰到好处，态度要恳切，表情要自然；教态要大方，手不能插在兜里或摁在桌子上，手势不能过频，这样会让人感觉其很紧张或太随意。另外，职前教师也不能拿着教案一直看（或读），要给听课者一种"教案在心中"的感觉。

四、职前教师模拟教学能力的培养

为了提高职前教师的专业发展水平，以便更好地适应基础教育课程改革实践的需要，职前教师需要从以下六个方面着手，积极参与到模拟教学的实践活动中来。

（一）课上模拟

模拟教学既是职前教师"生产"过程中的最后一道关口，也是职前教师步入教育实习岗位前的一次"热身"，一些高校由于种种原因存在着"重实习过程，轻模拟教学训练""重中学上岗，轻高校模拟教学"的倾向。因此，职前教师需更新学习观念，转变学习方式。第一，在课前，职前教师要认真钻研课程标准和教材，了解学情，精心备课。第二，在课上，职前教师要勇于尝试，主动展示。在展示的过程中，职前教师要注意运用表2-3中的评价内容，如导入能尽快激发学生的兴趣，营造学习情境，建立知识联系等。对于指导教师的示范和其他同学的模拟教学，职前教师也应多观察、多思考、多学习。第三，模拟教学后职前教师要积极反思或参与研讨。细节决定成败，职前教师要想提高自己对模拟教学细节的把握，必须经常对自己的模拟教学进行反思。职前教师应提高自己的教学反思能力，通过重新审视和检讨自己的模拟教学，总结经验教训。模拟教学后的及时讨论和评价能有效提高职前教师的自我诊断能力。

表2-3 模拟教学技能评价表

模拟教学授课者_____ 日期_____

请您听课后在各项的评价等级栏中填上恰当的等级（A = 95分，B = 80分，C = 65分，D = 50。）

评价内容	对应技能	权重	评价等级
1. 导入能尽快激发学生的兴趣，营造学习情境，建立知识联系	导入技能	0.15	
2. 普通话标准，节奏恰当，富有感染力	语言技能	0.10	

（续表）

评价内容	对应技能	权重	评价等级
3. 讲解条理清楚，严密完整，层次分明，重点突出	讲解技能	0.25	
4. 结束提纲挈领，紧扣目标，利于知识的巩固连接和检索运用	结束技能	0.10	
5. 板书与教学内容结合恰当，主副分明，结构巧妙，字体规范	板书技能	0.10	
6. 教学各环节用时合理、衔接顺畅，能按时完成教学任务	综合技能	0.10	
7. 教学过程自然严谨，体现了学科特点，无明显的科学性错误	综合技能	0.20	

＊您还有什么意见？

（二）同伴互助

模拟教学不一定局限在课堂上，指导教师可以指导职前教师建立互助小组，充分利用现代化设备（如手机），根据实际情况进行同伴练习。每组有两三个或四五个人，选择中学政治学科中的某一教学内容作为模拟教学课题，既可以单人教学，也可以合作教学（每个人负责一小部分内容）。在进行模拟教学时，其他人可以利用手机的录像、录音功能，站在"专家评委"的角度进行观察。模拟教学结束后，"专家评委"提出自己的看法，指出存在的问题及改进的建议。职前教师要认真聆听并记录指导建议，回去后结合视频或录音进行反思并加以改进。如果小组人数较多，也可以采取"小先生制"，利用"小先生"（班上教师职业技能突出的学生）为其他的职前教师服务。职前教师通过同伴互助可以相互学习、取长补短。

（三）视频学习

在信息技术高度发达的今天，教学方式也发生了积极转变，由传统的教师完全授课-职前教师完全接受式转变为教师辅导授课-职前教师自主学习式。在新型授课方式中，职前教师成为学习的主体，可以利用多种媒体查阅各种知识。如果职前教师对模拟教学本身或对指导教师的指导有疑问，可以去网上搜索相关视频进行学习，了解优秀的教师应该是什么样子的，进而进行模仿，逐渐形成自己的教学特色，加深对模拟教学的认知。

（四）专家辅导

这里的专家主要是指拥有丰富的中学政治学科教学经验的教师，他们不仅具备中学政治学科知识和教育学、心理学等知识，更重要的是对中学政治学科的教学现状比较熟悉。只有获得一些中学政治学科名师的指导，职前教师才能了解当下学生需要什么、现代教学的要求有哪些等，从而为职前教师如何解决实践教学情境中的问题提供直接有效的示范和指导。

（五）微格教学

微格教学是一种建立在现代视听技术基础上的系统地训练职前教师的教学技能的方法。它具有训练课题微型化、技能动作规范化、记录过程声像化、观摩评价及时化等特点。职前教师可以根据指导教师所指定的某个教学内容，快速地准备和组织一节课的教学，用时在15分钟左右。这样做的好处在于能考查职前教师快速处理教材和综合应用课堂教学技能的能力。当然，微格教学的核心思想是分（即教师把教学环节和教学技能进行分解），分是为了技能的训练，但分的最终目的还是合，是教师为了综合各种技能上好完整的课。所以，在微格教学后期，职前教师通常都要进行若干技能的综合训练。从这个意义上说，模拟教学可以看成是微格教学的延续和深化。

链接阅读 2-8

微格教学的流程

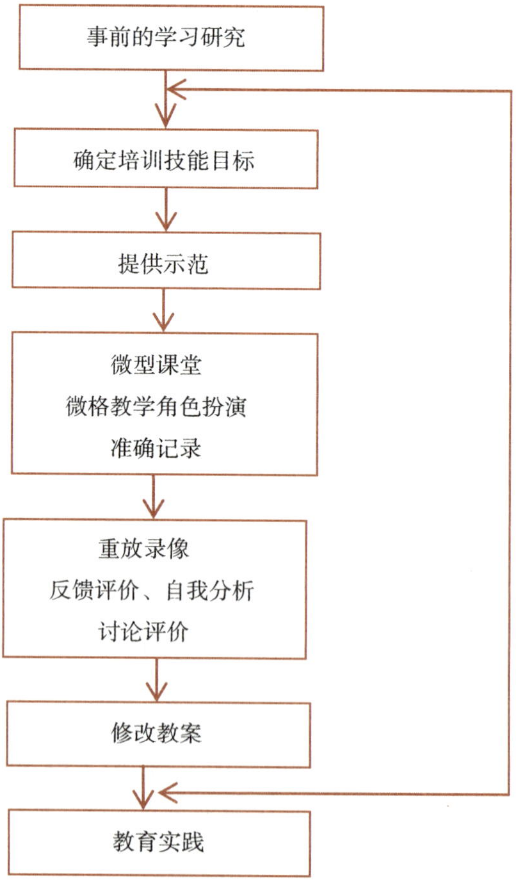

事前的学习研究
↓
确定培训技能目标
↓
提供示范
↓
微型课堂
微格教学角色扮演
准确记录
↓
重放录像
反馈评价、自我分析
讨论评价
↓
修改教案
↓
教育实践

（六）教育实践

教育实践既是职前教师在实习学校开展的综合性教学实践活动，也是职前教师进行教育实习的重要内容。它的突出特点是"做"。职前教师以一个准教师的身份在实习学校里听课、备课、试讲、上课、评课等，将大学所学的知识和技能带入到教学实习中，不断地增强自身的教师角色意识，提升自己的专业技能和专业水平，从而实现由"职前教师"向"职后教师"的角色转换。因此，职前教师在教育实习中，要认真备课，争取设计出若干精彩的环节，并通过自如的教态，富有自信和激情的语言，还有提问和板书等，与学生进行有效的互动。此外，高校还可以通过教学技能大赛等活动对职前教师的教学技能进行训练，从而提升职前教师的模拟教学能力。

 案例展现 2-9

> **《人生难免有挫折》一课模拟教学片段**
>
> 各位评委老师好（鞠躬），我是××号考生，今天我抽到的课题是《人生难免有挫折》，下面开始我的模拟教学。
>
> 同学们，老师先谢谢你们送给我的教师节礼物，我很喜欢。同学们每个人都写上了给老师的祝福语，这些语言让我觉得自己立马年轻了好几岁，心情无限好。常言道："来而不往非礼也"，我也要给同学们送上礼物，在这里我祝愿所有的同学都能心想事成，所有的愿望都能实现。那么，是不是所有美好的愿望真的都能实现呢？不是，确实是这样，"万事如意""心想事成"只不过是我们心中的美好愿望而已，现实生活中不会每个都实现。每个人都拥有自己的愿望，人生是美好的，但是人生经历又不是一帆风顺的。正如古人所说："人生不如意之事十之八九"，人生难免有挫折。（板书）
>
> 刚才我说了，我们的人生不是一帆风顺的，会遇到挫折，既然如此，我们首先就应该知道什么是挫折。那么，什么是挫折呢？挫折用英语表示就是——Frustration。"挫折"一词在我国古代最初是用来表示战争中的失利，比如双方交战，一方赢了，另一方失败了，那么失败的这一方我们就说它遇到挫折了。到了现在，挫折的含义也发生了变化，我们给"挫折"下个定义：挫折是指人们在物质或精神方面的愿望受到了阻碍或中断的状况。来，同学们一起把挫折的含义齐读一遍。生活中我们经常会遇到挫折，很多时候我们口头上所说的困难实际上和挫折是一个意思。现在我们也来讲一讲自己所遭遇的挫折，好不好？

下面我请几位同学来讲一讲自己遇上的最大的一次挫折或者是印象最深刻的一次挫折。来，请左边那位同学说一下……好的，请坐。他说他上次期中考试成绩不是很理想，用功复习了很久结果成绩还是不太理想，他觉得自己很难过、很伤心，觉得这是种挫折。后面那位同学你说……嗯，好的。她说她攒了一个星期的零花钱准备去买一本书，结果在去买书的途中把钱丢了，这件事她印象深刻，觉得自己遇到了挫折。很好，刚才同学们都结合自己的经历讲了自己遇到的挫折，大家不要觉得只有我们学生才会遇到挫折，成年人也会遇到这样或那样的挫折。有时，农民会遇上自然灾害，庄稼颗粒无收；市场经济中，有不少的企业因为经营不合理、经营困难导致企业破产，还有很多类似的例子。刚才老师举例说了这么多人会遇上挫折，有农民、工人等。也许同学们正在想：除老师说的这些人外，还有哪些人也会遇到挫折呢？对，就是那些名人、伟人，那些名人、伟人又会遇到哪些挫折呢？同学们，你们知道有哪些名人、伟人经历过挫折的故事吗？

　　（学生们讲了邓小平、张海迪、贝多芬、爱迪生、居里夫人等名人、伟人的故事）刚才大家说得很好。其实，我们观察古今中外的名人、伟人，他们都经历过挫折和坎坷的磨砺。所以，我们说挫折是普遍存在的，人人都会遇到挫折（板书）
　　…………
　　以上就是我模拟教学的内容，谢谢各位评委老师。

> **引 言**
>
> ### 追求至善至美
>
> 2015 年，好莱坞巨星娜塔莉·波特曼在哈佛毕业典礼演讲中讲到：她和丈夫去东京一家著名的寿司店吃寿司，发现寿司好吃到让她这个素食主义者都欲罢不能，但她发现店里只有 6 个座位。她很好奇为什么这家寿司店不进行扩张，后来朋友向她解释，东京所有最棒的饭店都是这么小，而且只做一样料理，因为他们要把事情做好、做漂亮，关键不在于数量，而在于对事物追求至善至美过程中的愉悦。
>
> 教书育人也需要追求至善至美的"工匠精神"。不断地提升教学技能不仅是教师进行有效教学的基础，而且也是衡量教师专业成熟的重要尺度，是实现教师人生价值的前提。了解说课框架，掌握说课技能，对提高教学效果、促进教师专业成长具有重要的作用。

第四节　中学政治学科的说课

说课是教学设计的重要环节，是具有教学研究性质的集体备课活动。说课也是国家教师资格考试和教师招聘考试中的一个环节。它对于中学政治教师优化教学设计、共同提高教学质量、促进教师专业发展具有重要意义。

一、说课的含义

关于什么是说课，目前主要有三种说法：其一，指授课教师在个人备课的基础上，面对同行、专家或领导，系统而概括地解说自己对具体课程的理解，对所做的教学设计及其理论依据进行说明，然后由大家进行评说；其二，指授课教师运用系统的观点和方法，在一定场合说说某一教学课题打算怎样上、为什么这样上，也就是授课教师对教学课题的设计与分析；其三，指授课教师针对某一观点、问题或具体课题，口头表述其教学设想与理论依据，也就是说说自己怎样教，为什么这样教。[①] 说课是教师教学业务活动的重要内容，在本书中指的是说课教师在课前或课后就某一课题或问题说说自己的设计思路和解决思路，以及这样设计和实施的理由，即对教学的设计和分析。其

---

① 鲁献蓉. 新课程改革理念下的说课 [J]. 课程·教材·教法，2003（7）：25. 此处有改动.

内容涉及教材内容的分析、教学目标的确定、教学过程的设计、教学方法的选择、教学效果的评价及对以上诸项所作的分析。通俗地说，说课其实就是说课教师说说自己要教什么、是怎样教的、为什么要这样教。

二、说课的内容

说课教师在进行说课的教学设计时，不仅要考虑一节课的各个要素，而且还要考虑各个要素之间的相互联系，它追求的是教学设计系统的整体优化。说课教师要把很多的教学要素组装在一起，如使教学思想、教学目标、教学过程、教学方法、教材、教学重点、课时划分、教学结构、教学顺序、教学评估、教师与学生的互动性等因素形成一个综合体。说课教师进行教学设计时应该参考以下八个方面：

（一）说教材

说课教师要在认真专研课程标准及教材内容的基础上，说明课程标准对本节课教学内容的要求，说明本课教学内容在节、单元乃至整套教材中的地位、作用和意义。课程标准是教材编写的依据，是指导学科教材的纲领性文件。说教材，包括说课教师说教学目标、说教学方法、说教学过程等都必须以课程标准为依据，只有这样说课教师在说课时才不会迷失方向。说教材时，说课教师要说清教材的前后联系，介绍本节课的教学内容是在学生学了哪部分知识的基础上进行的；是前面所学哪些知识的应用，又是后面学习哪些知识的基础；它在整个知识系统中所处的地位；它在学生的学科核心素养培养方面有哪些作用，对学生将来的学习会有什么影响等。

（二）说学情

说学情就是说课教师主要分析学生学习本节课的教学内容的原有基础和先有困难。说课教师进行学情分析时要客观、准确，符合实际，以便为采取相应的教学对策提供可靠的依据。

案例展现 2—10

> **《揭开货币的神秘面纱》一课的说学情**
>
> 高一的学生对于货币在经济生活中的使用具有一定的生活体验，对货币的本质和职能具有较高的自主探究的热情。他们已经掌握了一定的生活知识，具备了初步的抽象概括能力，能够通过经济现象形成一定的规律性的知识，但是还不能上升到理论高度。

（三）说教学目标

教学目标是指说课教师期望学生通过学习过程所要实现的行为变化。这种行为变化是一定教学阶段学生应达到的水平、程度或标准。教学目标是教学实践的出发点和归宿。美国教育家卢姆认为："科学地确立教学目标是教学的首要环节。"他强调，"有效的教学始于知道希望达到的目标是什么"。

说课教师说教学目标要全面，要注意教学目标的完整性。国家颁布的义务教育各个学科的课程标准在目标的陈述上都包括三个维度的目标，即情感、态度与价值观目标，能力目标和知识目标。说课教师确定教学目标，必须围绕学习内容，全面化解三维目标，使各项目标与具体学习内容有机地整合起来。

说课教师说教学目标要准确，要注意教学目标的科学性。所谓准确，就是教学目标要符合课程标准的基本要求，说准教材的内容，符合学生的实际情况。

说课教师说教学目标要具体，要注意教学目标的可测性。教学目标描述的是学生通过学习后预期产生的行为变化。这些行为变化必须是明确、具体的，而不是模棱两可或抽象笼统的。只有这样教学目标才有可测性，才便于说课教师操作，才利于进行教学评价。

案例展现 2-11

> **《诚信是金》一课的教学目标**
>
> 1. 情感、态度与价值观目标
> 引导学生逐步感受到诚信的宝贵，意识到不诚信的危害并告别不诚信行为，自觉树立正确的人生观和价值观。
> 2. 能力目标
> 培养学生观察鉴别的能力、明辨是非的能力、合作探究的能力及自我反思的能力。
> 3. 知识目标
> 让学生了解诚信的含义，理解诚信的基本要求是对人守信、对事负责，感受到诚信是每个人立足于社会的通行证，感受到诚信的重要性。

（四）说教学重点和教学难点

说课教师在说教材时一定要说明教学的重点、难点，及其确定的教材依据和学情依据。在教学知识系统中，有些知识是关键性的、重要的内容，有些知识是教学的重点。教学重点制定的依据要从教学目标、教材内容、学生的基础、学生认知发展水平等方面来说明。教学难点是学生难以理解和难以领会的内容：有些内容过于抽象、深奥、繁难，学生难以理解；有些内容距离学生的生活较远，学生不易接受；有些内容相似，学生易于混淆。有时，教学重点和教学难点是一致的，因为它们都是说课教师必须着重讲解的内容。在有些情况下，教学重点和教学难点是有区别的，因为教学重点是在教材中起决定作用的内容，而教学难点是学生学习时的困难所在。另外，教学重点和教学难点的确定要恰当，要做到重点突出、难点分散。

案例展现 2-12

《青春多美好》一课的教学重点和教学难点

1. 教学重点

引导步入青春期的青少年探究自己身上有哪些变化。由于初一的学生已了解生理变化，尤其是性特征，同时，"感受青春""祝福青春"会详细地解析初一学生心理的困惑、产生原因、解决办法，因此，本课更侧重于对智力发展和情绪变化方面的分析。

2. 教学难点

开启青少年的心扉，正视自己在青春期的种种变化。

（五）说教法、学法

就教法来说，说课教师要说明本节课的教学主要采用了哪些教学方法，如情境教学法、案例教学法、实践活动法、探究讨论法等。无论说课教师采用什么教法，都要根据教学内容、学生的实际情况、教学条件以及自身的特长等来确定。说课教师在说教法时一般依照以下方式进行：第一，说清楚本节课采用的最主要或最基本的教学方法及其所依据的教学原理或教学原则；第二，说清楚自己采用的教法与学生采取的学法之间的内在联系；第三，说清楚突出教学重点、突破教学难点所采用的具体方法。

从学法来看，说课教师要分析学生适宜采用什么样的学习方法，这些学习方法有什么特点和具体的操作环节，说课教师在教学中如何进行学法指导等。

（六）说教学过程

说教学过程是说课的重点部分。通过对教学过程的详细叙述，既能让他人了解说课教师的教学安排，看其教学安排是否科学、合理；也能反映出说课教师的教学思想、教学方法、教学手段、教学风格等。教学过程一般由导入新课、新课教学、教学小结和布置作业等环节构成。说课教师说教学过程，就是要对这些环节逐一进行分析，重点要说明以下两个方面的问题：

1. 教学的课堂结构

课堂结构要有过渡自然的教学环节、清晰的教学设计思路、一脉相承的线索、逐步推进的层次等。在说课时，说课教师要把教学的基本环节、思路等说清楚，对每个教学环节教什么、怎样教、为什么这样教等问题作简明扼要的交代。说教学过程就是说课教师围绕着教学设计思路，说出各个环节具体的教与学的活动安排以及这样安排的理论依据，说明在教学过程中怎样突出教学重点和突破教学难点，说明在什么时间、什么地点、采用哪些教学手段来辅助教学，并说明这样做的道理。

2. 师生互动环节安排

在说课的过程中，说课教师要把师生之间的互动环节说清，如哪个环节能够激发学生的兴趣，采用什么方法来激发学生探索的热情，如何提出问题并将问题引向深入等，从而启发学生的思维，引导学生深入思考，这样的互动环节安排往往是说课的关键和亮点所在。

（七）说板书设计

板书是教师在课堂中教学中普遍使用的一种教学手段，它作为可视的语言形象，以直观、独特的形式，在调控学生思路、建构知识结构、巩固所学知识等方面具有重要的作用，因此是提高课堂教学质量不可忽视的一种教学手段。说板书设计时，说课教师应主要从板书的目的性、实用性、概括性、艺术性和科学性等方面加以说明，特别是要注意说明板书设计的构思与教学内容的逻辑关系，也就是说不仅要说明本节课的板书是怎样设计的，而且还要说明为什么这样设计、这样设计对课堂教学有什么作用。

（八）说作业设计

说作业设计主要是说课教师说清课后有什么作业，布置这些作业是出于什么样的考虑等。尽管说课不是常规教学，但作业设计作为教学过程设计的一个重要组成部分也是不容忽视的。

 资料卡片 2-5

中学政治学科的说课模式

各位专家：

你们好！我说课的内容是____课____框的第____课时，下面我将从教材内容、教法、学法、教学过程等几个方面展开。

一、说教材的内容

1. 本节课在教材中的地位和作用。

2. 学习目标（情感、态度与价值观目标，能力目标，知识目标）。

3. 教学重点和教学难点。

二、说教法

1. 教材内容处理。

2. 学生状况分析。

3. 运用的教法和教学手段。

三、说学法

学法指导：阅读指导、活动指导等。

四、说教学过程

1. 导入要创设情境，自然导入。

2. 展开要注意设计学生自主、合作、探究性的学习活动。

3. 新课讲解要突出教学重点、突破教学难点。

4. 加强对学生学习情况的反馈和指导。

5. 归纳总结要简要明确。

6. 板书设计要恰当。

7. 要说明作业设计及其理由。

五、说教学优化

1. 运用多媒体教学。

2. 加强主体性教学。

3. 促进教学生活化。

反思：教学设计中师生互动的情况。

三、说课的基本要求

（一）教学目标要明确

说课教师在说课时，对于教学目标，初中思想品德课程要重点突出情感、态度与价值观目标；高中思想政治课程要突出政治认同、科学精神、法治意识和公共参与的学科核心素养目标。

（二）学情分析要落实

说课教师对学生的分析不能虚无缥缈，必须对学生学习中学政治学科的基础进行具体分析。初中思想品德课程的学情分析主要针对学生学习思想品德课程的基础进行分析，高中思想政治课程的学情分析主要针对学生学习思想政治课程的基础进行分析。

（三）设计特色要鲜明

说课教师在说课时一定要有"亮点"，而"亮点"就是特色和创新点。有的说课教师不善于总结自己的特色，导致听课者很难抓住其说课的与众不同之处；有的说课教师会设计"特色"，但却流于形式，导致在说课中没有特色。所以，说课教师在程序设计好后要根据内容的设计总结说课的特色。

（四）说课要突出教学重点和突破教学难点

说课教师在说课时要突出教学重点，特别是要具体列出突出教学重点的措施，如通过阅读教科书总结出初中思想品德课程的知识点，通过材料分析得出基本的结论等。说课教师在说课时同样也要列出教学难点，要具体列出突破教学难点的措施，如通过课堂讨论、学生辩论、黑板演示等方法来解决教学中的难点。

（五）说课的语言要到位

说课不能与念教案混为一谈。说课是一种开放式的教研，重点体现在说课老师在教学中进行研究，以研究促进教学，是校本教研的重要体现。因此，说课教师要使用学科专业术语，要生动；要尽量把最精彩的部分放在前面说，同时还要注意语言的逻辑性，要富有激情，能牢牢地抓住听课者的注意力。

（六）说课要突出说理

说理不是说课教师宣讲教案，不是浓缩课堂教学过程。说课的核心在于说理，在于说课老师讲清"为什么这样教"。没有理论指导的实践是盲目的实践，只知道做什么却不知道为什么，这样的教学永远只能是经验性的教学，这样的课堂也只能是高耗、低效、粗放式的课堂。

四、说课能力的培养

说课要求说课教师不仅具有丰富的学科专业知识，而且还必须具备一定的教育思想和教育理论水平，能运用科学的教学原则、教学规律去阐述其理论根据，使听课者不仅知其然，而且知其所以然。这样可以促进说课教师对教学理论的学习和应用，提高自身的理论素质。说课教师可以从以下三个方面来提高自身的说课能力：

（一）重视课程标准，提高驾驭教材的能力

课程标准既是说课教师重要的说课内容，又是说课教师说明为什么要这样教的重要依据。因此，在准备说课的过程中，在吃透教材之前，说课教师必须学习和钻研课程标准，在说课中必须重视"说"课程标准。

（二）提高理论修养，积极利用理论来指导教学

只有在正确的理论指导下的实践才是自觉的、有实效的实践。说课中的说"理"，要与实践紧密结合，那些生拉硬扯、牵强附会的理论是没有用处的。中学政治学科教学要的是与说课紧密相关的教育科学理论，包括教育学、心理学、系统论、教学论等。说课教师要用先进、科学的理论指导教学，充实、完善、提高说课的科学性、实用性与可行性，增加其深度、广度和可信度。

（三）充分挖掘教师的创造精神，提高教师的教学智慧

教学有法却不可拘泥于成法，教师说课也是一样，说课有规却不能拘泥于成规，说课教师应因时、因地、因人的不同，要勇于实践、敢于创新，充分地发挥自己的教学智慧，创造出有效、实用、有特色的说课方式、方法，不断地丰富、充实说课活动。

说课是教师展示自己和彼此相互交流的一种重要形式，说课教师应切实地提高自己的说课能力，提升自己的专业素养和专业水平。

> **引 言**
>
> 没有反思的人生不值得过。
>
> ——苏格拉底
>
> 教师的成长＝经验＋反思。
>
> ——波斯纳

第五节　中学政治学科的教学反思

教学反思被认为是"教师专业发展和自我成长的核心因素",反思能力对教师的专业成长具有重要意义。一般认为,教师的知识结构包括两个方面:一是理论方面,即教师应具有的学科专业知识和教育理论知识;二是实践知识,即教师在教学过程中所具有的课堂情境知识及与其相关的知识。这些知识是教师的应变能力、感受学生学习需求的能力基础。

一、教学反思的含义和基本特点

(一) 教学反思的含义

教学反思是指教师结合自身的教学实践对自己的教学行为以及由此产生的教学结果进行认真地思考、审视、分析和总结的过程。教学反思的目的在于促进教师反省、探索、改进工作,不断地解决教学中的问题。教学反思的性质具有研究性,它的内容是教师反思教学观念、教学行为和教学效果,并进行教学实践,从而使自己进入更优化的教学状态。

教学反思是教师的内省行为,需要教师个人自觉地进行。一方面,教学反思促使教师加强教育理论的学习,把自己的思考与教育理论结合起来,从而实现对理论认识的提升,并提高自己的理论水平;另一方面,教学反思能够帮助教师把自己在教学实践中的发现、问题和思考积累下来,对自己教学活动中的典型事例进行思考,促成教师积累经验。当教师反思成为教师一种自觉的行为习惯,不再需要外部施加影响之后,不仅会使整个教学过程处于良性循环状态,而且会使教师的专业能力得到持续发展,教师的个人素质也会得到全面提升,真正地成为一位拥有丰富教学经验和善于理性思考的教师。

（二）教学反思的基本特点

1. 教学反思以解决教学问题为基本点

教学反思不是教师简单地回顾自己的教学情况，而主要是针对教学中存在的问题进行理性思考，分析问题存在的原因，寻求解决问题的对策，以进一步提高教学质量。

2. 教学反思以提高教学的合理性为目标

通过教学反思，教师可以不断地改进教学，使教学进一步趋向合理，如教学目标确定合理、教学过程设计合理、教学方法运用合理、教学策略实施合理等。

3. 教学反思是教师发展的重要途径

美国学者波斯纳十分简洁地提出了教师成长的规律"教师的成长＝经验＋反思"。教师如果仅仅满足于获得经验而不对经验进行深入的思考，其发展将大受限制。通过自觉的反思，教师可以积累好的教学经验，并对不良的教学行为、教学方法和教学策略进行改善和优化，从而提高教学能力和教学水平。

链接阅读 2-9

叩问心灵①

在实习中，我常常问自己：我是谁？我来干什么？我干得怎么样？我还应该干些什么？我适合做老师吗？我有哪些缺点？我很享受这样叩问心灵的过程，每当心中混乱如麻，或者心灰意冷，或者困难重重，抑或是尝到了成功的喜悦时，我都会给自己一个独自思索的空间，冷静地分析和评价自己。一旦我理清楚了，希望就会从地平线上升起！

叩问心灵的过程就是一个自我反思的过程。

二、教学反思的内容

（一）教学理念的反思

教师要运用新的教学理念来反思和检验自己已有理念的合理性和局限性，要敢于对原有的教学理念进行质疑，挖掘隐藏在教学行为背后的关于教学理念方面的种种问题。同时，教师也要以自己已有的教学理念来反思、检验新的教学理念的合理性，在分析、权衡各种对立或非对立的主张的基础上，选择正确的教学理念来指导自己的教学行为。

---

① 傅建明，朱樟有. 实习是朵七色花：实习教师工作指南［M］. 广州：广东教育出版社，2012：15. 此处有改动.

(二) 教学设计的反思

教学设计的反思是教师对课前所进行的教学设计与教学的实际进程是否具有适切性进行比较和反思。教学设计是课堂教学的蓝本，是教师对课堂教学的整体规划和预设，对教学的发展起规范和引导作用。在教学设计中，教师对教学内容及其地位，学生已有的知识经验，教学目标、教学重点、教学难点，如何依据学生已有的认知水平和知识的逻辑过程设计教学过程，如何突出教学重点和突破教学难点，如何评价学生的学习效果等，都要有一定的思考和预设。这种思考和预设是否符合实际，是否在教学实际中得到落实等成为教师进行教学反思的重要内容。

(三) 教学行为的反思

教师要以现代教师思想和教学理念为基础，对自己的教学实践进行理性思考，不仅要对教学观念、动机水平、情绪状态等心理因素进行反思，而且还要从教师角色定位、教学知识内容、教学活动组织与开展过程、教学方法、教学材料、教学媒体等方面进行思考、质疑或评价自己教学的有效性，并自觉地根据反思的结果矫正自己在教学中的不足之处。

(四) 教学效果的反思

教师在课后要对自己的教学成败和学生的学习效果进行反思，总结成功的经验，分析失败的原因，寻找解决的办法，如"这节课的教学设计与学生的学习实际是否相符""这节课是否达到了预期的教学目标"等。教师应该以科学的眼光辩证地看待教学过程中的得与失，通过"由教反思到学，由学反思到教，由成功反思到失误，由失误反思到发展，由现象反思到本质"的多次循环，教师的教学实践才会更合理、更优化，才能取得更好的教学效果。

最后，教师还要记录下教学亮点和教学过程中的灵感和顿悟，积累经验。一节课下来，教师如果对自己在教学情境的创设、教学手段的选择、教学方法的运用、教学环节的设计等方面感到满意，可以记录下来，同时也可以记录下教学过程中的灵感和顿悟。这种灵感和顿悟是师生在双边活动过程中迸发出来的，是教师在备课时很难估计和无法体验的，具有真实性和实效性；并且可以作为今后教学设计的素材，成为课堂教学的补充和完善，拓宽教师进行教学设计的思路。

三、教学反思的类型

(一) 课前反思、课中反思和课后反思

按教学进程来划分，教学反思可以分为课前反思、课中反思和课后反思。

1. 课前反思

课前反思是指教师对以往的教学行为进行的教学反思。教师通过批判的吸收与借鉴，总结成功的经验，吸收失败的教训，可以使自己未来的教学设计建立在过去经验、教训的基础上。

2. 课中反思

课中反思是指教师在课堂教学中进行的教学反思。它包括对教学进程、内容难易程度、学生接受情况、师生互动、突发事件的解决等的反思。课中反思要求教师具备一定的课堂随机应变能力，能够在课堂教学中一边授课一边观察学生的参与度如何，是否做到师生互动，有没有学生提出问题等。教师要结合课堂实际，找到学生的兴趣点，适时地加以引导，拓展学生的思维，从而达到好的教学效果。

3. 课后反思

课后反思是指教师对于过去的教学、教学经验和教学效果进行的教学反思。课后反思的内容较为丰富，主要包括对课堂教学的评估，教学内容的总结、分析，教学知识的扩展，学生创新精神的培养等。课后反思有利于教师对以后教学的改进和发展提供借鉴和指导，也有助于教师提高教学水平和提升专业素质。

（二）教师教的反思、学生学的反思和教学内容的反思

从教学要素来划分，教学反思可以分为教师教的反思、学生学的反思和教学内容的反思等。

1. 教师教的反思

教师教的反思是指教师对与其相关的活动中的行为表现及其效果进行的教学反思。教师教的反思具体包括教学目标的定位是否准确，教学内容及教学重点、教学难点的处理是否恰当，教学方法的选择与组合是否合理，教学组织形式的运用是否恰当等。

2. 学生学的反思

学生学的反思是指教师对学生在教学中的行为表现进行的教学反思。教师针对学生在学习中存在的问题及原因进行分析，并据此提出教学改进建议，具体包括对学生认知水平的分析和把握状况，学生对学科知识、思想方法的理解状况，学生对教学中的某些关键性问题的认识状况，教学中学生思维活动的状况，学生学习方法的运用状况等。

3. 教学内容的反思

教学内容的反思是指教师对教学内容的合理性进行的教学反思。教学内容是组成教学的重要方面，教学内容是否具有科学性和思想性，是否符合学生的特点和要求，是否蕴含着一定的思想方法和价值观念等，都是值得教师反思的内容。

四、教学反思的基本要求

（一）教学反思自觉化

教师进行教学反思，固然可以借助外在的要求（如学校的规定）来推动，但更重要的是要依赖教师自己的自觉意识。教师只有具有较强的反思意识，才会有自觉的反思行动，才能随时用批判和审视的眼光对看到的、听到的、亲身经历过的教学现象进行认真思考，改进自己的教学，提高教学效果，丰富教学经验，形成自己的教学思想和教学风格，进而提高自己的专业水平。

（二）教学反思常规化

教师进行教学反思贵在及时，贵在坚持，贵在执着追求，因此，教学反思应该常规化。一方面，教学反思要及时。教师在教学过程中的具体感悟往往很难长久地保持在记忆中，特别是灵感性的东西往往转瞬即逝，所以教师在课后要及时地进行教学反思、进行总结，抓住教学反思的最佳时间。另一方面，教学反思要长期坚持。著名教育家叶澜曾说过一位教师写一辈子教案不一定成为名师，但如果写 3 年教学反思则有可能成为名师。教学反思要卓有成效，教师就必须养成习惯，切忌急功近利或三天打鱼、两天晒网。教师只要坚持不懈、持之以恒，一有所得就要及时地记录下来，以写促思、以思促教，长期积累则必有收获。

（三）教学反思理性化

一般来说，教学反思不需要长篇大论，但需要教师用犀利的眼光发现常人不易发现的问题，用理性的思维来剖析问题，用凝练的语言来提炼、升华经验与认识。这就需要教师不断地强化自己的理论学习，提高自己的教学反思能力。理论学习是教师进行教学反思的知识基础，教师要通过自学、参加培训、进修、访问、观摩教学等形式不断地加强学习，丰富教育理论知识，掌握教学反思的思维策略和基本方法，明确反思什么和怎样反思，从而使教学反思真正地变成自己的实际行动。

（四）教学反思真实化

教师进行教学反思要有实用性，必须要客观真实，剖析问题要一针见血，分析教学要实事求是。另外，教师要如实地反思教学实践中的成功和不足，既不随意夸大成功的经验，也要避免只反思成功之处或只反思不足之处（即不注意总结成功经验）等。同时，教师要有针对性地进行教学反思。随着时间的推移，教学对象、教学内容、教材编排等都会有所不同，教师不能犯经验主义的错误，将以往教学中的反思内容搬来就用，而要有所继承、有所发展、有所创新，这样才能使教学反思的成果具有时效性和生命力,更好地发挥其借鉴与指导作用。

 链接阅读 2-10

一位职前教师的模拟教学反思

《价值与价值观》一课的主要教学内容是人的价值及其评价标准、价值观的导向作用。本课在内容上并不是很难理解,所以我将重点放在塑造学生的情感、态度与价值观上。

在模拟教学中,我引用了大量的教学素材,如视频——《最美乡村教师:朱敏才、孙丽娜》、各种图片和漫画(《我眼中的树桩》《修行在个人》《攀比》),以及线索式板书等,希望通过这些直观的教学素材来感染、教育学生。

这节课可以说是我人生中第一节正式的政治教学课,感触较多,存在的问题也很多:

首先,问题指向性不明确。在我阐述"物的价值"这个知识点时,我向学生展示了钟表的图片,由于我的提问针对性不强,导致学生不太理解我想表达的意思,使学生对此知识点的理解不深刻。

其次,教学素材与问题的融合度不够高。问题没有从教学素材中引出来,而是各成一体。比如,观看完视频后,我直接进行提问"两位当事的人生价值体现在哪些方面,我们应该如何评价他们的价值"。在这个环节,我没有将视频和问题之间很好地进行衔接与过渡,显得教学语言没有感染力。另外,教学素材过于丰富,导致教学素材与问题的融合度不高。

最后,课堂气氛不活跃。学生讨论、回答问题的积极性不高,排除外在原因,就单从我自身来看,提问技巧不够,语音、语调有待改进,没有充分地调动学生的积极性。

这节课存在的问题虽然不少,但并不意味着没有改进和完善的余地。在以后的课堂教学中,我将更加注重教学素材与问题之间的联系,在平时我将努力积累更多的教学经验,提高临场应变能力、对教学环节的把握能力和引导学生讨论问题的能力,努力提升自己的教学水平。

专题小结:

本专题主要介绍了中学政治教师教学准备的主要内容及要求,尤其对教学准备、教案的设计、制定教学进度表、开展模拟教学以及说课等重要内容进行了重点介绍,目的在于帮助职前教师对上述内容和要求有进一步的认识和把握,从而为成长为一位合格的中学政治教师奠定基础。

学习反思：

1. 选择中学政治学科的某一课时进行模拟教学，结合模拟教学内容撰写不少于200个字的教学反思。

2. 请你选择高中思想政治课必修某一单元综合探究课，谈谈综合探究课教学设计的要求。

资源链接：

［1］胡田庚，赵海山. 新理念思想政治（品德）教学技能训练［M］. 2版：北京：北京大学出版社，2013.

［2］刘国胜. 中学思想政治（品德）教学论［M］. 北京：北京师范大学出版社，2010.

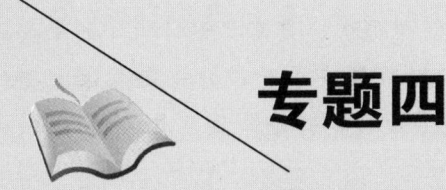

专题四

中学政治学科教学论（中）

☞ 通过本专题的学习，你将：

1. 了解中学政治学科课堂教学的组织形式；
2. 掌握中学政治学科的教学方法与教学模式，更好地进行课堂教学。

> **引 言**
>
> **桌椅摆放的变化**
>
> 　　走进今天的中学课堂，你会发现教室内桌椅的摆放已经多样化，既有从前的"秧田式"，但更多的是矩形或改良"秧田式"（即马蹄形）。学生的坐姿也不是单一的朝向黑板，有的学生面对面，有的学生背靠背……这种课堂桌椅摆放形态和学生坐姿的多样化正是课堂教学组织形式变革的具体体现。
>
> 　　一节成功的课，教师既需要考虑教学的组织形式，更需要设计教学的主要环节，让教学各环节服务于教学目标。因此，教学环节的安排和设计一定要注意整体性、层次性和递进性，教师要积极创设问题情境，激励和引导学生参与活动体验，从而达成教学目标。

第一节　中学政治学科课堂教学的组织形式

教学采取什么形式，不是由教师任意选择的，而是由教学任务和教学内容来决定的。我国的中学政治学科的教学任务和教学内容决定了课堂教学是其基本的组织形式，课堂教学对中学政治学科的教学发挥着不可替代的作用。

一、课堂教学的含义与作用

（一）课堂教学的含义

中学政治学科的课堂教学与其他的课堂教学具有一定的共性。作为教学的基本形态，课堂教学通常又称班级上课制，是指按照学生的年龄和知识程度编成固定人数的教学班，教师根据国家制订的教学计划、课程标准，按照教科书和学校安排的课表、教室进行教学活动的一种教学形式。在课堂教学中，同一个班级的每个学生的学习内容与学习进度必须保持一致，所开各门课程（特别是在高年级）通常由具有不同专业知识的教师分别承担。

（二）课堂教学的作用

1. 课堂教学是完成中学政治学科教学任务的基本途径

中学政治学科的主要教学任务包括增长学生的知识、提高学生的觉悟，培养学生积极健康的情感、价值观和人生态度等，而完成这些教学任务的基本途径就是课堂教学。教师利用课堂教学，能够有计划、高效地使学生系统、全面地学习马克思列宁主义、毛泽东思想、邓小平理论、"三个代表"重要思想、科学发展观、习近平新时代中国特色社会主义思想等知识。在课堂上，教师还可以通过组织各种各样的教学活动使学生在理论联系实际中培养自己的情感、态度与价值观。

2. 课堂教学是搞好中学政治学科教学质量的基本保证

中学政治学科的教学工作通常包括备课、上课、布置课后作业、评价与课外辅导。其中，上课是教学的中心环节，是保证和提高教学质量的基本保证。其他环节要么是为了上课做准备，要么是为了巩固课堂所学的知识，使学生了解自己的学习情况。课堂教学的好坏直接关系到教学质量的高低，由此可见教师搞好课堂教学尤为重要。

3. 课堂教学是充分发挥教师的主导作用和学生的主体作用的基本形式

课堂教学为教师的主导作用和学生的主体作用的发挥提供了重要平台。教师的教和学生的学绝大部分都是在课堂教学中进行的，借助于课堂教学，能够较好地发挥教师的主导作用和学生的主体作用。在新课改的理念下，教师是学生自主学习的组织者、引导者、辅助者，而学生是自主学习的主体。通过课堂教学，教师可以根据学生的实际情况，采用各种教学方法充分地调动学生的积极性和主动性。

二、课堂教学的类型

课堂教学的类型一般是指根据课堂的教学任务划分的课的种类，它是根据不同的教学目的、教学内容和学生的年龄特点、知识程度进行划分和确定的。中学政治学科的课堂教学一般分为单一课和综合课。

（一）单一课

中学政治学科的课堂教学有很多种任务，单一课是指在一节课内主要完成一项教学任务的课，它在中学政治学科教学中经常被采用。单一课一般包括绪论课、授新课、讨论研究课、复习巩固课、考查课和讲评课。

1. 绪论课

绪论课也称导言课，是指教师在学期或一门课的开始时采用的课型。它的主要任务是让学生初步了解本门课程的性质、任务、内容和学习目的、学习方法、意义，从而激发学生学习本门课程的兴趣。但是，教师讲授绪论课的难度非常大，因为这种课大多是介绍本学科的发展历史，容易使学生感到抽象、枯燥乏味，所以教师在讲授诸课论的时候必须要狠下功夫，采用幽默风趣的方式纵观全局，还要深入浅出、富于启发，充分地调动学生的兴趣，激发起学生强烈的求知欲望。

2. 新授课

新授课是指教师传授新知识的课型。它的主要任务是教师通过各种教学方法系统、全面地向学生讲授教材中的新内容、新知识，以保证教学内容的完整性和连贯性。新授课是比较常见的课型，教师在讲授新课的时候，需要对重点的概念、原理讲通讲透，突出教学重点、突破教学难点，使学生轻松地掌握新课的知识。

3. 讨论研究课

讨论研究课是指在课堂教学中教师在突出教学重点、突破教学难点或某个单元的新课结束时采用的课型。它的主要任务是通过组织师生之间、生生之间的交流与讨论，相互取长补短，加深对某个问题的理解与记忆，培养学生的思维能力、辨别能力和表达能力，激发学生的兴趣。教师在讲授讨论研究课的时候要积极引导、适当启发，鼓励学生积极发言、各抒己见。

4. 复习巩固课

复习巩固课是指教师在单元结束或者进行期中考试、期末考试时为了复习、巩固所学知识而采用的课型。它的主要任务是教师帮助学生系统地复习、巩固已学的知识，使之系统化、深刻化，产生"温故而知新"的效果。教师要善于多角度、多侧面地阐述已学知识，以便使学生融会贯通、举一反三，从而形成系统、全面的知识体系。

5. 考查课

考查课是指在单元结束、期中检查和学期结束时教师采用的课型，现在有时也用于教师在学期开始前了解学生的基本功底或者检查学生在假期的学习情况。它的主要任务是教师通过口试或者笔试来检查学生的学习情况，反思教学方法，总结教学经验。教师在上考查课的时候，要严格考场纪律，让学生独立答卷。

6. 讲评课

讲评课是指教师在书面作业之后或考试后采用的课型。它的主要任务是教师对学生的课后作业和考试卷进行分析和讲解：一方面表扬成绩优秀的学生，激励其再接再厉，争取取得更优异的成绩；另一方面，教师还要针对学生出现的普遍问题做深入细致的分析，指出缺点并纠正错误，使学生改进学习方法。教师在上讲评课的时候要全面、客观、公正。

（二）综合课

综合课是相对于单一课而言的，是指在一节课内教师要完成两个或者两个以上教学任务的课。中学政治教师在中学政治学科教学中经常采用综合课，它比较适合中学生学习马克思主义基本理论知识。对于这种纯粹的理论知识，学生不易理解，此时就需要中学政治教师根据学生的心理特点和实际情况灵活地运用各种教学方法，组织学生动脑、动口、动手、动笔去学习，充分发挥综合课的优势，提高教学的质量。一般来说，一节综合课的环节包括复习导入、讲授新课、小结、巩固新课、作业。

三、课堂教学的基本环节

课堂教学的基本环节是指组成一节课的环节或部分及其先后顺序和时间比例。中学政治学科的课堂教学的基本环节通常包括：

（一）组织教学

组织教学是指教师采用各种方法和手段实施教学的过程。组织教学贯穿每节课的始终，其主要任务是教师精心创造良好的教学环境，充分地调动学生的积极性，引发学生的兴趣，使学生的主体性得到体现，从而保证完成教学任务。教师在组织教学的过程中要灵活地运用自己的教育智慧，妥善地处理课堂上突发的各种情况，确保学生能够认真学习。

（二）复习提问

复习提问是指教师在导入新课前，针对上一节课所学的内容用口头语言或书面语言的方式复习、检查学生掌握旧知识的情况。复习提问的作用在于教师可以了解学生的复习情况，加强新旧知识点之间的联系。因此，教师提出的问题要富于启发性和代表性，以便引发学生的思考。另外，教师进行复习提问的时间也不宜太长，需结合一节课的时间进行合理安排。

（三）导入新课

导入新课是指教师运用各种引入新课的方法来吸引学生的注意力。在进行导入设计时，教师要注意学科知识与生活主题或学生的兴趣、需求的有机结合，这样的导入才能使学生快速地进入新课的学习状态。在导入新课的时候，教师要根据教学的要求精心设计导入的方式，力求快速地引导学生进入新课。

真题及解析

（四）讲授新课

讲授新课是指教师运用各种教学方法，指导学生学习新的教学内容。它是一节课的中心环节，决定了课堂教学质量的高低。它的作用在于传授知识，提高学生的能力，培养学生积极、健康的情感、态度与价值观。教师讲授新课的方式有很多，但每种方式的选择必须考虑到学生的实际情况以及自己的教学风格。另外，教师还要重视新课的讲授，突出教学重点、突破教学难点，充分地调动学生的积极性，发挥学生的主体作用，使学生在轻松、愉快的课堂氛围中学到新知识。

案例展现 2-13

《矛盾是普遍存在的》一课的教学设计①

1. 情境导入：在苏轼的《水调歌头·明月几时有》这首词中，你引用频率最多的是哪些内容？

2. 自主学习与合作讨论：这一内容如何体现了矛盾普遍性的内容和要求？

3. 紧扣"难全"和"但愿"两个关键词来描述你在学习和生活中遇到的问题及态度，发表 5 分钟的演讲。

学生在探讨和讨论、相互启发和补充中发现，这首词蕴含了矛盾普遍性的整体结构："人有悲欢离合，月有阴晴圆缺"蕴含着"事事有矛盾"的哲理；"此事古难全"蕴含着"时时有矛盾"的哲理；"但愿人长久，千里共婵娟"蕴含着"正确对待矛盾的态度"，在此基础上，学生在结合自身体会的演讲中深刻地领会到了知识带给我们人生的启迪。

（五）巩固新课

巩固新课是复习课堂所学知识点的重要环节，是指教师讲完课后采用提问、练习等方式帮助学生及时地复习、巩固和消化所学的知识，掌握教学重点，突破教学难点，及时地进行查缺补漏。

（六）结束新课

结束新课是指教师在课堂的结尾用带有归纳性和启发性的语言结束新课的环节。它的主要作用在于教师高度概括了课堂新讲授的知识点，为本节课画龙点睛，帮助学生形成系统的知识网络。教师在结束新课时，语言要简练、富于启发，知识点要前后呼应，要着重强调教学重点和教学难点，尤其是逻辑性较强的知识点，要引导学生理清概念之间的关系。

---

① 陈宜农. 杏坛躬耕录 [M]. 成都：四川科学技术出版社，2009：343. 此处有改动。

案例展现 2-14

"好习惯受用一生"教学小结①

导入：教师利用多媒体展示了哲学家柏拉图与小男孩的对话。小男孩说："您不应该为一点鸡毛蒜皮的小事而谴责我！"柏拉图回答说："如果养成了习惯就不是件小事了。"为何不可小看习惯的养成呢？

小结：同学们，你们还记得在我们这节课的开头柏拉图对小男孩说的那句话吗，"如果养成了习惯就不是件小事了"。通过这节课的学习，我们知道习惯是一种相对固定的行为模式，它渗透在我们生活的方方面面，一旦形成对我们的身体健康、思维方式以及行为举止都会产生影响，好习惯让我们受用终身，不良习惯则会妨碍我们的健康成长。所以，作为学生，我们万万不可轻视习惯的养成，应该从小养成好习惯。

（七）作业布置

作业布置是课堂教学的基本环节之一，主要目的是使学生在课后进一步复习、巩固、消化并运用课堂所讲授的新知识，培养学生独立思考与解决问题的能力。作业有多种形式，可以是思考题、小论文、社会调查、新的体会等，但是切记作业不宜过多，教师需要精选题目，对于难度较大的作业题教师需要作必要的解释与提示。

四、课堂教学的要求

课堂教学的好坏决定了教师教学水平的高低，因此，中学政治教师在进行课堂教学的时候需要了解和掌握一些课堂教学的基本要求。②

（一）力求达到教学目标的最优实现

"一切为了每一位学生的发展"既是新课改的基本理念，强调以学生发展为本，也是现代课程观的核心。学生是活生生的生命体，生命的本质是生长，中学政治教师应当充分调动学生的积极性，在规定的时间内进行高质量、高效率的教学，有效地提高学生运用马克思主义基本立场、观点和方法分析问题、解决问题的能力，培养学生正确的情感、态度与价值观，促进中学政治学科教学目标的最优实现。

---

① 黎昕. 上班也能做个好妈妈 [M]. 北京：中国商业出版社，2013：171. 此处有改动.
② 谢树平，李宏亮，胡文瑞. 新编思想政治（品德）教学论 [M]. 上海：华东师范大学出版社，2006：162-175. 此处有改动.

（二）坚持趣味性、科学性与思想性的统一

长期以来，很多学生反映中学政治学科比较无聊，甚至有人把它当成说教课。其实，中学政治学科并不是那么无聊，教师在传授理论知识的同时需要关注学生的学习兴趣，增添趣味性，从学生的学习和生活实际出发，坚持理论联系实际和情理互动原则，运用多种手段和方法加强中学政治学科的趣味性、科学性与思想性，谋求人文与科学、智力与人格的协调发展。

（三）体现教师的主导作用与学生的主体作用的统一

在新课改的理念下，教师是学生自主学习的组织者、引导者、辅助者，在一定程度上发挥着主导者的作用。而学生则是课堂的主体，在中学政治学科的课堂，教师需要根据学生的实际情况，充分地调动学生的积极性，发挥其主体作用，教师的主导作用与学生的主体作用完美结合才能高效地实现教学目标。

（四）课堂教学结构合理、和谐

教师进行课堂教学如同做文章，布局结构相当重要。因此，高效的中学政治学科的课堂必须注意：(1)课堂教学的活动步骤必须符合教学内容的内在逻辑和学生的认识规律，确保学生在学习新知识时能和已有的观点发生联系；(2)课堂教学的各个环节、步骤的时间安排必须科学合理；(3)课堂教学的节奏要和谐，给人以艺术美的享受。

（五）营造民主、开放的课堂教学氛围

高效的中学政治学科教学，需要教师创设民主、开放的教学氛围，为学生提供产生问题意识的气候和土壤。新课改下的课堂教学，教师更应该充分发挥学生的主体作用。倘若课堂教学氛围较为压抑，则不利于学生的主动性、能动性和创造性的发挥，因此，教师在教学过程中需要有意识地营造民主、开放的教学氛围。

（六）教学事例的选择要体现趣味性、知识性与逻辑性

真题及解析

在中学政治学科教学中，教师在选择教学事例时要坚持以下原则：(1)教学事例要新颖、典型且浅显易懂，为学生所熟知。只有这样，学生才能从浅显易懂的实例延伸到对于教材知识的理解。(2)教学事例的选择要坚持知识性与趣味性的统一，要通过教学事例激发学生的学习兴趣，但这只是手段，最后还要通过教学事例让学生掌握知识，实现教学目标。(3)教学事例必须和知识之间要有必然的逻辑联系。教师以教学事例佐证概念、说明原理属于推理过程，要想确保推理的形式有效，就要确保教学事例与概念或原理之间存在必然的逻辑关系，这样才能用教学事例说明道理。

> **引言**
>
> **如何得法**
>
> 教学有法,贵在得法,传统的读死书、死读书、读书死的时代已经一去不复返了,在新课改的理念下,教师要积极探索课堂教学的方法和技巧,充分利用课堂时间,通过自身素养的展示,并灵活运用多媒体技术等手段,让学生受到感染,使得课堂教学变得生动活泼、主题鲜明,直接激活学生的学习兴趣,充分发挥学生的主观能动性,从而提高课堂效率。

第二节 中学政治学科的教学方法与教学模式

从单一、传统的讲授到新课改下自主、合作探究式教学,中学政治学科的教学方式正发生着变革,课堂教学死气沉沉的局面得到了一定程度的改善。

一、中学政治学科的教学方法

(一) 中学政治学科教学方法的含义及分类

中学政治学科的教学方法是指中学政治教师为了实现教学目标,在一定的教学理念指导下采取的具体途径、程序、步骤,运用的手段与策略。中学政治学科属于德育课,只有教师把较高的理论修养和较好的教学方法有机结合起来,才能顺利地完成其所规定的德育任务。教学方法是教学原则的具体运用,集中体现了教师的能动作用和教学艺术,并直接影响教学效果。因此,教师需要根据中学政治学科的教学目标、教学内容、教学任务及中学生身心发展特点,进一步研究并改进教学方法。

中学政治学科的教学目标的实现离不开明理、促信、导行和组织、激励与检查。因此,本书将中学政治学科的教学方法分为以下三大类:[1]

1. 明理导行法

明理导行法是从生动直观到抽象思维,从感性认识到理性认识,再由抽象上升为具体,由认识回到实践,这是辩证唯物主义认识论的基本原理,也是中学政治教师组

---

[1] 谢树平,李宏亮,胡文瑞. 新编思想政治(品德)教学论 [M]. 上海:华东师范大学出版社,2006:94-97. 此处有改动.

织学生进行认识活动的程序和方法、特点。学生在明理的基础上知行合一，指导、规范自己的言行。

2. 激情促信法

激发和形成学习动力、培养学生情感的激情促信法，其主要功能在于激发和形成学生的学习动力，培养学生的学习兴趣，陶冶学生的情感。根据教学认识活动的非智力系统的动力种类和来源，这类方法可以分为三种：一是激发和形成学生学习兴趣的方法；二是激发认识情感，振奋学习精神，控制和调节学习活动节奏的方法；三是激发和形成学习责任感的方法。

3. 检查与评价法

中学政治学科的教学中有很多教学反馈形式，其中最主要的是教学过程的检查与评价。检查与评价学习认识活动的主要方法有口头检查与评价、书面检查与评价、综合能力测试和研究性学习评价，以及实践操作和思想品德行为表现的检查与评价。

（二）中学政治学科常用的教学方法

中学政治学科的教学方法有很多，常用的主要有以下七类：

1. 启发式教学法

（1）启发式教学法的含义。

"启发"一词源于孔子的"不愤不启，不悱不发"。"启"是通过教师的开导后，学生对不清楚的问题有了正确的认识，"启发"就是经过开导而有所领悟。启发式教学与填鸭式教学相对，主要是指教师在教学过程中根据教材、课型和学生的特点，采取各种有效的途径和措施，引导学生独立思考、探究新知，培养学生分析问题和解决问题能力的一种教学方法。启发式教学法有利于教师调动学生学习的积极性、主动性和创造性，促进学生知、情、意、行的转化，以便顺利地完成中学政治学科的教学任务。

（2）启发式教学法的特点。

第一，主动性与创造性相结合。

启发式教学法强调在中学政治学科教学的过程中，教师要采用各种方法充分地调动学生学习的积极性和主动性，引导学生在进行积极思维的过程中，促进对知识的掌握，创造性地进行学习，实现学生的主体性与创造性的统一。

第二，情与理相结合。

运用启发式教学法，可以帮助教师充分地运用马克思主义基本理论去激发学生的思想情感，做到以理动情，使学生能够坚定马克思主义的信仰，能够运用马克思主义基本立场、观点和方法处理问题。教师在启发学生进行学习的时候，需要将情与理相结合，在坚定马克思主义基本信念的基础上进行真情实感的讲解，帮助学生实现情与理的结合。

第三，理论与实践相结合。

要想使学生喜欢中学政治学科，教师就需要运用启发式教学法，引导学生运用马克思主义基本立场、观点和方法去分析、解决实际生活中的问题，提高学生的综合能力，达到理论与实践的有机统一。

（3）启发式教学法的实施要领。

教师在中学政治学科课堂运用启发式教学法，需要营造宽松的课堂气氛孕育学生的智慧；学习过程要在教师的引导、启发下进行，教学设计要注重新旧知识的迁移；教师要创设有意义的教学环境帮助学生完成"意义建构"，强调环境生成智慧；要坚持学生是学习过程的主体，激发学生主动学习、积极学习的精神状态，独立提出问题、思考问题和解决问题，提升"主体"智慧。[1]

2. 合作探究式教学法

（1）合作探究式教学法的含义。

合作探究式教学法是指一种以问题为运作机制，以学生自学自探为基础，通过师生之间、生生之间的讨论共探，引导学生系统地学习、掌握课本知识和有关社会交往技能，培养学生合作分析问题、解决问题的能力，促进学生问题意识和创新思维能力的发展，提高其思想认识的一种教学方法。[2]

（2）合作探究式教学法的特点。

合作探究式教学不同于学生的自学，也不同于教师的纯粹讲授，它是通过师生之间、生生之间的交流互动、讨论，从而探究出问题的解决方法，这个过程充分地发挥了教师的主导作用，体现了学生的主体地位。在合作探究式教学的过程中，学生不再被动地接受教师传授的知识，成为带着共同的问题和任务阅读、思考、组织发言的主动探索者和自觉建构者。

（3）合作探究式教学的实施要领。

第一，自学自探。在探究活动中，教师需鼓励学生积极主动地思考、拓展思维，通过自学解决问题。

第二，讨论共探。对于学生通过自学无法解决的问题，教师应积极引导学生以小组为单位进行讨论共探，教师也可以根据实际情况参与学生的讨论，要对学生循循善诱。

第三，总结提高。解决问题之后，教师需要引导学生进行总结，并对学生提出进一步的要求。

---

[1] 孟祥萍. 追寻智慧：思想政治课智慧教学探索与实践［M］. 上海：复旦大学出版社，2014：141. 此处有改动.

[2] 谢树平，李宏亮，胡文瑞. 新编思想政治（品德）教学论［M］. 上海：华东师范大学出版社，2006：101-103. 此处有改动.

3. 案例教学法

(1) 案例教学法的含义。

案例教学法是指在教师的指导下，根据教学目的和教学内容的需要，运用典型案例，将学生带入特定事件的现场，深入角色，组织学生学习教材，分析、研究案例，进行价值引导，发展学生分析问题、解决问题能力的一种教学方法。[①]

(2) 案例教学法的特点。

第一，高度情境性。

案例是对典型事件的真实再现，具有高度的情境性，突出表现在案例教学法的过程中，它不仅可以将教材的内容还原为生动具体、丰富多彩的生活情境，而且可以给学生以身临其境之感，缩小了理论与实践的差距。

第二，深刻启发性。

案例是一种问题情境，不仅可以给学生以暗示、启发，而且还可以给学生以理性思考，引导学生由形象思维深入到理性思维。学生透过案例，深入地进行观察、分析和体验，进而做出判断、推理和分析，得出答案。

第三，突出实践性。

在案例教学法中，教师提供给学生真实的事件，不仅要让学生明白这一事件存在的问题及解决的方法，而且还要让学生根据自己所学的理论知识，进入到真实的事件中，充当相应的角色，进而实际演练，达到理论与实践相结合。

(3) 案例教学法的实施要领。

①准备。

教师需要准备，学生也需要准备。教师的准备主要包括理论准备、精选案例、研究案例和设计讨论案例等。而学生的准备主要包括阅读教材、了解相关概念、熟悉案例等。

②分析、探讨案例。

案例教学一般是在教师的指导下，以小组或班级为单位，组织学生对案例进行分析、研究和讨论，从而探究问题的答案。

③总结和评价。

案例探究完毕之后，教师需要进行总结和评价，主要包括对讨论过程中学生的表现予以肯定，对教学难点的突破程度给予评价并进行相应的补充，最后还要由案例引申出学习理论的现实意义，激发学生的学习动力。

[①] 谢树平，李宏亮，胡文瑞. 新编思想政治（品德）教学论 [M]. 上海：华东师范大学出版社，2006：109. 此处有改动.

案例展现 2-15

《政治权利与义务》一课的案例教学

在讲授《政治权利与义务：参与政治生活的基础和准则》一课时，对于公民参与政治生活应该遵守的基本原则，教师可以通过以下几个案例与学生一同探讨：

案例一：今年已有一些官员因贪污而落马，这说明什么呢？重点讲解"法律面前人人平等"这一原则在现实生活中的三个主要体现：平等地享有权利；平等地履行义务；平等地适用法律。

案例二：一位老太太的儿子没有尽抚养的义务，而是由老太太的邻居一个小伙子来赡养老太太。老太太死后将自己的存折交给了小伙子，她的儿子不服气上诉到人民法院，结果人民法院最终将遗产判给了小伙子。这说明权利与义务具有一致性。

案例三：图片展示钱学森的生平事迹，说明国家与公民的根本利益具有一致性。

4. 活动教学法

（1）活动教学法的含义。

活动教学法的核心是活动，这是一种新型的教学方法，一般是指教师根据教学目标、教学内容和学情要求，通过活动的教学方式，让学生获取知识、提升能力，形成积极的情感、态度与价值观。活动教学法需要教师提供适当的教学情境，根据学生身心发展的程度和特点来设置活动环节，学生凭自己的能力参与阅读、辩论、游戏、操作等来进行学习的课堂教学方法。中学政治学科辩论式教学活动的设计要从活动目标、活动准备、活动过程以及活动总结等环节来安排和实施。

（2）活动教学法的特点。

活动教学法主要表现为学生参加活动，通过听觉、视觉、知觉、触觉等在大脑的指挥下协同活动而获取知识。与其他的教学方法相比，活动教学法有自己的特点和优点，主要表现在：第一，贴近学生的生活，有利于激发学生的学习动机；第二，强调学生主动探索，有利于学生深入了解学科知识；第三，多种活动配合，全面实现教学目标。

（3）活动教学法的实施要领。

第一，明确活动是完成课堂教学的手段而非目的。活动教学法中的"活动"，指学生在学习过程中所进行的所有操作活动，这些活动是有目的、有组织的，重点在学生主动积极地参与，教师寓教于活动中，以促进学生的学习积极性和学习效率的提高。

第二，活动的分类与具体实施。根据现代心理学对人的活动的研究，活动可以分为内部活动和外部活动两类。教师必须重视通过丰富多彩、形式多样的外部活动，促使学生处于最佳思维状态；教师必须重视创造条件促使学生的外部活动内化，重视所布置的活动任务真正能促使学生手脑并用、学思结合。

第三，教师实施活动教学法应注意张弛有致。如果一节课的活动内容安排得过多过密，超过学生的承受力，学生就会感到疲劳，活动就不能产生积极效果。如果一节课的活动内容安排得过于稀疏、松散，节奏过于缓慢、拖沓，学生的积极情绪就很难调动。

第四，重视活动的社会性。当代活动理论揭示了活动的一个重要特征，即社会性。个人的活动总是包含在社会关系和集体之中的，人的活动无论在什么条件和形式下进行，都不能把它看作是脱离社会关系和社会生活而独立存在的，不能用片面狭隘的个人趣味来代替丰富多彩的社会性活动。

第五，实施活动教学法必须树立师生合作的观念。班级授课制下的课堂教学过程，是师生之间、生生之间信息传输与反馈的过程。活动教学法要求教师在设计学习活动时必须树立与学生合作的观念，活动任务的布置、活动形式的安排都要努力使学生处于相互依赖、相互促进、相互合作的情境中。

第六，活动教学法不排斥其他的教学法。活动教学法有自身的优越性，但绝不排斥其他的教学法，相反地，教师在实施活动教学法时应注意和其他的教学法配合使用。

另外，由于学生的思维发展水平具有差异，因此学生的活动能力亦有所不同，这就要求教师在实施活动教学法时要注意：第一，课前必须让每个学生准备好学习中所用的学具；第二，学生如何使用学具或学案，教师要给予适当的指导，提出具体的要求；第三，加强对学生的组织纪律教育和良好习惯的培养；第四，明确活动的目的并处理好个别活动与集体教学的关系。

真题及解析

5. 问题探究式教学法

（1）问题探究式教学法的含义。

问题探究式教学法是指教师依据教学目标和教学内容创设问题情境，组织学生在教师的指导下开展问题探究活动，在活动中领会观点、学会方法、发展能力的一种教学方法。就教师来讲，这是一种教学方式；就学生来讲，问题探究又是一种学习方式。[①]

（2）问题探究式教学法的特点。

第一，以"问题"为主线。

"学贵有疑，小疑则小进，大疑则大进"，教学过程就是一个不断发现问题、分析问题、解决问题或产生新问题的过程。中学政治教师在课堂上采用问题探究式教学法，应使教学的过程以问题为主线，并围绕其展开，使学生在综合研究活动中主动地探讨问题的解决办法，培养自己分析问题、解决问题的能力。

第二，以学生自学为重点。

---

① 胡建军. 问题探究式教学在中学政治教学中的应用［J］. 江苏教育研究. 2013（4）：62. 此处有改动.

问题探究式教学法离不开学生自觉主动地学习，教师需要引导学生在综合探究活动中主动参与、乐于探究、积极探索问题的解决方法，通过师生之间、生生之间的相互交流与合作，最终完成教学任务。

第三，强调学习的过程和思维的活力。

教师在使用问题探究式教学法时，需要根据中学政治学科课堂教学的需要引导和点拨学生有意识地进行探索、思考和体验，使学生参与中学政治学科知识体系的建立过程，并积极思索问题的解决方法。

(3) 问题探究式教学法的实施要领。

第一，精心设计问题情境。

问题探究式教学法成功的关键在于问题的选择与设计。中学政治教师应根据教学内容、教学目标精心选取学生感兴趣的问题，由此激发学生的好奇心与兴趣，便于活动继续进行。

第二，组织开展问题探究活动。

在中学政治学科教学的过程中，教师应该积极组织学生开展综合探究活动，使学生在综合探究活动中应用科学的方法解决实际问题。教师可以借助小组讨论、课题研究、专题辩论等方式使学生在综合探究活动中主动探究、乐于思考、勤于动手。

第三，帮助学生解决问题。

教师精心设计的问题一般是有一定难度的，当学生讨论无果时，教师需积极引导学生，并给予适当的提示，启发学生顺利地解决问题。

第四，引申拓展问题。

当学生依据自己的知识、能力顺利地解决问题之后，教师需要发挥组织者、引导者和促进者的作用，进一步引导学生挖掘问题、引申拓展问题。

6. 情境教学法

(1) 情境教学法的含义。

情境教学法是指在教学中，教师有目的地引入或创设具有一定感情色彩的、生动具体的情境，以引起学生对新课学习的欲望和一定的情感体验，使学生带着情感进行学习，领悟教材内容，达成陶冶情感、情通理达、以情促信目的的一种教学方法。[①]

(2) 情境教学法的特点。

第一，形象直观。情境教学法所设定的情境一般比较具体形象，学生能够直观感受到这种情境带来的情感、态度与价值观的陶冶。

第二，潜移默化。学生在具体情境中极易受隐含的情感、态度与价值观所影响，从而达成学科核心素养目标。

---

① 谢树平，李宏亮，胡文瑞. 新编思想政治（品德）教学论 [M]. 上海：华东师范大学出版社，2006：113. 此处有改动.

第三,感染力强。情境教学法所设定的情境一般是学生身边的或学生比较关心的情境,其生动形象,很容易感染学生。

(3)情境教学法的实施要领。

第一,背景提示。教师根据教学的需要设置好具体的情境之后,需要借助图片、故事、音乐等告诉学生相关的背景。

第二,带入情境。学生熟悉相关的背景之后,教师需要积极主动地引导学生快速地进入预先设置好的情境。

第三,体验情境。学生进入情境之后,教师需要引导学生融入到情境中,身临其境地去感受教学情境给自己带来的感受。

第四,感悟升华。教师需要启发学生,在具体感受情境之后,能够说出自己的亲身感悟,并注重培养学生正确的情感、态度与价值观。

与此同时,教师要清楚情境创设的基本要求:

第一,情境创设有效与否的标准是学生,创设情境应该选择那些学生感兴趣、能理解、可想象的情境,在教学中呈现出来方可引起学生的注意,为教学内容地顺利展开提供良好条件。

第二,在情境创设中,问题的设计要有张力。教师在教学情境中一般都会设计一些存在冲突的问题,让学生选择和独立地进行判断,只有这样才能产生应有的教学效果。

第三,情境创设要注重时代性。这里所说的时代性,主要是教师在教学时要尽可能选择当下发生的、学生关注的事件、材料等作为教学情境,并以此展开课堂教学。

链接阅读 2-11

《处理民族关系的基本原则》一课的教学片断

某教师在讲授《处理民族关系的基本原则:平等、团结和共同繁荣》一课时,先播放了一个视频资料。视频中,78岁的亚蒙老人介绍说:在旧西藏,珞巴族被划分为多个部落,散居在深山密林之中,过着人畜混居的生活,温饱是最大的难题,没有衣服穿,只能用狩猎得来的动物皮毛御寒。中华人民共和国成立后,推翻了农奴制,进入社会主义社会。现在,在党和政府以及兄弟民族的关怀下,家家户户都住上了宽敞明亮的房屋,整洁干净的水泥路通往每家每户,出门可以乘车,并且不愁吃穿。

然后,教师让学生思考以下两个问题:

(1)在材料中,珞巴族群众的生活在哪些方面发生了变化?

(2)这些变化体现了我国的民族关系是什么样的?

学生通过观看视频,进行讨论和思考,体会到在党和政府的领导下,西藏人民在经济、政治和文化生活方面所发生的巨大变化,真切地感受到新时期社会主义民族关系的特点以及民族区域自治制度的优越性。

7. 研究性学习教学法

(1) 研究性学习教学法的含义。

研究性学习教学法是指教师在教学过程中创设一种类似于科学研究的情境和途径，让学生主动探索、发现和体验，学生在发现和研究的过程中，学会对大量信息的收集、分析和判断，从而增进思考力的一种教学方法。

(2) 研究性学习教学法的特点。

①研究性和探索性。

研究性学习教学法侧重于教师对学生为什么要这样做的思维过程训练方面的指导，突出问题解决的探索环节，强调学生对事实或结论产生、发展过程的摸索与想象。

②开放性与综合性。

研究性学习教学法颠覆了传统的以教师为主体的教学方式，它使学生成为教学的主体，是一种培养创新人才的教学方法。其研究主题往往与实际生活紧密相连，具有开放性，学习中所运用的学科知识以及方法、手段等都具有综合性的特点。

③实践性与创新性。

研究性学习教学法要求学生通过社会调查、观察实验、谈话等方式收集信息并进行加工处理，以此来培养学生的科学素养，创造性地开展学习，在实践中唤起学生的研究潜能。

④人文性与社会性。

研究性学习教学法强调学生把学到的知识和基本技能应用到解决实际问题之中，以此培养学生的学习自信心和社会责任感。

(3) 研究性学习教学法的实施要领。

第一，设置问题情境。即教师要借助各种方法设置一个问题情境，提出学生所要研究的题目，引发学生的研究兴趣。

第二，实践体验。即学生围绕着教学的问题情境进行深刻的实践体验，力求理论联系实际。

第三，表达和交流。即教师引导学生对实践体验的感受进行交流，总结情感体验。

第四，反馈与反思。即教师对学生在整个研究性学习中的表现进行口头评价并提出进一步深入思考的问题，引导学生深入反思。

二、中学政治学科的教学模式

(一) 教学模式的含义、结构和特点

1. 教学模式的含义

教学模式是指在一定的教育思想或教学理论的指导下建立起来的较为稳定的教学活动框架和活动程序。作为教学活动框架，教学模式从宏观上把握教学活动整体及各

要素之间内部的关系和功能；作为活动程序则突出了教学模式的有序性和可操作性。

> **资料卡片 2-6**
>
> **模式**①
>
> "模式"一词是英文 Model 的汉译名词。Model 还可以译为"模型""范式""典型"等。它一般指被研究对象在理论上的逻辑框架，是经验与理论之间的一种可操作性的知识系统，是再现现实的一种理论性的简化结构。最先将"模式"一词引入到教学领域并加以系统研究的人当推美国的乔伊斯和韦尔。乔伊斯和韦尔在《教学模式》一书中认为"教学模式是构成课程和作业、选择教材、提示教师活动的一种范式或计划"。

2. 教学模式的结构

教学模式的结构包括教学思想、教学理论、教学目标、教学操作程序、教学策略，师生在教学过程中的地位和角色等。

3. 教学模式的特点

尽管构成教学模式的要素和组合方式不同，适用的具体情况也不同，教学模式呈现出多样性和层次上的差异，但是，不同的教学模式仍然同时具有指向性和探索性、操作性、完整性、稳定性、灵活性等共同的特性。

（1）指向性和探索性。

任何一种教学模式都是为了达到一定的教学目标而提出和创立的，具有明显的目标指向性。最好的教学模式是在一定情况下达到特定目标的最有效的教学模式。在教学过程中，教师在选择教学模式时必须注意不同的教学模式的特点和效果，注意教学模式的指向性。

（2）操作性。

教学模式把某种教学理论或活动方式中最核心的部分用简化的形式反映出来，为人们提供了一个比抽象的理论具体得多的教学行为框架，具体地规定了教师的教学行为，使教师在课堂教学中有章可循，便于教师理解、把握和运用。

（3）完整性。

教学模式是由理论依据、主题、教学目标、操作程序、实现条件和教学评价等因素构成的有机系统，体现着理论上的自洽性和过程上的完整性，需要教师从全局上把握教学过程的始末。

---

① 邢文利. 高校课堂教学的理论与实践［M］. 北京：中国文史出版社，2015：5. 此处有改动.

(4) 稳定性和灵活性。

教学模式是大量教学实践活动的理论概括，在一定程度上揭示了教学活动具有普遍性的规律。一般情况下，教学模式并不涉及具体的学科内容，所提供的教学程序对教学起着普遍的参照作用，具有一定的稳定性。但是，教学模式又总是与一定历史时期社会的政治、经济、科学、文化、教育的水平相联系，受到教育方针和教育目的的制约。因此，这种稳定性是相对的，有时又具有一定的灵活性。

（二）教学模式的分类

按照不同的分类标准就有不同的教学模式，下面介绍三种教学模式的分类。

1. 从教学模式的概念特征来看

从教学模式的概念特征来看，有过程模式、结构模式和方法模式。过程模式不注重教学本质和教学规律的探讨，而是将认识基点定位于教学活动的顺序上。结构是系统内部诸要素的有序集合，是组成整体的各部分的搭配和安排，而结构模式是将教学基点组合形成复杂的、功能更为强大的教学结构。方法模式认为教学模式是在教学实践的基础上建立起来的一整套组成、设计和调控教学活动的方法论体系，它由教育主题、功能目标、结构程序和操作要领组成。

2. 从教学模式的应用范围来看

从教学模式的应用范围来看，有一般教学模式和学科教学模式。一般教学模式就是一般意义上的教学模式，它具有一定的概括性，可以应用于各科的教学。学科教学模式是在一定理论的指导下，对某一学科领域中的特定教师、学生、媒体互动状态加以概括形成的，正确地反映了学科教学的客观规律并适用于本学科或者其他学科教学实践，以系统、有序、简明的形式表达其结构关系的一种教学行为规范。

3. 从实践教学模式的主要手段来看

从实践教学模式的主要手段来看，有传统的教学模式和现代的教学模式。传统的教学模式是一种"以教师为中心"的教学模式，强调教师的主体地位和支配作用，教师是教学活动的中心，拥有绝对的权威；学生是被灌输者，是被动的学习者，必须听从教师的安排进行学习。而现代的教学模式是"以学生为中心"的教学模式，一切为了每个学生的发展，教师是学生自主学习的引导者、辅助者。

（三）中学政治学科常用的教学模式

在中学政治学科教学中，教师常用的教学模式有以下五种：

1. 支架式教学模式

（1）支架式教学模式的含义。

支架式教学模式源于维果茨基的最近发展区理论，根据欧共体"远距离教育与训练项目"的有关文件，支架式教学被定义为：支架式教学应当为学习者建构对知识的理解提供一种概念框架。这种框架中的概念是发展学习者对问题的进一步理解所需要的，为此，教师事先要把复杂的学习任务加以分解，以便把学习者的理解逐步引向深入。

支架式教学一般由五个环节组成：①搭脚手架（即支架），即围绕当前的学习主题，以学生的最近发展区为基础建立概念框架。②进入情境，即概念框架中的某个支点。③独立探索。在这一阶段的开始时期，教师可以给予学生一些相关的演示，以起到启发引导的作用。进而再由学生独立思考、独立探索，但教师要适时地给予指导和帮助，以确保学生沿着概念框架攀升。同时，教师的帮助与引导要逐渐减少，不能使学生产生依赖心理。④协作学习，即学生进行小组协商、讨论，在共享集体成果的基础上，完成个人的知识建构。⑤效果评价。评价的方式包括自评与他评两种，评价的内容包括自主学习能力、对小组学习的贡献以及是否形成了自己的知识结构建构三个方面。支架式教学模式是近二三十年来兴起的，以建构主义理论为指导思想，是起源于西方发达国家的一种新型的教学模式，属于建构主义的教学模式。

（2）支架式教学模式的特点。

支架式教学模式是一种以建构主义理论和最近发展区理论为基础的教学模式。作为一个以学生为核心的、动态的教学模式，支架式教学模式具有以下基本特征：

第一，教学保持在最近发展区内。

最近发展区是支架式教学模式的理论基础之一。实践证明，基于最近发展区并保持在最近发展区以内的教学，不仅能训练和强化学生业已形成的内部心理机能，而且能够激发和形成学生目前还不存在的心理机能，从而促进学生的学习和发展。因此，支架式教学模式要求教师将复杂的学习任务加以分解，使其接近学生的最近发展区，方能把学生的理解逐步引向深入。

第二，互动式的教学过程。

互动包括师生之间和生生之间的互动。支架式教学模式的互动性要求教师必须参与到学生的活动中，成为学生活动的一部分。但是，教师只能是学生活动的支持者、引导者而不是支配者、主宰者，其主要任务是为学生提供学习所需要的脚手架，指导学生运用脚手架并在适当的时候撤走脚手架，师生之间的互动还包括提供及时的反馈。生生之间的互动也很重要，学生以各自的经验为基础建构同一新事物，可能会看到事物不同方面的性质，在相互交流中，这些不同的看法会得到汇聚和筛选，使学生对事物的认识更加全面。

第三，教学以学生为中心。

以学生为中心不仅要求教师以学生的生理成熟为基础，更强调以学生已有的认知经验为中心。在建构主义学者看来，学生不是空着脑袋走进教室里的，他们有着很多"原认知"和"前概念"，这是他们用以建构知识、形成新观念的基础，也是他们得以发展的前提。支架式教学模式只有重视学生的"原认知"，并检验他们所拥有的"前概念",才能收到良好的教学效果。

(3) 支架式教学模式的操作环节。①

第一,建脚手架。教师要根据当前中学政治学科知识的主题,建立符合课程知识点的概念框架。

第二,进入情境。教师要根据中学政治学科所学的内容把学生引入到相关的问题情境中去。

第三,独立探索。教师要根据中学政治学科的教学内容,对学生进行课程的引导,然后让学生独立地进行探索和分析,在探索的过程中教师适当地进行引导,鼓励学生独立地探讨问题。

第四,合作学习。教师要根据具体情况,将学生分成小组,在小组内部进行学生之间的协商、讨论,使问题逐步地清晰化。

第五,教学效果评价。评价支架式教学模式的效果不能单单以试卷考试为准,应从三个方面进行科学评价:根据学生在课堂学习中的表现情况;小组讨论和解决问题的过程中,针对每个学生对小组讨论、合作学习过程中所做出的贡献;学生能否完成对所学知识的意义建构。

2. 启发式教学模式

(1) 启发式教学模式的含义。

启发式教学模式是指学生在教师的开导、点播之下主动地获取知识、开发智力、陶冶个性以形成完满人格的一种教学形式。启发式教学模式体现了以学生为主体,重视学生主动性的发展,激发学生的学习兴趣,创设情境,提高学生的学习能力。我国的启发式教学模式最早源于孔子的"不愤不启,不悱不发"。

(2) 启发式教学模式的特点。②

第一,独立思考的情境。

启发式教学模式的本质是让学生有积极向上的思维,只有让学生积极主动地开动脑筋,才能激发学生的学习兴趣,在学习中发挥其独立思考的能力。为此,教师要想尽办法创造各式各样的教学情境和教学内容,让学生融入教学情境,从而培养学生独立思考的能力。

第二,教学环境的互动性。

启发式教学与以往的单一式教学不同,它的优势在于能够调动学生与教师的积极性。教师要创造有效的教学情境,抓住学生的好奇心,在提问中使师生互动。

---

① 刘鹏. 支架式模式在高中思想政治课教学中的运用探究 [D]. 华中师范大学. 2014, 此处有改动.

② 李林静. 启发式教学在思想政治课程中的应用 [D]. 辽宁师范大学. 2013, 此处有改动.

第三，学生学习的主动性。

启发式教学模式能够引导学生多说、师生多互动。在这个过程中，教师可以根据每个学生的特点扬长避短，鼓励并赞美学生。同时，教师也可以激发学生对学习的热情和好奇心，唤起学生的学习热情。

（3）启发式教学模式的操作环节。

第一，导入新课——设置情境。

在讲授新课之前，教师导入新课是教学环节中不可缺少的重要组成部分。作为一节课的开端，这既是激发学生学习兴趣的最佳时期，也是课堂成败的关键。教师运用启发式教学模式进行课堂导入的方法有很多，如可以运用生活现象进行导入，因为生活中的事例最贴近学生的生活，能激发学生的学习兴趣，吸引学生的注意力，从而帮助学生学习新知识，起到潜移默化的作用。

第二，讲授新课——巧设问题。

亚里士多德曾说："思维自惊奇和疑问开始。"疑问源自学生的好奇，教师需要通过启发式教学来激发学生的疑问。启发式教学模式的重要标志在于能够启发学生学习的思维，可以由易变难、由具体到抽象、由感性知识到理性知识。

第三，总结课程——掌握新知。

教师必须抓住学生渴望检验自己在一节课上掌握知识情况的心理，在这个阶段教师应占主导地位，分析和总结本节课的教学重点、教学难点和易混易错的知识点。课堂小结是启发式教学模式中的一个重要环节。

3. 探究式教学模式

（1）探究式教学模式的含义。

探究式教学模式是指在教师的启发和诱导下，以学生独立自主学习和合作讨论为前提，以现行教材为基本探究内容，以学生的周围世界和生活实际为参照对象，为学生提供自由表达、质疑、探究、讨论问题的机会，让学生通过个人、小组、集体等各种解难释疑活动，将自己所学知识应用于解决实际问题的一种教学形式。[①]

（2）探究式教学模式的特点。

第一，提问方式多样。

问题是探究活动的出发点，好的问题是探究式教学模式获得成功的关键。问题出现是起点，问题解决是终点，没有问题就没有探究式教学模式。因此，教师在课堂上要把看起来似乎是枯燥、抽象的中学政治学科的内容，通过创设情境、变换形式、结合生活中的事例等方式，使其具有趣味性、启发性，激发学生进行探究性学习的兴趣。

---

① 王利平. 新课程理念下高中思想政治课的探究式教学模式及实践研究［D］. 江西师范大学. 2009，此处有改动.

第二,师生之间、生生之间相互交流、相互学习、相互合作。

探究式教学模式的过程其实就是师生之间、生生之间相互交流、相互学习、相互合作的过程。只有通过有效的交流、合作,师生才能更准确地发现问题,才能更好地解决问题,得出的结论也才能更加全面准确,从而达到预期的学习效果。

第三,课堂气氛开放、民主。

开放性是探究式教学模式的主要特点之一。探究式教学模式无论是在课题选择、实施时间、实施方法、实施内容还是在实施主体等方面都应该自由灵活、不拘一格,强调个性发展,将学生置于一种开放、民主的学习环境中,自主地学习、主动地探究。教师在教学时也应该具备开放、民主的心态,多方听取意见,而不能强制打压。

(3) 探究式教学模式的操作环节。

第一,设置问题情境,激发学生的学习兴趣。

问题情境的创设在探究式教学模式中是非常重要的,其设置的成功与否将关系到整节课质量的好坏。在这个阶段,教师的主要任务是做好背景知识的铺垫,激活学生原有的知识储备,并提供探究范围。

第二,提出问题,明确探究方向。

爱因斯坦曾指出"提出一个问题往往比解决一个问题更重要"。教师应该引导学生自己从学习或生活中发现问题,并在师生讨论的基础上确定可供探究的主题。在教学中,既可以由教师提出问题,也可以由学生提出问题,当然最好是由学生提出,因为这可以加强学生提出问题的能力。同时,教师要给学生的提问提供适当的帮助和引导。

第三,合作学习,主动探究。

这是探究式教学模式的关键实施阶段,学生通过动手、动脑来提高分析问题、解决问题的能力。在这个过程中,教师应多给学生成功的机会,想方设法鼓励学生参与,指导学生运用正确的方法进行探究,协调现有的各种探究所需的资源。

第四,相互交流,得出结论。

对于学生来说,经过交流、讨论、分析后得出结论。教师可以对本次探究进行讲评,通过比较分析,帮助学生建构新的知识。在这里,教师是答疑解惑者,学生是知识建构者。教师要重视学生得出结论的信息和数据,而不仅仅是结论;要善于发现学生探究的盲点、误点,更要善于处理学生争论的焦点;要尊重学生的观点,而不能硬拉着学生跟着自己的思路走。

第五,反思评价,引申探究。

杜威曾经说过,反思行为是探究者自发地对自己的活动进行认知和评价,能够促使行为向更理性和更高水平上发展。通过反思,教师对探究各环节和各因素进行评价,总结经验,纠正不足,可以内化探究方法、促进探究者深化认知,形成科学价值观。在这个阶段,教师应该:注重学生的自我评价,让学生谈谈自己的体会和收获;不要只停留在知识层面的归纳总结,要多考虑过程与方法,情感、态度与价值观等几个部分的反思与总结；要多持肯定态度，注意保护学生的积极性。

第六，运用探究结论，解决实际问题。

学以致用是探究式教学模式的特征之一，中学政治学科也是如此。探究式教学模式重在知识技能的获得和应用，重在情感、态度与价值观的培养，而不仅仅是掌握知识的数量。因此，在提出问题、解决问题的基础上，教师必须引导学生学会迁移，运用所学知识去解决生活当中的实际问题。

4. 情感教学模式

（1）情感教学模式的含义。

情感教学模式是指在教学的过程中，教师借助一定的教学手段，有目的地引入或创设具有一定情感色彩的、以形象为主题的生动具体的场景，以引导学生一定的态度体验，激发、调动和满足学生的情感需要，从而帮助学生理解教学内容，并使学生的知识、情感、意志、行为等方面得到发展的积极的教学活动。[①] 情感教学模式是根据教学中情感本身的活动规律，以情感为主线，从情感维度规范教师在教学活动中的教学行为，以充分发挥情感的积极作用，它本身不是一个独立的教学模式，并不排斥其他认知性教学模式，相反，结合运用是对其他认知性教学模式的补充和完善。[②]

（2）情感教学模式的特点。

第一，情感性。

中学政治学科情感教学模式最突出的特点就是教师在理论知识的教学过程中，自始至终地重视情感性因素的作用，教师利用情感来激发学生学习的兴趣和热情，调动学生的学习积极性和健康向上的情绪、情感，使他们的思维紧紧被中学政治学科的相关议题所吸引，从而到达以情促知、知情并举的效果。

第二，互动性。

情感教学模式同时也是一种提倡师生互动、教学相长的教学模式。在中学政治学科情感教学模式中，情感是沟通和连接教学双方思想和情感的桥梁。只有教师的激情迸发，并在学生之中产生共鸣和交流，情感教学才能产生理想的效果。

第三，疏导性。

中学政治学科情感教学模式以情感为主线向学生讲授马克思主义的科学世界观、方法论和价值观，宣传马克思主义在社会政治、经济和历史等方面的观点和理论。对于涉世不深、正处于青春阶段的中学生来说，这样的教学内容不仅能丰富他们的知识和内心世界，而且还能缓解他们情感上和心理上的焦虑和不安，起到心理疏导的作用。

第四，移情性。

在中学政治学科教学中运用情感教学模式，有助于教师在教学中注重情感作用的

---

① 刘强. 思想政治学科教学新论 [M]. 2 版. 北京：高等教育出版社，2009：126.
② 卢家楣. 论情感教学模式 [J]. 教育研究. 2006（12）：55. 此处有改动.

发挥，使生生之间特别是师生之间产生情感的交流和碰撞。在双方情感的碰撞中，学生对人生、社会和世界有了新的思考，马克思主义思想观点也得以在学生心中内化为信念。

（3）情感教学模式的操作环节。

情感教学模式的操作环节是诱发—陶冶—激励—调控：从"诱发"环节开始，随着教学活动的展开，伴随着认知信息的传递，也应传递情感信息，形成情知和谐发展的教学格局，由此展开了中间阶段的"陶冶"环节。当教学进行到一定时候，学生开始对教师所教的内容在理解的基础上做出某种反应，教师则对学生的反应做出一定的评价，同时学生也开始有所松懈，这时就特别需要教师对学生进行鼓励，"激励"环节应运而生。在情感教学过程中，教师自始至终都需要对学生的情绪进行调节，因此"调控"环节伴随着教学活动的全过程。

5. 学案导学教学模式

（1）学案导学教学模式的含义。

学案导学教学模式是指教师以学案为媒介、导学为途径，以学生学会学习为宗旨，以创新性、发展性为目标，实现学生自主学习能力、合作交流能力、思考探究能力以及整体素质共同提高的一种新型教学模式。学案导学教学模式的精华就在于它是由教师编写的"学案"和"导学"两个部分组成的。

（2）学案导学教学模式的特点。

第一，重视教育理论对实际教学的指导。

学案导学教学模式将情感教学理论作为理论基础，教师关注学生的心理变化与内在需求，与学生友好相处，做到以情促教；将非指导性教学理论作为理论基础，以学生为中心，让学生主动学习，让学生更多地探索知识；将建构主义作为理论基础，让学生在新旧知识的建构过程中结合自身的需要主动掌握知识，学生的思维以及学习能力得到相应地提升，促进学生的全面发展。

第二，激发学生学习的内驱力。

运用学案导学教学模式授课，学生的课堂表现会发生变化，学生积极回答问题，小组内分工合作，学生乐在其中，学生的精神面貌和学习状态发生了根本变化。在课堂上，学生自主学习、合作交流、大胆质疑、自信展示，使课堂充满了活力。

第三，强化学生的自主学习。

学生在课前或自习课上通过学案的引导，并结合教师对课本的讲解对新内容进行自主学习，然后将有问题的内容与小组内的其他同学进行讨论。这样学生在课堂上的学习更有针对性，大大减少了课堂上不必要时间的浪费，同时学生也能直接指向自己无法掌握的内容，学习效率也有所提高。

第四，突出学生学习的主体地位。

学案导学教学模式让学生在开放的环境中学习，让学生参与到实际的课堂教学中，并热爱学习。学生撰写研究报告和自主组织活动的能力有了很大的提高并促使学生积极主动地解决问题，促进自身能力的发展，从而提升学习的主体性。

（3）学案导学教学模式的操作环节。

第一，课前预习，据案自导。

在中学政治学科的教学中，教师要调动学生课前自主学习的兴趣，从而在进入内容学习之后，能够较快地融入上课氛围，最大限度地发挥课上的学习效率。

第二，课中生成，教师引导。

这是在课前充分预习、教师引导的前提下进行的，也可以说是学案导学教学模式实施的核心环节。所谓教师引导，是指在教师的启发、指导下，通过学生在课上探究与合作，对学生的先验知识和经验进行系统拨正，从而实现对学生的教导。

第三，巩固提升，教师指导。

教师需要积极地指导学生的学习，及时地进行追踪指导和掌控，从而对学生的学习情况做到心中有数，并为下一课题的准备奠定基础。

第四，课后反思，以案传导。

学生经过自主探究、合作学习与巩固提升环节之后，需要对学习态度和学习过程做简短的总结和概括，在自我反思与自我总结中提升解决问题的能力。除此之外，教师还要对学习效果进行自我评价，自己是否能够以案传导，运用所学知识和方法解决其他的问题。

在深化新课改的实践中，广大一线教师积极探索中学政治学科课堂教学模式，革新教学实施样态。有的教师提出学科主题型活动教学概念，强调主题教学和活动教学的学科性融合，主张师生根据学科任务和教育目标选择主题，围绕主题设计系列活动，让学生在主题型活动中循序渐进地建构学科知识、发展学科能力、提升学科素养。主题型活动教学在教学设计方面遵循"选定主题—收集资料—设置问题—选择活动—梳理流程—选择评价"的运作模式；在活动组织方面遵循"让学生进行情境体验—明确任务—合作探究—成果展示—整合结构—知识迁移"的运行模式；在课堂整体架构上，呈现"三维"架构模式，时间维度按"情境导入—情境应用—情境迁移"纵向推进，空间维度按"情境融入—活动展开—知识整合"的顺序进行，素养维度按"学习理解—实践应用—创新迁移"逐层递进。有的教师依据主题型活动教学的特征，积极开发课外实践探究性微课程，如"低头族""卡生活""幼儿事故问责于谁""中国式过马路"，以"微主题切入—准项目研究—合作性开发—个性化创作—共享式展示"的过程模式诠释了中学政治学科活动型课程的教学理念，让学生在自主合作中开发和共享喜闻乐见的学习资源，这在一定程度上丰富了中学政治学科的原生性资源。

专题小结：

本专题主要介绍了中学政治学科课堂教学的组织形式，要求学生通过对中学政治学科常见的教学方法与教学模式的学习，掌握并运用一些基本的教学方法与教学模式，从而为将来胜任中学政治教师这份工作奠定坚实的基础。

学习反思：

1. 你认为应该如何在中学政治学科教学中实施情感教育？
2. 常用的中学政治学科课堂教学模式有哪些？请你结合课例进行说明。

资源链接：

［1］司晓宏. 中学教育基础［M］. 西安：陕西师范大学出版社，2016.

［2］胡兴松. 杏坛舞者胡兴松［M］. 广州：广东教育出版社，2015.

专题五

中学政治学科教学论（下）

☞ **通过本专题的学习，你将：**

1. 理解高校思想政治教育专业学生教育实习对于不同主体的意义；
2. 了解教育实习的形式，掌握教育实习的具体内容；
3. 理解教育实习的程序与主体要求，通过教育实习获得成为一位合格的中学政治教师必备的素养和能力。

> **引 言**
>
> **梦醒时分**[①]
> ——一位实习生的实习日记
>
> 　　实习的前一晚，我做了一个梦，梦到自己站在讲台上，没有说一句话，我感到全班学生向我投来的灼热目光，看到指导老师不动声色地看着我……然后，我醒来了，发现原来这一切都是梦。梦是梦，但梦多少有一些寓意。我翻来覆去，难以入眠。天一亮，我就要踏上去实习学校的征途，前方有什么在等待着我，是层层的迷障，还是簇簇的鲜花，抑或是绵绵的细雨？……于是，我的脑海中浮现出各种臆造的实习场景。我轻轻地将手放在心口，感受自己的心跳，跳得比往常快，我的大脑也急剧充血，我知道那是激动，还有丝丝忧虑，甚至还夹杂着缕缕恐惧……我的梦终究要在明天一早醒来！

第一节　教育实习对于不同主体的意义

　　教育实习是指高校的学生在指导教师的指导下，到实习学校进行教育和教学的实践活动。[②] 它是职前教师教育贯彻理论联系实际原则、实现培养目标不可缺少的教学实践环节，是教学计划中的重要组成部分。思想政治教育专业的教育实习可以使本专业的学生把所学的政治理论知识综合运用于教育和教学实践，可以培养和锻炼学生从事教学工作的能力，并加深和巩固学生的专业思想，使他们实现角色的转变，从而更加

[①] 傅建明，朱樟有. 实习是朵七色花：实习教师工作指南［M］. 广州：广东教育出版社，2012：1. 此处有改动.

[②] 刘强. 思想政治学科教学新论［M］. 2版. 北京：高等教育出版社，2009：365. 此处有改动.

坚定自己成为一位合格的中学政治教师的信念。因此，教育实习具有十分重要的现实意义和作用。

 资料卡片 2-7

什么是教育实习①

《教育大辞典》中指出，教育实习是"各级各类师范院校高年级学生到实习学校进行的教育、教学专业实践的一种形式。包括参观、见习、试教、代理或协助班主任工作以及参加教育行政工作等"。

《中国教育百科全书》指出，教育实习是"师范院校学生参加教育、教学实践的学习活动，是体现师范教育特点，培养合格师资的重要教育环节，是各级师范学校教学中不可缺少的组成部分"。

《教育学辞典》中指出，教育实习是"师范院校高年级学生到学校进行教育和教学专业训练的一种实践形式。……它是师范教育教学计划中的重要组成部分，是培养中小学教师的综合实践环节"。

从本质上来讲，教育实习就是一种实践活动，就是与"知"相对应的"行"的问题。

一、对于高校而言

（一）教育实习是实现职前教师教育的基本培养目标的重要环节

职前教师教育的基本培养目标是培养合格的中小学教师。而合格的中小学教师不仅要具有高尚的职业道德、扎实广博的专业理论知识，还要具有完成教学工作和班级管理工作的实践技能。职前教师作为职前教师教育的培养对象，在学校开设的理论课的学习过程中，通过教育学、心理学、班级管理以及相关专业课程的学习，已经具备了较为扎实的理论知识功底。如何将理论知识应用于实践，锻炼职前教师的实际操作能力，教育实习作为教学实践课程，不仅是高校教学计划中的重要组成部分，也是其实现职前教师教育的基本培养目标不可缺少的重要环节。

高校思想政治教育专业的学生通过学习思想政治专业的基础课和专业必修课，已经理解并掌握了马克思主义基本理论等理论知识，并且学习了教育学、心理学、法学、伦理学等相关学科知识，因此，他们具有相对完善的知识储备。通过中学政治学科的

---

① 刘初生，等. 教育实习概论［M］. 长沙：湖南教育出版社，2001：1-2. 此处有改动.

教育实习，可以使他们将这些知识运用到实际的教学环节，从而提高他们的教学技能，把他们培养成综合素质较强的思想政治教育专业职前教师，为成为一位合格的中学政治教师打下坚实的基础。

（二）教育实习是检验、提高职前教师教育质量的重要形式和依据

实践是检验真理的唯一标准。职前教师教育的成效如何，主要是看其是否达到理想的培养目标，而检验培养目标是否理想的途径只能通过教育实习这一教学实践环节。

根据高校的培养对象和培养目标，高校除开设一些理论课外，还开设了一些教学技能课，譬如粉笔字、普通话、说课、试讲等。那么，这些课程的开设成效如何，是否达到了理想的培养目标，职前教师是否较好地掌握了这些技能，只有通过教学实践环节也就是教育实习看职前教师实际运用这些技能的效果如何才能得到检验。因此，高校思想政治教育专业的学生进行教育实习，实际上既是检验他们的理论功底和教学技能的一种途径，也是检验职前教师教育质量的重要形式。

通过教育实习，无论是职前教师自身还是高校都可以发现存在的问题和不足。对于职前教师本身来讲，可以避免发生眼高手低的情况，通过实战演习了解自己的强项和弱项，为之后的学习提供一个有益的参考。对于高校来说，教育实习的效果在很大程度上能够反映职前教师教育的质量。如果职前教师在教育实习中能够相对独立地完成教学任务和教学目标，那么就间接地反映了职前教师教育有一个较高的教育质量。相反的，如果职前教师在教育实习中存在这样或者那样的问题，就说明职前教师教育的质量还有待改善，高校应该针对存在的问题反思现有的教学模式和课程设置是否合理，从而为进一步提高教学质量提供借鉴。因此，教育实习是提高职前教师教育质量的重要依据。

二、对于职前教师而言

（一）教育实习是理论联系实际的实践过程

古语云："纸上得来终觉浅，绝知此事要躬行。"这句话道出了实践的重要性。中华人民共和国成立前，我国的职前教师教育重书本轻实践，这是由那个时代的思想意识和现实条件决定的。中华人民共和国成立后，随着我国经济的发展，职前教师教育的现状得到了很大的改善，强调知行并重。直到现在，我国的职前教师教育发展越来越好，很多高校在开设理论课程的同时也很重视实践课程，比如微格教学、教育实习等。教育实习是一个理论联系实际的实践过程，符合职前教师教育的培养目标，即培养知识与技能并重的复合型人才。

高校思想政治教育专业的学生已经掌握了马克思列宁主义、毛泽东思想、邓小平理论、"三个代表"重要思想、科学发展观、习近平新时代中国特色社会主义思想等基

本的政治理论，教育学和心理学等教学理论，通过到学校进行教育实习才能更好地将这些理论知识运用到中学政治学科的教学过程中去，用所学的理论解决课堂中遇到的实际问题。在这样的过程中，他们会加深对这些理论知识的理解，真正做到学以致用。

（二）教育实习有助于锻炼、提高职前教师的教学技能

高校思想政治教育专业主要培养合格的中学政治教师，学生通过对思想政治理论课、教育理论课和专业课的学习，已经具备了相应的教学理论知识，从理论上了解和掌握了中学政治学科的教学规律、原则、方法、艺术等问题。[1] 微格教学是一种利用现代视听技术来培训教师的实践性较强的教学方法。通过微格教学，学生进行教学技能的训练，例如说课、试讲，了解和掌握了备课、讲课、评课等与上课相关的环节。但是，无论是说课还是试讲，都是对真实课堂的一种模拟，并不等同于真实的课堂。没有真实的学生，很多课堂中会发生的状况就无法预设，职前教师处理这些状况的能力就很难得到提升，因此他们缺乏的是课堂教学的实践经验，而教育实习能够为他们提供这样的锻炼机会。

通过教育实习，职前教师可以观摩真实的中学政治学科课堂和班级管理工作，在与自己的模拟教学进行对比的过程中发现自身存在的不足，为教育实习打下一个良好的基础。而教学实习则给予了他们一个真实的课堂，他们面对真实的学生，进行教学实习和班主任实习。在这个过程中，职前教师自己动手进行备课，然后讲课，最后还有评课，他们会遇到一些预料不到的问题，这样能够锻炼他们处理课堂突发事件的能力。在进入真实的课堂时，有些职前教师很可能会怯场，不过熟能生巧，经过教学实习，他们的教学技能（包括备课、教学设计、多媒体运用、教学语言表达、控场应变等能力）都能得到提高。总的来说，教育实习能够锻炼、提高职前教师的教学技能。

（三）教育实习有助于提高职前教师的专业思想水平

长期以来，教师这个职业给人留下的印象就是工作辛苦、薪水低，部分职前教师的专业思想并不牢固。试想一位职前教师如果不能从心底热爱自己的工作，没有深厚的专业情怀，那么他怎么可能成为一位合格的中学政治教师？因此，巩固和提高职前教师的专业思想水平至关重要。

有研究表明，微格教学、教育实习、校外社会实践对职前教师的专业素养培养有着重要的影响，其中教育实习的影响作用最大。[2] 教育实习是职前教师巩固专业思想，陶冶师德的最佳时机和有效途径。在教育实习的过程中，职前教师每天耳濡目染指导教师的耐心指导、学生的认真与活泼，这些会潜移默化地对职前教师产生影响。或许

---

[1] 刘强. 思想政治学科教学新论 [M]. 2版. 北京：高等教育出版社，2009：366. 此处有改动.
[2] 李运华. 师范生教师核心能力实证研究 [J]. 教师教育学报，2018（5）：23. 此处有改动.

是指导老师的一句赞美，或许是学生的一个微笑，都有可能激发出职前教师对教育工作的热情，会令他们在无形中体会到教师这个职业的神圣与伟大，在亲身体验中感受到教育事业的重要性和教师工作的光荣，从而为成为一位合格的中学政治教师奠定专业理念和师德的基础。同时，通过教育实习等教育实践的有关反馈也充分说明，教育实习是提高职前教师热爱教师工作、热爱教育事业，提升专业思想水平的有效途径。

除以上的现实意义外，教育实习也具有重要的理论意义，就是在教育实习期间，职前教师积累的教学经验能够丰富自己的教育理论。

每位职前教师都会有专门的指导教师，他们都是多年从事教育事业的教师，无论是备课、讲课，还是班级管理工作，都积累了一定的经验，指导教师会把这些经验传授给职前教师。职前教师在自己写教案、组织教学设计、讲课、课后反思等一系列工作中会有自己的所得所感，形成自己的教学经验。

> **引 言**
>
> **第一次走上讲台**[①]
>
> 迈着自信的步子走向那个坐标点，平凡而神圣的人生坐标，却如害羞的少女初见于情人，连珠的妙语像断了环的铁链，抡向天空，凝结成慌乱的动作，时间也没了头脚……目光在萎缩，宇宙在膨胀，一滴热汗急成一片汪洋……一粒粉尘飞出一滩荒漠，枯焦我每一种绿色的想象，偶尔一朵飘向天边的云彩，撞响了学生那面语言的钟鼓，美妙的音乐便幻化出一方木舟、一泓清泉。
>
> 这是职前教师用诗意的语言描述自己初上讲台的情形。面对几十双求知的眼睛，我们能否撞响学生那面语言的钟鼓，让美妙的音乐幻化出一方木舟、一泓清泉呢？

第二节　教育实习的形式与内容

一、教育实习的形式

教育实习是高校思想政治教育专业职前教师进行教育人才培养的必修课程。随着教育实习的不断发展与完善，教育实习的形式也日益丰富。目前，教育实习的形式主要有以下六种：

（一）教育见习

1. 教育见习的含义

教育见习既是高校职前教师教育的教学环节，也是教育实习的主要组成部分和类型。一般来说，教育见习是指职前教师在指导教师的指导下，对实习学校的教育、教学、学校生活各方面工作及其设施进行观察和分析的一种实习活动。教育见习分为校内见习和实地见习两种。教育见习一般安排在各学年或教育实习前，并结合中学政治学科教学的教师教育类课程进行。教育见习的目的是丰富职前教师的感性认识，加深职前教师对理论知识的理解，启发职前教师热爱教育工作的思想感情，培养职前教师的观察能力和分析能力。

[①] 傅建明，朱樟有. 实习是朵七色花：实习教师工作指南[M]. 广州：广东教育出版社，2012：75. 此处有改动.

2. 教育见习的准备

(1) 思想准备。

在参加教育见习之前，职前教师要做好相应的心理准备，认真思考下面这些问题：①自己为什么要参加教育见习；②自己是否已经为教育见习做好了准备，有无个人教育见习计划；③自己以前学习的东西哪些有助于目前的教育见习，怎样去运用它；④要成功地完成教育见习，自己还应该主动做些什么；⑤自己期望从教育见习中获得什么收获等。

(2) 物质准备。

职前教师参加教育见习，尤其是实地见习，需要解决的问题还比较多，如实习学校的选择问题、交通问题、食宿问题、教学资料准备问题、见习过程的资料收集问题、经费问题等。这些虽然不是教育见习的核心问题，但如果职前教师解决不好，就会对教育见习的效果产生不良影响。

3. 教育见习的实施

(1) 校内见习。

校内见习是指职前教师在高校内开展的教育见习。其见习任务分散在"教育学""心理学""中学政治学科教学论""班主任工作"等相关课程的教学中执行。职前教师可以在校内观摩课堂教学视频，并在指导教师的组织下开展学习、交流与讨论等见习活动。校内见习安排在高校各个学期的教学之中，但重点安排在教育实习的前两个学期，每个学期安排一定的时间（以一星期为宜）。校内见习以职前教师获取感性认识及培养技能为主要目标，具体任务有观看课堂教学视频、学会听课和评课并积极开展教学技能训练等。

(2) 实地见习。

实地见习是指职前教师到实习学校实地进行的教育见习。实地见习主要包括教学工作见习、班主任工作见习和教育调查研究等任务，最主要的两项内容是教学工作见习和班主任工作见习。实地见习的形式有观察、观摩、交流与讨论、调查与研究。这要求职前教师在带队教师的指导下，有组织、有目的地到实习学校实地观摩课堂教学，学习班主任的班级管理经验，接受指导教师在备课与教学、班级建设与学生管理方面的指导。一方面，职前教师要了解中学政治学科课堂教学的情况，学习教学经验，对中学政治学科课程的设置、组织、实施、评价方法和策略等有系统的了解；另一方面，职前教师要了解班主任工作的基本职责和工作内容。

（二）模拟实习

模拟实习是指高校在学校内为职前教师设置模拟课堂，让他们进行模拟教学，培养职前教师专业实践能力的一种实习活动。在模拟课堂上，一般由职前教师相互扮演学生和教师，也可以安排部分中学生担任临时模拟课堂的学生。模拟实习的实习内容大多集中在教学活动中，特别是在备课和上课两个基本环节，实习活动要具备这些活动的基本要素。模拟实习是一种非真实情境的教学实习，组织起来比较灵活，与学科内容的结合也比较紧密，通过模拟实习活动可以让职前教师找到教师角色模拟的感觉。

（三）单项实习

单项实习主要是指高校为了着力培养职前教师某一方面的实践能力而开展的一种实习活动。单项实习一般是与专业课程的推进紧密配合的，随着理论课程的开展而安排的短期实习活动。单项实习包括两种类型：分散的单项实习在实践安排上比较分散，如有的高校在大学四年中分别安排教育见习、模拟实习、教育演习和教育实习，还有的高校根据职前教师的情况安排他们自选学校进行实习，但从结果来看，由于难以指导和控制，这种实习的效果不佳。因此，高校一般采取集中的单项实习。

（四）综合实习

综合实习是指在职前教师学习完基础课程以后，以培养职前教师多种教育、教学实际工作能力和专业意识为目标的一种实习活动。这是我国高校职前教师教育采用最广泛的一种实习方式。它除具有目标、任务、内容与活动类型多样性的特点外，持续时间相对较长也是其特点之一。根据《教师教育课程标准（试行）》的规定，强化教育实践环节，加强职前教师职业基本技能训练，加强教育见习，提供更多观摩名师讲课的机会；高校和实习学校要选派工作责任心强、经验丰富的教师担任职前教师的实习指导教师。

（五）顶岗实习

顶岗实习是指职前教师在基本上完成教学实习和学习过大部分基础理论课程之后，直接到实习学校的教学岗位上进行定岗实习。顶岗实习一般以一个学期为限，由职前教师顶替那些外出接受培训的中学政治教师的工作。与普通的教育实习不同的是，顶岗实习需要职前教师完全履行岗位的全部职责。也有些高校和地方教育部门合作，将职前教师的教育实习与教育部门的教师选拔结合起来，采用顶岗实习的方式考察即将毕业的职前教师的实际教学能力和工作态度。2006年5月，河北师范大学率先在全国开创了顶岗实习这种新的教育实习模式，旨在破解农村教育"人才荒"，实现高校培养人才和服务社会的统一。顶岗实习一般安排在职前教师在校学习的最后一年，职前教师在校经过一个理论知识准备阶段之后去顶岗实习才会有意义。

（六）混合编队实习

混合编队实习是指高校将不同专业的职前教师按照一定的比例混合编队，把同一专业的职前教师"化整为零"，将不同专业的职前教师"化零为整"实施组织再造，然后进入实习学校进行实习的形式。这种形式的组织程序是在实习之前一个学期，实习工作管理部门与各实习学校协商落实各个学科可以接纳的职前教师的数量，然后通知相关院系按实习学校接纳职前教师的数量进行人员安排。一般来说，这种混合编队实习每个专业的职前教师有 2~3 位，整个实习小组有 10~15 位职前教师，选出其中两位素质好的职前教师担任正、副组长。与此同时，由相关院系确定一位带队教师，由带队教师在实习工作开始前开展对实习学校和职前教师的组织和联络工作，在实习中与实习学校合作并指导实习活动，在实习结束时协助相关院系组织好实习评价和总结工作。这种实习组织形式顺应了高校和实习学校情况的变化，加强了不同专业的职前教师在实习中的交流，锻炼了职前教师自我管理的能力。但是，这种变化也给实习工作带来了一些新的困难和挑战：一是对职前教师的实习业务指导责任更多地落在实习学校指导教师的身上，实习质量的不稳定性可能会增加；二是不同专业的职前教师组织在一起，也会给实习管理带来一定的难度。

二、教育实习的内容

教育实习的内容主要包括课堂教学实习、班主任工作实习和教育调查研究。其中，课堂教学实习与班主任工作实习是中学政治学科教育实习的主要任务，在整个教育实习中发挥着基础性和关键性的作用。

（一）课堂教学实习

课堂教学实习就是职前教师真正地登上讲台，成为一位实习教师，为中学生讲授中学政治学科的相关内容。它是提高职前教师教学能力的主要渠道，具体包括备课、试讲、上课、听课、评课、汇报课等几个重要部分。同时，思想政治教育专业的职前教师在进行课堂教学实习时，不仅要注重学科教学内容的科学性、人文性、思想性和教育性，而且要体现新课改的教学理念，采取有效的教学方法，提高教学的趣味性、针对性和实效性。职前教师在课堂教学实习中通过不断地反思，可以逐步提高自己的教学能力，增加教学智慧，以便取得更好的教学效果。

1. 备课

备课是职前教师在上课前所做的准备工作，是课堂教学的第一环节，是职前教师根据课程标准和课程特点，结合学生的实际情况，选择合适的教学方法，撰写实习教案。备课具有计划性、有效性和预见性，职前教师积极做好备课工作，可以使自己在进行课堂教学之前全面地了解教学工作，在进行课堂教学时能够做到井然有序、顺利达标。

职前教师要想做到有效备课，应做到以下四个方面：

（1）职前教师要认真解读中学政治学科课程标准，明确学科性质、教学要求、教学任务等，并在此基础上深入钻研教材，准确把握教材的编排体系、知识结构、核心概念，制定科学合理的教学目标，理清所要讲授的知识点。在实习之前，职前教师对本学科的教材已有初步的了解，但在进行课堂教学时还需要进一步研读教材，达到"懂""透""化"的境界："懂"就是对教材的基本理念、核心概念、知识框架弄清楚、弄明白；"透"就是对教材从结构到具体内容都很熟悉，能够运用自如；"化"就是教材的知识体系能够被职前教师的知识体系所同化，将职前教师的思想情感与教材的思想性、科学性融为一体。这也是中学政治教师运用教材的更高境界。

（2）职前教师要充分了解教学对象，有的放矢地进行教学。职前教师备课不仅要备教材，最重要的是还要备学生。在备课时，职前教师既要钻研班级群体的共性，也要钻研学生个体的特性，要充分了解学生的智力水平和学习风格，要因材施教，根据学生的实际情况确定恰当的教学重点、教学难点。职前教师了解学生的途径有很多种，如职前教师从实习学校的班主任老师、任课老师处了解学生的基本情况；通过与学生干部或个别学生的谈话了解班级情况；通过学生提交的作业或者班级课外活动观察学生、了解学生。

（3）职前教师要坚持先进的教学理念，着眼于培养学生自主、合作、探究、创新的能力，精心设计教学流程。教学流程的主要内容包括：教学目标、教学重点和教学难点；课程的类型和结构；教学方法和教学手段；板书设计；作业布置等。

（4）职前教师要编写详细的实习教案，并做到教学目标要明确、具体，教学内容要正确、充实，格式要完备、规范。实习教案是职前教师备课成果的系统记录，是职前教师实施教学活动的具体方案，编写实习教案可以使职前教师在备课中所考虑的各种教学设计经过严格的推敲后使之系统化、科学化，清晰明确地体现于实习教案之中，使教学过程具体化、规范化。在实习教案编写完成后，职前教师应提前将实习教案送给指导教师审阅，并根据指导教师提出的意见认真地进行修改，不断地完善。职前教师不得将未获得指导教师认可的实习教案付诸实施。

2. 试讲

对于职前教师来说，备完课写出完整的实习教案，并不代表着就能顺利地上好一节课，还应该反复进行试讲。通过试讲，职前教师可以把握一整节课的全部过程，检查实习教案的可行性，把备课中的不足之处、课堂中可能出现的问题预先暴露出来，以便及时地调整、修改实习教案。试讲是正式上课之前的练习和预演，目的在于让职前教师熟悉教学内容和实习教案，培养语言表达能力和书写技能，从而达到良好的教学效果。特别需要注意的是，职前教师进行试讲要依据备课写的实习教案来施教，并且要有指导教师在场进行现场指导。

（1）试讲的方式。

职前教师试讲的方式有自由式试讲和模拟式试讲两种。

自由式试讲是指职前教师个人独自试讲或者面对少数实习同学来进行试讲的课堂教学形式。职前教师采用自由式试讲不一定要按照严格的流程来进行，可以对一整课进行试讲，也可以选择其中的某一个或某几个环节进行试讲，如课堂导入、新课讲授、总结升华等。另外，试讲的时间和地点也比较自由，职前教师可以在教室里边讲边板书，也可以在教室外面对实习同学进行试讲或独自试讲，还可以在微格教室里进行录制试讲。

自由式试讲灵活多样，简单易行，受条件限制小；职前教师能够有针对性地对弱项加强训练，从而得到全面提升；并且有利于职前教师之间相互交流、相互学习、共同提高。

模拟式试讲是指职前教师完全按照正规上课流程来进行模拟训练的课堂教学形式。模拟式试讲要在预定的教室进行，并有指导教师听课；试讲的内容是一节完整的课，职前教师要按照事先准备好的实习教案进行完整的授课。

模拟式试讲可以为职前教师创造完全真实的课堂情境，使得职前教师提前感受到上课的气氛，以减少正式上课时怯场、紧张等情况的发生。

（2）试讲的注意事项。

第一，试讲前，职前教师要认真备课，充分熟悉教材、实习教案，只有这样才能达到试讲的效果。

第二，职前教师要虚心听取指导教师的意见，根据指导教师的意见并结合自己的实际情况认真地修改实习教案。

第三，要做好试讲小结。试讲结束后，职前教师要把在试讲过程中的心得体会、经验教训等及时进行总结，并改正不足。

3. 上课

上课是整个课堂教学实习的核心内容和核心环节，要求职前教师切实贯彻和落实教学目标，采取合理的教学步骤和有效的教学方法，充分调动学生的积极性和主动性，启发学生的思维。职前教师尤其要注意教学的预设性与生成性的矛盾，妥善处理意外情况。在教态仪表上，职前教师应力求自然大方、亲切和蔼、语速恰当、衣着整洁。课后，职前教师要注意进行反思和总结，主动征求指导教师的意见，虚心听取实习同学的建议和学生的反馈，以便不断地改进教学。

4. 听课

职前教师在实习期间除要上好课外，还要听课。听课又称观课，即观摩课堂。在实习前两周，职前教师要听指导教师的课，也就是所谓的随堂见习。其目的是学习、借鉴指导教师的教学风格和教学方法，观察学生的学习情况，观察教与学的双边活动，体会指导教师是如何处理教学过程中的问题，以及如何有效地组织教学。同时，职前教师在听课时还要做好听课记录，注重教学体验与教学经验的积累。另外，听课还包括职前教师之间相互听课，彼此借鉴对方的长处、发现自己的短处，审视自己，有则改之无则加勉。这样有利于职前教师相互学习，彼此取长补短、共同提高。

在听课的过程中，职前教师不仅要选取不同类型的课，而且还要讲究听课的方法。

听课不仅仅是听，还需要多种感官相结合，既要"耳闻"，还要"目睹"，既要"动手"，更要"动脑"。

在听课中，职前教师要留意指导教师的一举一动，如语言表达是否流畅，声音是否洪亮，教学是否具有启发性，教学重点与教学难点是否突出，学生听课是否认真，回答问题是否精准、快速。

另外，听课过后，职前教师要对听课过程中获取的信息进行加工处理，深入分析课堂教学中指导教师的主导作用是如何发挥的，学生学习的积极性是如何被调动起来的，学生的学习兴趣是怎样培养的，在课堂中遇到突发状况应如何处理等问题。

5. 评课

评课是职前教师在指导教师的指导下，根据一定的标准对职前教师的课堂教学进行分析、评议（参见表2-4），指出优点及不足的教学研讨活动。在课堂教学实习期间，评课主要是职前教师之间相互评课，一般由指导教师组织实施，以帮助职前教师正确地评价课堂教学，不断地提高教学水平。

在评课的过程中职前教师要注意：第一，基于事实评课，课堂教学评价的关键就是认定教学事实，评课时要切忌语言空洞，不能乱扣帽子，要结合课堂中的实际表现来进行评价。第二，基于合作评课，评课活动是一种自行反思、自行完善课堂教学的研讨活动，在评课过程中要强调合作精神，包括执教者（职前教师）与伙伴的合作、执教者（职前教师）与指导教师的合作。这种合作是平等的、民主的、协商的，在这样一种氛围中，每位参与者都是评课的主人，每位参与者都可以随时随地贡献自己的智慧。第三，基于研究评课。评课是一种反思、完善课堂教学实践的研究活动，有助于引导职前教师进行反思，自我完善课堂教学实践。

表2-4 职前教师课堂教学听/评课记录表

听课方式：实地授课（　　）		视频点播（　　）	
课题		年级 班级	
听/评课人		授课人	
教学目标			
教学重点、教学难点			
课堂环节			
复习导入			
讲授新课			
巩固新课			
板书设计			
总结评价			

6. 汇报课

汇报课是指实习指导小组选择有代表性的职前教师来上课，也就是在年级或者全校范围内进行公开教学。汇报课一般安排在课堂教学实习的中后期进行。汇报课的主要目的是让全体职前教师获得更加全面、广泛的指导。因此，在课后实习学校要精心组织评议会，并力求取得实效。

课堂教学实习的效果如何，首先取决于职前教师对课堂教学实习的重视程度和努力程度。因此，职前教师要认真地对待课堂教学的全过程，认真上好每节课，从备课、上课、听课、评课到教学反思与教学评价，每个环节都要做到精益求精。

（二）班主任工作实习

班主任工作实习也称班级管理工作实习，是职前教师进行教育实习的重要任务。班主任负责管理班集体，实施全面教育。班主任既是班级的领导者，也是联系其他科任教师的纽带，还是沟通家长和学校的桥梁。面对这样一个复杂而沉重的实习工作，职前教师同样要认真对待。班主任工作实习是职前教师进行中学政治学科教育实习的重要内容，其基本程序包括以下两个方面：

1. 明确实习任务，充分了解学生

在正式担任实习班主任之前，职前教师要进行1～2周的班主任工作实习，目的是能够充分熟悉班主任的工作，明确班主任的职责和任务，以便更好地开展工作。

解读学生是指实习班主任通过多种途径和方法，对学生个体及班集体进行全面深入地了解、分析和研究。实习班主任只有深入地了解学生、走近学生的心灵，才能避免陷入盲目性、一般性、成人化的误区。因此，有效地解读学生是实习班主任做好班级管理工作的基础和前提。

 链接阅读 2-12

还是以前的实习老师好

"杨××""李××""傅××"……我脱口而出叫了几个平时上课很少发言的学生。这么一点名，教室里的喧闹立刻平息下来，安静得可以听到被我点到名字的那几个学生的心跳声。他们站起来，不敢用眼睛看着我，从他们的眼神中我可以看出他们有一丝丝的害怕。"别那么紧张！老师只是想叫叫你们的名字，你们留在老师脑海中的只有名字。老师想进一步了解你们……"我的话还没有说完，学生们就议论起来："黄老师一点都不关心我们，都半个学期了还不认识我们""黄老师偏心，就知道那些成绩好的同学的名字""还是以前的实习老师好……"

> 作为实习班主任,实施教育管理的前提在于对班级里的学生有一个全面的了解,记住全班学生的名字,了解班级的规章制度,知道班委的构成情况,把握学生的特点等。其中,记住学生的名字看似小事,实际却很重要,这会让学生感受到老师对他们的重视。

实习班主任要善于透过现象看到学生内心的活动和变化,要善于透过现象看本质。因此,班主任可以尝试从以下四个方面来了解学生:

(1) 换位思考,关爱学生。

依据马斯洛的需要层次理论,人有多种心理需要,即生理的需要、安全的需要、归宿和爱的需要以及求知、理解、审美和自我实现的需要。专家型教师往往会把学生的不同需要作为激励的因素。在遇到学生的情绪发生突变时,实习班主任要注意观察,找到问题的症结所在,然后冷静思考,控制好自己的情绪,多一份同感心,经常换位思考,就有可能避免由于自己情绪的突然变化和波动从而导致与学生对话交流的失败。

(2) 关注典型,理解学生。

《教师教育课程标准(试行)》指出,职前教师应了解学生品德和行为习惯形成的过程,具有理解学生的知识和能力。苏霍姆林斯基也曾经建议教师"请记住,没有也不可能有抽象的学生"。每个学生的个性特点、兴趣爱好、学业表现和成长背景都有其独特性。

实习班主任理解学生可以从理解典型学生做起,尤其要关注那些学习成绩不理想或品行不够端正的学生。实习班主任要善于动脑,在情感上亲近他们,在学习上指导他们,在他们犯错误的时候适时、适度地进行批评并加以积极引导,努力促使他们改正品行和提高成绩。只有这样,他们才能亲近实习班主任,听从实习班主任的教育,才能最终形成良好的班风和学风。

(3) 教育留白,尊重学生。

教育留白是一种艺术,它给予学生人格的尊重,更重要的是给予学生反思的时间和空间,这种自我教育的效果有时要远远大于教师和家长苦口婆心的说教。

对于实习班主任而言,要善于积累教育经验和教育智慧,注意对学生要有教育留白,给予学生自主成长的空间。

链接阅读2-13

设密码的学习机

昨天课间在班里转时,我发现陈同学正和同桌围着他的学习机嬉笑。我怀疑他们正在打学习机上的游戏,因为班里以前曾有过类似情况。我把陈同学叫过来询问后,他说妈妈给他的学习机设了密码,说完他还给我进行了演示。当我看到那赫然显示的:"请输入密码……"时,不知怎么的,一颗怀疑的心却没有放下。但我深知,接着纠缠下去并不会有任何结果,只会让师生矛盾激化,我本着一贯的"宁可信其无,不可信其有"的精神,于是作罢。

但是,今天打开陈同学的家校联系本时,我大为感动,只见上面写着:"史老师,我要向您坦白,其实学习机上的密码是我自己设的,我是怕其他同学缠着我要玩游戏所以自己设的,以防别人骚扰我。对不起,我骗了您,希望您原谅。"

(4)周记交流,走进学生。

周记交流能让实习班主任及时地了解学生的学习变化、思想动态、家庭情况,有助于师生之间的交流和沟通,有利于实习班主任走进学生的心灵世界,为促进学生学习、指导学生成长提供依据。实习班主任运用周记与学生进行对话交流,应该注意以下三个方面:

①定。

周记交流从书写的内容到上交的时间都应该有一定的约定性,比如每周一次或每两周一次。学生写好周记后可以单独交给实习班主任,也可以把周记写作与语文老师所布置的周记作业结合起来,在内容的布置上要尽可能与班级整体工作计划要求结合起来。

②阅。

学生的周记上交后,实习班主任要及时批阅,细心分析周记的内容,针对学生在周记中暴露的思想问题等要一一给予纠正;针对学生在学习和人际交往中的疑惑,实习班主任要及时给予解答,尽自己所能为学生排忧解难;针对学生所取得的成绩和优良表现,实习班主任也要真诚地给予鼓励,并提出进一步的目标和要求。

③守。

学生可能会在周记中记录一些个人秘密,这些秘密的内容涉及学生的学习、生活、家庭和人际关系等方面的问题。实习班主任应该尽力保守学生的秘密,不能随意张扬,否则会侵害学生的隐私权,带来意想不到的负面效果。更重要的是,实习班主任可能从此会失去学生的信任,进而损害了和谐的师生关系。

由此可见,了解和熟悉学生的方法很多,实习班主任可以在课堂教学实习实践中多加留意,注重学习积累,找到适合自己解读学生的方法和途径。

2. 投身班集体工作,加强常规管理

(1)班集体的内涵。

所谓班集体,是指在班级中经过一定时期的相处后,成员之间都有了一个共同目标的学生群体。班集体是为了促进学生全面发展，实现教育目的而严密组织起来的有纪律、有凝聚力的基层学生群体，是在校学生最为稳固持久的统一体。

（2）班集体的建设。

一个班级要经过所有教育力量的共同努力，尤其是班主任的精心组织与培养。比如，班主任组织学生参加各种有意义的集体活动等，不仅能给学生带来心理满足和施展才能的机会，而且还可以陶冶情操、培养品德、丰富知识、扩大视野，发展特长、增长才干，增强体质、强健体魄，为学生参与未来的社会生活奠定基础，从而大大地提高了班级的凝聚力，并形成良好的班风。

班主任日常工作繁多且冗杂，涉及学习、纪律、卫生等多个方面。因此，实习班主任要有充分的思想准备和心理准备，在初步了解班级及学生的情况后，首先，要制订一份切实可行的计划，呈交给指导教师和原班主任审批。其次，实习班主任要明确班级日常管理的主要内容：①思想教育，如升国旗、团队活动、班会、读报；②学习管理，如上课、考试、自习、课外作业等；③生活纪律，如考勤、作息、卫生（值日扫除）；④班团建设，如班委会、团支部、党支部、兴趣小组；⑤活动计划，如工作计划、班级总结；⑥班级评价，如总体评价、个人评语、奖励惩罚、表扬批评；⑦处理突发事件。

《教师教育课程标准（试行）》明确规定，职前教师要了解中学班级管理的内容和要求，深入班级或其他学生组织，获得与学生直接交往的体验和经验。下面主要从学习、纪律、卫生和"两操"等方面来介绍实习班主任的常规管理。

①学习方面。

学习是学生的主要任务，对学生进行学业监管，努力提高学生的学习成绩是实习班主任的一项重要工作。《教师教育课程标准（试行）》明确规定，职前教师在有指导的情况下，参与指导学习，管理班级和组织活动。

《教师教育课程标准（试行）》还规定，职前教师不仅要熟悉所教学科的课程标准、依据课程标准制定教学目标，科学合理地设计实施教学内容，创设学生学习的课堂环境，而且要了解课堂评价的理论和技术，学会通过评价改进教学与促进学生学习。在有指导的情况下，参与指导学生学习。

实习班主任在班级管理中指导学生学习，帮助学生提高学习成绩是一项重要任务。另外，实习班主任协助原班主任开好期中、期末成绩分析会是一项重要技能。

②纪律方面。

良好的纪律是良好班风、学风的基础，班级纪律的好坏会直接影响教学工作各方面的好坏，也是教学质量的保证。抓好班级纪律是实习班主任工作的重中之重，严格纪律主要指实习班主任管理好课堂纪律和自习课纪律。作为实习班主任：第一，要提前制定好管理规则和管理程序，并在第一堂课上向全班宣布。第二，在新学期的前几周，要带领全班学生一起学习规则。一旦班级平稳运行了，继续给予学生明确的指导，并且继续执行已经宣布的规则和程序。同时，实习班主任对学生的表现要及时给予反馈和评价。

③卫生和"两操"。

第一，卫生方面。

卫生的涉及面较广，包括教室内卫生、学校环境卫生以及学生宿舍卫生。整洁、美观的教室环境能使学生心情舒畅、身心健康。在进行卫生清洁的过程中，学生能感受到劳动的美，从而培养学生热爱劳动、懂得珍惜劳动成果的良好品质。班级卫生和宿舍卫生都是集体活动，能培养学生团结协作的能力和荣辱与共的美德。因此，卫生管理是实习班主任工作的一个重要组成部分，应认真对待。

第二，"两操"方面。

为了学生的健康成长，实习班主任还必须和科任教师做好沟通，指导学生做好眼保健操，保护好视力。同时，实习班主任还要跟班或与学生一起做课间操和队列训练，指导学生自觉地排队，并做到快、静、齐；同时认真巡视学生做操的情况，并及时纠正动作。在指导学生的同时，如果实习班主任每天在前面领操，一方面可以锻炼身体，另一方面也可以促进与学生的沟通与交流，培养良好的师生关系和师生情感。

（三）教育调查实习

教育调查也是教育实习的一项任务。教育调查实习可以是职前教师针对学生学习而做的调查，也可以是职前教师针对班级情况所做的调查。职前教师要以自觉的态度，带着研究的任务，运用科学的方法，通过教育调查加深对学校的了解。这样有助于职前教师可以做好教育实习中的其他工作，促进其教学研究能力的形成和提高。

> **引言**
>
> ### 开启教师旅程
>
> 每次回望已逝的青春，总会感叹光阴的匆匆流逝，又到了一段旅程画上句号的时候，不管是任务也好，是有感而发也好，该写点什么来为这段人生画上休止符，就当是一段回忆，抑或是另一段旅程的开启。在××一中的两个月里，留给我的是一段快乐而幸福的回忆，在这里我体会到了优秀教师深厚的知识底蕴和教学功底，提升了自己实践教学的专业知识和技能水平，在这里我汲取了班主任处理突发事件和班级事务管理的经验和方法，锻炼了自己的班级管理能力、活动组织能力以及应变能力，在这里感受到了师生之间所积累的情谊，以及教师所能得到的尊重和爱戴，增强了自己成为人民教师的信念和决心。

第三节 教育实习的程序与主体

教育实习是一个系统的工作，涉及课堂教学、班级管理、教育调查研究等多个方面，需要相关各方面认真准备、积极实施。

一、教育实习的程序

一个完整的教育实习的过程包括准备、实施和总结三个阶段。

（一）教育实习前的准备

中学政治学科的教育实习是一项庞大而复杂的系统工程，做好充分的准备是保证教育实习顺利进行的前提和基础，因为它涉及高校、实习学校、指导教师、职前教师等各个方面。为此，在教育实习之前相关实习主体要做好全面、细致的准备工作。这种准备包括高校自身的准备、职前教师自身的准备以及实习学校的准备。

1. 高校要做好实习前的组织准备

（1）组建领导机构，组织管理实习。

在实习开始之前，高校负责实习工作的领导和管理机构要与具体的实习学校建立密切的合作关系，以便更好地开展教育实习工作。具体的教育实习的组织机构如图2-1所示。

高校的实习指导小组由校级教育实习工作领导人、主管教学的院系主任、教务处

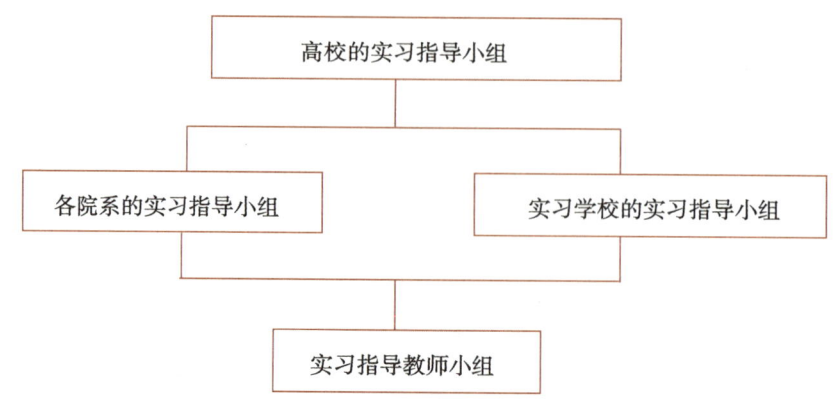

图 2-1 具体的教育实习的组织机构

教师等成员组成,负责指导全校的教育实习工作。各院系的实习指导小组则主要负责领导和协调具体院系的职前教师的教育实习工作。

(2) 制订实习计划,指导教育实习。

高校的实习指导小组要制订教育实习的指导性文件和实习计划。实习计划不但要包括全校性的总体实习计划,而且还要包括具体的各院系的实习计划。

(3) 确定实习形式,选择实习地点。

实习形式的确定要根据实习的要求和学校、学生的实际需要来确定,具体可以分为教师带队集中指导实习、委托实习、定岗实习、自主分散实习等形式。另外,在选择中学政治学科的实习地点的时候,高校要充分考虑各个方面的因素。如实习学校对接受实习工作的积极性、实习学校指导职前教师的能力、实习学校周边的交通状况以及基本的生活设施保证。同时,高校在选择实习学校时,要保证各个类型的学校都占一定的比例,以便对各种类型学校的情况都有一定程度的了解,使职前教师得到全面锻炼。

2. 职前教师要做好教育实习的准备工作

(1) 思想准备。

职前教师要对即将进行的教育实习做好充分的思想准备,认识到教育实习的重要意义,做好学生与教师的角色转换,对实习工作充满期待和热情。

(2) 教学准备。

职前教师要了解中学政治学科的专业基础知识、学科教学发展动态,熟悉课程标准和教材,掌握教学设计的基本方法和基本技能,同时还要掌握基础的教育学、心理学等理论知识。

(3) 物质准备。

职前教师必须在教育实习之前准备好必要的实习教材、文具、教案本、实习日记本和一些必要的办公用品。若实习学校距离高校比较远,职前教师还要安排住宿,带够必要的生活用品。

3. 实习学校要做好接受职前教师进校的各项准备工作

一般来说，实习学校和高校在职前教师进校前已进行过相关工作的交流和沟通，双方都明确了各自的责任和义务。职前教师进入实习学校后，实习学校应召开专题会议，请指导教师与职前教师见面，并向职前教师提出相关的要求和工作任务。

（二）教育实习的实施

在正式实习开始之前，实习学校要先做好接待和生活安顿工作。职前教师到一个新的学校，对周围的一切都很陌生，为了能够尽快地适应环境、进入工作角色，需要召开职前教师与实习学校指导教师的见面会。会上，由实习学校相关的领导介绍学校的办学历史、基本情况、办学经验等，并提出明确要求、注意事项，使得职前教师能够快速地了解实习学校，增加对实习学校的感情。

在对实习学校有了充分的认识之后，职前教师要对自己的指导教师有一定的了解，以便更好地进行教学工作。具体来说，职前教师可以跟着指导教师听课，了解指导老师的教学风格和教学习惯，并进行研究和模仿。

整个教育实习的实施必须在带队教师同实习学校的领导和指导教师的相互协作、相互配合下完成。一般来说，对职前教师的组织管理应以带队教师为主，教育实习指导应以指导教师为主，实行民主协商与分工协作，从而保障教育实习的顺利开展。

（三）教育实习的总结

在教育实习即将结束或已经结束时，实习学校、高校和职前教师要对教育实习中的各项工作及完成情况进行总体回顾和综合评议，即为教育实习的总结。教育实习的总结是实现教育科学化的重要步骤，对推动高校的教学改革与发展起着重要的促进作用。

教育实习的总结除包括教育实习的基本情况外，主要包括课堂教学实习、班主任工作实习、教育调查研究。职前教师应当实事求是地总结自己在整个实习过程中所做的各项具体工作、取得的成绩、存在的问题、自己的收获体会，以及今后的努力方向等，并将总结的情况认真填写在实习鉴定表上，以此作为评定成绩的依据和今后自己的学习档案。

职前教师进行教育实习的总结要坚持实事求是的原则，指导教师应事先认真做好动员工作，提出明确的要求。总结写好以后，带队教师和指导教师要认真审核，写出评语和成绩，并由实习学校审核签署意见之后盖章通过，以此作为职前教师最后的实习成绩。

链接阅读 2-14

> **教育实习总结的要点**
>
> 学校_____ 班级_____ 姓名_____
>
> 　　经历了在×××学校两个月的实习生活，我初尝了身为一位教师的酸甜苦辣，也更体会到当一位教师所肩负的责任。在这两个月里，作为一位实习教师，我能以教师的身份严格地要求自己，为人师表，注意自己的言行和仪表，热心爱护实习学校的学生，本着对学生负责的态度，尽全力做好每项工作。
>
> 　　一、教学工作总结
>
> 　　备课，编写教案，试讲，听课，上课，课后辅导，作业批改，讲评试卷，评定学生作业，组织课外学习活动，对教学进行专题总结。
>
> 　　二、班主任工作总结
>
> 　　班主任工作计划的确定，开展班主任日常工作情况，组织班会和集体活动情况，学习掌握班级管理的工作原则和方法、策略。
>
> 　　三、教育调研总结
>
> 　　了解实习学校的历史现状，贯彻党的教育方针、政策的情况，了解优秀教师的事迹，以及他们的教学经验和学校的教育改革情况，了解教育对象的身心特点、知识结构与智能水平，即德、智、体、美、劳状况。
>
> 　　四、工作中的不足与展望
>
> 　　…………

二、职前教师是教育实习的主体

职前教师既是教育实习的主体，也是教育实习的核心，职前教师的工作直接影响着整个教育实习的成败。因此，每个职前教师都应当明确自己在教育实习中的特殊地位，履行好自己的职责，不断地提升自己的素质。

（一）职前教师的基本职责

职前教师成为实习教师，在教师的面前他们是学生，在学生的面前他们又是教师。这一特点决定了职前教师的职责具有双重性，既要当教师，又要当学生。

1. 职前教师要履行教师的职责

职前教师要达到教育实习的目的就要认真地履行教师的基本职责。教师的基本职责是教书育人。因此，职前教师一方面要做好教学工作和班级管理工作，另一方面要帮助学生养成良好的思想品德与心理素质,并把这两者有机地结合起来。

(1) 认真完成学校安排的各项工作。

职前教师在实习期间是以教师的身份来参加实习学校全体教师的各项工作,因此首先必须完成实习学校的领导和指导教师规定的实习任务,完成自己的教学工作,认真地做好备课、上课、辅导、作业批改等教学环节,并主动接受指导教师的指导和帮助。职前教师还要按照实习学校的要求做好班主任工作实习,安排好每天的日常班级工作和重大班级活动,并主动接受原班主任的指导和帮助。此外,职前教师作为实习学校的一位"临时教师",必须严格遵守学校的各项规章制度,并在各方面努力为学校的建设做出贡献。

(2) 热情关心学生的成长和进步。

职前教师在实习期间又是以教师的身份出现在学生面前的,因此要做好教师的育人工作。职前教师要关心学生的成长,在思想上和政治上要多给学生以积极健康的引导,帮助他们形成科学的世界观、人生观和良好的文明行为习惯;在学习上要给予学生必要的学习指导,帮助他们提高学习成绩;在生活上,也应给予学生必要的关心和帮助,并深入了解学生的情况,促进学生的身心健康。此外,职前教师作为教师,在学生的面前应以身作则,处处为学生做出表率。职前教师对学生的培养和教育是通过言传身教来实现的,否则就很难取得教育实习的实效。

2. 职前教师要履行学生的职责

从本质上来讲,职前教师也是学生,因此必须履行学生的职责。而且,职前教师只有履行学生的职责才能真正地履行教师的职责。

(1) 虚心向实习学校的教师和学生学习,努力使自己得到全面发展。职前教师首先要向指导教师学习,学习指导教师优秀的教学经验和处理教材的好方法,学习指导教师管理班级的经验和进行德育工作的好方法,学习指导教师对教育事业的奉献精神,热爱学生、为人师表的好情操,学习指导教师刻苦治学、辛勤劳动的好品质,不为名、不为利,忠于人民教育事业的好风尚等。

(2) 职前教师要向学生学习,学习他们遵守纪律和积极勤奋的刻苦精神。师生关系是一种互教互学的关系,没有不耻下问的精神就不能当好教师。

(3) 职前教师要向带队教师学习,带队教师的工作认真负责、治学严谨、思路开阔,有较好的科学探索精神和能力。

(二) 职前教师应具备的基本素质

职前教师要想真正地履行教师的职责和学生的职责,就应当具有较高的素质。

1. 树立正确的认识,保持积极的态度

在实习之前,职前教师要充分认识到教育实习在自身成长中的重要意义,从而端正教育实习的态度;要用积极的心态去面对教育实习,树立克服困难的信心和决心。

在实习的过程中，职前教师要积极面对实习工作中遇到的困难和问题，正确地看待教育实习中"理想与现实"的矛盾，正确地处理教育实习中的烦恼和辛酸，正确地对待指导教师的指导。

实习结束之后，职前教师要辩证地看待自己的实习成绩，实事求是地评价实习学校和指导教师，要看到自己存在的问题，明确进一步努力的方向。

2. 全面了解专业知识和学校的基本状况

教育实习主要是课程与教学的实习，因此，职前教师要熟悉中学政治学科的教学内容和课程标准，认真理解和准确把握国家关于中学政治学科的课程目标和要求。同时，作为思想政治教育专业的学生，职前教师还应懂得国家关于中学政治学科的基本要求和相关的政策法规，因为中学政治学科的政策性很强，这是国家对中学政治学科高度重视的表现。

另外，职前教师还要尽力熟悉实习学校的基本情况，以便对实习工作能做到心中有数，从而提高教育实习的实效。

3. 具备深厚的专业知识和能力

教育实习是一种综合性的实践活动，需要职前教师具有综合性的专业知识和能力。职前教师应具备的知识主要是与专业课程内容相联系的知识，包括综合性的人文社会科学知识、自然科学知识以及丰富的社会生活经验等。职前教师所需要的能力也是一种综合性的能力，包括教学能力、班级活动的组织管理能力、调查研究能力、社会交往能力等。

专题小结：

本专题主要介绍了职前教师参与教育实习的意义与作用，教育实习的形式、工作内容和基本职责，这些都是职前教师成为一位合格的中学政治教师的必要经历，同时职前教师要为教育实习做好充分的准备。

学习反思：

1. 什么是教育实习？教育实习有什么意义？
2. 职前教师如何才能成为一位合格的中学政治教师？

资源链接：

[1] 张奇才. 思想政治（品德）教学论 [M]. 合肥：安徽人民出版社，2007.

[2] 许世坚. 思想政治教育专业师范生教育实践指导 [M]. 成都：西南交通大学出版社，2016.

专题六

中学政治学科学习论

☞ **通过本专题的学习，你能够：**

1. 了解学生的学习特点与学习风格；
2. 采取一定的方法和措施指导学生进行学习；
3. 为学生更好地学习中学政治学科提供一定的学习策略与学习方法。

> **引 言**
>
> ### 尊重学生的时间[①]
>
> 女儿这两天在背中学政治教材中的概念，如什么叫自尊，什么叫法律等。我恰好是中学政治教材的审查委员，我告诉她这些概念是不需要背的，因为：
>
> 第一，书里对这些概念所做的阐述是理解性的，主要是帮助她们这个年龄段的学生理解，而非定义性的，实际上它们可能是不严谨、不准确的，而且在不同版本的教材中说法也不一样。
>
> 第二，这门课的目的是教我们怎么做人，怎么做事，书里讲的知识就是帮助我们学会做人、学会做事。所以，重要的不是背诵和记忆，而是理解和运用，要领会书里所讲的内容，并尝试运用它们来分析、反思和指导自己的言行，学以致用才是目的。
>
> 接着，我问了女儿一个很严肃且很严峻的问题，为什么我们的学生越学越笨、越学越不爱学呢？
>
> 女儿回答说："死记硬背！"
>
> 确实，死记硬背让学习变得枯燥乏味，毫无情趣，毫无智慧，它直接导致智慧的萎缩、聪明的丧失；死记硬背浪费宝贵的学习时间，学生的学习时间是有限的，要把有限的时间用来学习有价值的东西。
>
> ……………
>
> 我说："你自己要学会做自己的主人，学会学习，学会思维，学会判断，努力把死记硬背降低到最低限度。"
>
> 教师应该帮助学生学习，让学生从中体会到学习的乐趣，尽量减少学生的死记硬背，并需要不断地思考，需要更多地了解学生学习的特点和风格，进行有针对性的指导。

[①] 余文森，林高明，陈世滨. 有效教学的案例与故事［M］. 福州：福建教育出版社，2011：78-79. 此处有改动.

第一节　学生的学习特点与学习风格

学习是学生个人通过经历、实践、探究、听讲，而在信息、知识、理解力、态度、价值观、技能、胜任力或者行为方面的获取或者是改变。学习力包括学习的动力、学习的毅力和学习的能力三个要素。学习的动力体现了学习的目标，学习的毅力反映了学生的意志，学习的能力则来源于学生掌握的知识及其在实践中的应用。中学政治教师如何促进学生更好地学习中学政治学科，首先要了解学生的学习特点与学习风格。

一、学生的学习特点

学生的学习是在教师的组织、指导下有目的、有计划地获得知识，形成技能，发展智力、体力和思想品德的过程。学生的学习既与人类的学习有共同之处，又有其自身的特点。

（一）接受性

学生的学习主要是接受人类已有的知识经验，使之成为自己的精神财富。学生的学习以掌握既有知识为主，这些知识以教学计划、教学大纲、教科书等形式存在。新课改以来提倡学生学习方式的改革，更加倡导学生学习的主动性。因此，在教学的过程中，教师要处理好被动接受与主动学习的关系，在把握学生学习接受性的同时培养学生主动学习的能力。

（二）间接性

学生的学习主要通过教师的讲授，以掌握间接经验、书本知识为主。虽然有时教师也会要求学生参加一些实践活动以取得直接经验，但这服从于一定的学习目的。学生学习中学政治学科的一些概念、观点，有相当一部分是通过教师的讲授间接获得的。

（三）有效性

学生的学习是由具有育人本领和专业素养的教师把教学内容加工成学生易于掌握的知识技能，选用适合学生的教学方法，调动学生的学习积极性，合理而系统地教会学生掌握知识，力求在较短的时间内取得最佳的学习效果。

（四）教育性

学生在校学习的任务包括德、智、体、美、劳诸方面的全面成长，促进脑力和体力、智力和非智力因素的协调发展。所以，学习知识的过程也是学生科学世界观，良好道德品质，良好个性形成、发展的过程。①

二、学生的学习风格

学生之间的差异除表现在一般特征方面外，还表现在学习风格方面。随着对学生个体差异研究的开展，几十年来学习风格成为西方教育界普遍关注和探讨的一个重要课题，被誉为"现代教学的真正基础"。

 资料卡片 2-8

学习风格的研究②

纵观西方教育界关于学习风格的研究，有研究者将其整理为三个阶段：(1) 早期（20 世纪 50 年代中期—60 年代末）侧重从不同的学习方式、学习策略及不同的认知风格来研究相应的学习风格特征；(2) 中期（20 世纪 70—90 年代中期）则明显呈现出由整体转向分化的趋势，偏重于用科学实验的方法对学习风格中的各种因素进行研究，以揭示它们对学习风格的影响；(3) 近期（20 世纪 90 年代末期以后）则侧重将学习风格的研究成果应用于教学实践中，用于指导教师教学和学生学习。

（一）学习风格的含义及其类型

自 1954 年美国学者塞伦首次提出"学习风格"这一概念以来，学习风格作为影响学生学习的一种个别化要素，一直受到教育研究者们的普遍关注。目前，其教育价值也日益为广大教育工作者所认同。所谓学习风格，是指学生持续一贯的带有个性特征的学习方式，是学习策略和学习倾向的总和。学习策略是指学生为了完成学习任务或实现学习目标而采用的一系列步骤，其中某一特定步骤称为学习方法。每个个体在学习过程中会表现出不同的学习倾向，包括学习情绪、学习态度、学习动机、坚持性以及对学习环境、学习内容等方面的偏爱。有些学习策略和学习倾向可以随学习环境、学习内容的变化而变化，而有些则表现出持续一贯性。那些持续一贯性表现出来的学习策略和学习倾向构成了学生通常所采用的学习方式，即学习风格。

虽然学习领域包括认知、情感和动作技能等多方面，但其中主要是认知方面的学习，所以学习风格时常又被称为认知风格。实质上，认知风格是学习风格的一个重要

---

① 陈安福. 中学心理学 [M]. 北京：高等教育出版社，2004：69. 此处有改动.
② 丁安琪，吴思娜. 汉语作为第二语言学习者实证研究 [M]. 北京：世界图书出版公司，2011：126. 此处有改动.

组成部分，是指感知、记忆、思维方式的个体表现，或接受、存储、转化、利用信息的不同方式。

学习风格源于学生的个性特点，是学生的个性在学习活动中的固定化、习惯化。教学只能是学生的学习风格形成和完善的催化剂，却很难改变它的本质特性。而且各种学习风格都有自身的优点和缺点，并无绝对的优劣之分，所以教师在分析学生的时候对学习风格做出诊断和验明，其目的绝不是试图去改变学生在学习风格方面的差异，而是在承认、尊重学生的学习风格存在差异的前提下，为设计出有利于因材施教的教案提供依据。因此，从某种意义上来说，因材施教就是"因风格而教"，它对于促进学生的个性全面发展、和谐发展具有重要的意义。

（二）学生学习风格的类型

20世纪70年代以后，西方学者开始运用实验、测量等方法对学习风格的组成要素进行深入研究，并从不同的角度划分了学习风格的类型。目前，作为研究结论并影响教学设计的学习风格主要有以下三类：

1. 场依存型和场独立型

场依存型是指个体依赖自己所处的周围环境的外在参照，从环境的刺激交往中去定义知识、信息。场独立型是指个体依赖自己所处的生活空间的内在参照，从自己的感觉和知觉出发去获得知识、信息。有研究表明，具有场依存型学习风格的学生往往具有较强的整体性、综合性，较多地采用整体性的知觉方式，其认识是以自己所处的客观场合为参照系，所以个体的知觉很容易受错综复杂的背景的影响，很难从包含刺激的背景中将刺激分辨出来，并表现出循规蹈矩和条理化的学习倾向，偏好常规和求同，喜欢从现有的认知方式出发去寻找解题的方法；而具有场独立型学习风格的学生则具有较高的分析性、系统性，善于运用分析性的知觉方式，其认识是以自己存储的信息为参照系，能较容易地把要观察的刺激同背景区分开来，不会因背景的变化而改变，并倾向于随意、自主、求异创新，喜欢多方面寻找问题的答案，常提出与众不同的想法和见解。

具有场依存型学习风格的学生在学习过程中易受环境因素的影响，学习努力程度往往被教师的鼓励或别的暗示所决定；他们乐意在集体环境中学习，在集体中较为顺从，能与别人和睦相处，充满感情；他们喜欢交往，相对来说对人文学科和社会学科更感兴趣。相比之下，具有场独立型学习风格的学生在学习过程中则不受或很少受外界环境因素的影响，惯于单独学习、个人研究、独立思考，具有较强的内在学习动机；在相互交往中，他们不易被个人的感情所左右，也不受群体压力的影响；相对来说他们更擅长数学和自然科学方面的学习。

2. 沉思型和冲动型

沉思与冲动反映了个体进行信息加工、形成假设和解决问题过程的速度和准确性。

有研究表明，当学生面临某一学习情境并出现许多相似的答案，但其中只有一个是测验题的正确答案时，具有沉思型学习风格的学生能运用充足的时间考虑、审视问题，权衡各种问题解决的方法，然后从中选择一个满足多种条件的最佳方案，因而只要他们做出反应往往是正确的。具有冲动型学习风格的学生往往倾向于根据问题的部分信息或未对问题作透彻的分析就仓促做出决定，他们的反应速度较快，但容易发生错误。

实践证明，具有沉思型学习风格的学生往往更易自发地或在外界的要求下对自己的答案及理由做出解释；而具有冲动型学习风格的学生则不易自发地做出解释，即使在外界的要求下必须做出解释时，往往也是不周全、不符合逻辑的。这是由于具有冲动型学习风格的学生具有更为成熟的解决问题的策略，他们不急于作答，而是对问题中的各要素及其相互关系做出深入的思考后才给出答案，对解题过程、解题环节及解题依据较为清晰；而具有冲动型学习风格的学生则急于作答，对问题中各要素及其相互关系把握得不全、不深，他们往往以直觉式、顿悟式的方式在头脑中冒出一个答案，缺乏严密的推理和论证过程，因此难以对答案做出较为合理的解释。此外，具有沉思型学习风格的学生在完成需要对细节作分析的学习任务时，成绩较好；而具有冲动型学习风格的学生在完成需要作整体性解释的学习任务时，成绩较好。

3. 整体型和序列型

在学习时，有些学生倾向于把问题视为一个整体，注重全面地看问题，在同一时间内从各个角度对问题进行观察和思考，并依据对主题综合、广泛的浏览，在大范围中寻找与其他材料的联系。在学习的过程中，他们往往较多地运用理性思维，首先从现实问题出发，然后联系到抽象问题，再从抽象问题回到现实问题中去，并以此检验问题之间的异同之处。这些学生所表现出来的为整体型学习风格。而序列型学习风格则相反，它是通过对外界信息逐一进行加工而获得知识的学习过程，是按部就班地以线性方式处理信息的。具有该学习风格的学生往往把注意力集中于小范围，擅长用逻辑严谨、紧抓要点的方法，把学习材料分成许多的段落来学习。在学习的过程中，他们习惯于按照题目的顺序依次学习抽象性题目或现实性题目。由于他们通常都是按照顺序一步一步地前进，所以只是在学习的过程快结束时才对所学的内容形成一种比较完整的看法。

整体型学习风格和序列型学习风格都表现出了一定的缺陷。如具有整体型学习风格的学生在寻找问题之间的相互联系时，由于不能合适地运用证据而表现出盲目无序的现象；具有序列型学习风格的学生则由于不能有效地运用类比和寻找问题之间的联系而变得缺乏远见。因此，我们不能片面地认为哪种学习风格更优，最佳的学习方式是根据不同性质的问题或任务，把两者有机结合起来，进行综合性学习。①

---

① 杜士珍. 现代教育技术基础［M］. 武汉：华中师范大学出版社，2000：236-239. 此处有改动.

> **引 言**
>
> 有研究发现，大脑就如同肌肉，锻炼越多收获也就越多。当我们的大脑充满活力地思考以及运作的时候，我们就不会想不开心的事情，会变得更开心和更满足。如何让学生在中学政治学科的学习中学得愉悦、学得有效，中学政治教师需要掌握指导学生学习的形式与主要措施。

第二节　指导学生学习的形式与主要措施

学习指导模式是供教师指导学生进行有效学习的样式或框架。广大的教师在长期指导学生学习的过程中总结出了许多学习指导模式，这些学习指导模式具有典型性、参照性。只要认识、掌握各种学习指导模式的特点，教师便可以在教学中进行模仿，具体进行操作。教师运用这些学习指导模式来指导学生学习，可以充分地发挥自身的主导作用，可以调动学生学习的积极性和主动性，从而达到提高教学效率的目的。值得注意的是，各种学习指导模式都有特定的指向目标和适合的条件、范围，没有哪种学习指导模式在任何情况下都适用，教师必须根据各方面的具体情况选择合适的学习指导模式。

一、指导学生学习的形式

学习指导模式大致可以分为四大类十种（如图 2-2 所示）。第一大类，讲授式。它以指导者的宣讲、传授为特征，包括课程式和专题讲座式。第二大类，交流式。它以学习者的相互促进为特征，包括介绍式和宣传式。第三大类，辅导式。它以对学习者的辅导为特征，包括渗透式、诊疗式、个别辅导式和咨询式。第四大类，领悟式。它以学生领会学习的精神为特征，包括规程式和影响式。

课程式是由教师通过开设学习指导课对学生进行的学习指导。在这种形式中，教师有较充足的时间，能全面地介绍有关学习的理论和方法，有利于学生比较系统地形成学习观点、掌握学习方法、增强学习能力。

专题讲座式是由学校请专家、教师或学生介绍学习的方法和经验。这种形式比较灵活，易于安排，但往往不系统，也不易落实训练。

介绍式和宣传式是以班队会、展览、板报等形式在学生之间相互进行学习方法、学习经验的宣传、介绍。这种形式以学生为核心，对于激发学生的学习积极性、竞争意识很有好处，但由于学生的知识经验的局限，可能会不系统、不科学，因此还需要教师给予一定的指导。

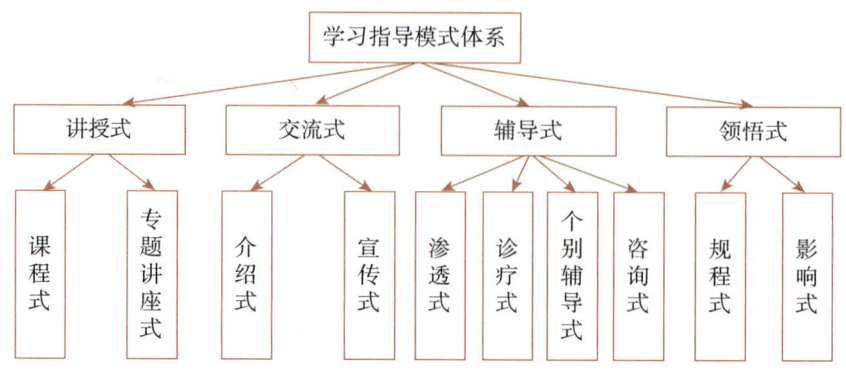

图 2-2　学习指导模式体系

渗透式是由教师在各科教学中，在传授学科知识的同时渗透各学科的特殊学习方法。这种形式同学科学习结合紧密，易于学生反复训练、形成习惯，效果一般较好，但往往不是很系统。

诊疗式是由教师对学生在学习中存在的问题进行有针对性的诊断，帮助学生分析问题的性质和产生的原因，然后给学生提出解决问题的对策。

个别辅导式是由教师针对学生的学习、思想等方面存在的个别问题给予有针对性的辅导和答疑。采用这种形式，辅导内容的灵活性大，解决问题的针对性较强。

 案例展现 2-16

如何进行个别辅导 ①

学生小王很聪明，但学习不努力，学习习惯和行为习惯差，成绩在班上处于末端；他脾气暴躁，不管是大同学还是小同学，只要一不顺意，随时随地他都会出口骂人、动手打人。小王的家庭经济条件不好，父母都没有工作，靠街道和社会救助的补助金生活。父亲对他不管不问，母亲在家负责家务，文化程度不高，管教小王有心无力。

针对小王的实际情况，某中学政治教师设计了针对小王的个别辅导措施，主要有以下几个方面：

（1）倾心交谈。主动找他单独谈心，使他明白：应该学会自强、自尊、自立；把学习搞好是他唯一的出路；学习好了，表现好了，父母会喜欢，大家也都会高兴。

---

① 柳榜华，刘开伦，马宝娟. 中学政治学科教学设计［M］. 广州：广东高等教育出版社，2015：219. 此处有改动.

（2）加强引导。帮助他分析学习困难的原因，告诉他打人的错误所在及其危害，启发他掌握正确的学习方法和解决问题的正确方法。

（3）营造良好的环境。通过家访，做他父亲、母亲的思想工作，争取家庭教育和学校教育相结合；鼓励他积极参与集体活动，使他从参与中得到乐趣，并不时地肯定他的进步和优点，使他在班级里感受到集体的温暖。

（4）课堂上相机辅导。在教学中，注意挖掘教材中的有关材料，抓住他在课堂上反映出来的问题，对他进行心理辅导和学科学习的辅导。

根据上述案例：

（1）请你体会案例中运用的辅导方法和措施，分析这些辅导方法和措施可能带来的结果。

（2）针对上述案例中的学生，如果你是教师，你会怎样对他进行辅导？你是否还可以采取一些与案例中不同的方法和措施？

咨询式是由学生就自己在学习、心理、交往、生涯规划方面存在的疑难问题，向教师提出咨询的一种学习指导方法。

规程式是学校将学生在学习中应当遵循的学习要求和基本方法制定成学习规程，交给学生遵照执行。

影响式是由学生在自己的学习过程中自觉地领悟、总结学习方法或借鉴别人的学习经验而改进自己的学习。[①]

二、指导学生学习的主要措施

现代经济的发展，产业结构的调整，职业观念的转变，职业岗位的变动，要求人们在精神、观念、心理、素质等多方面接受再培训、进行再学习，以适应新的岗位，人们要按照自己所面临的任务去选择学习的内容、途径和方式，充分开发自己的能力和创造性。中学政治学科包括的内容广泛、涉及领域宽，中学政治教师有必要对学生的学习进行指导。

（一）指导学生树立正确的学习观

学习观是学生关于学习目的总的看法和根本观点。学习观不同，学生在学习活动中所采取的行为也就不同。为了适应社会的进步和时代的发展，教师必须指导学生转变旧的学习观，确立新的学习观。

---

① 刘强. 思想政治学科教学新论［M］. 2版. 北京：高等教育出版社，2009：250-251. 此处有改动.

1. 指导学生确立终身学习观

俗话说："活到老，学到老。"终身学习是当今社会发展的必然趋势。教师指导学生树立终身学习的观念，有着重要的社会意义。

第一，终身学习是人们适应社会急剧变化的客观需要。社会总是在不断地发展变化，但从没有像今天变化得这样快。在这种急剧变化的社会里，人们从少年时所形成的知识基础、思想观念、思维方式等往往跟不上时代的变化。现实强迫人们要不断地学习新的知识，尽快获得知识和解释新事物、新现象的能力。唯有坚持学习，我们才能跟上时代发展的步伐和节奏，与时代保持同步。

第二，终身学习是人们面对知识爆炸性增长的必然选择。伴随着以数字化、网络化为特征的现代信息技术的突飞猛进，新知识呈现出爆发性增长的趋势。不断革新的计算机与光纤网络通信、卫星远程通信相结合，将知识编码、存储、传输、扩散的速度极大地提高，方式极大地简化，成本极大地降低。知识量猛增，而知识的更新周期则愈来愈短。这就要求我们每个人都必须把学习贯穿于自己的一生，活到老、学到老。

第三，终身学习是经济发展对劳动者的迫切要求。在社会主义市场经济体制逐步完善的今天，新技术、新产品和新项目层出不穷，评价劳动者就业能力的标准也在不断地提高。一方面失业者在增加，另一方面又有许多的工作岗位找不到合适的就业者。劳动者为了避免自己陷入结构性失业的唯一出路就是不断地学习、不断地提高，让就业的过程成为一个永不停止的学习、提高的过程。

 资料卡片 2-9

终身教育

"终身教育"自20世纪60年代中期被提出以来，在联合国教科文组织及其他有关国际机构的大力提倡、推广和普及下，已经成为一个极其重要的教学理念，并在全世界广泛传播。许多国家在制定本国的教育方针、教育政策或是构建国民教育体系的框架时，均以终身教育的理念为依据，以终身教育提出的各项基本原则为基点，并以实现这些原则为主要目标。根据终身教育理论，学校教育不是终结性教育，而是终身教育的起点，是为继续学习打基础、做准备的。

---

2. 指导学生确立主动学习观

学习活动要满足每个学生终身发展的需要，培养学生终身学习的愿望和能力，这必然要求学生改变原有的单一、被动的学习方式，形成主动学习的观念。被动学习观不是学生发自内心地对知识的渴望，而是迫于各方面的压力，把学习当作不得不完成的任务甚至是一种负担；主动学习观则要求学生以积极主动的态度进行学习，把学习当作一种需要和快乐。指导学生确立主动学习观，要求教师帮助学生由"要我学"的思想向"我要学"的思想转变，要求教师根据实际情况，从学生的实际需要出发，激活学生学习的内在动力，提高学生的学习兴趣，使学生想学、愿学、乐学。

（二）激发学生学习中学政治学科的动机

在心理学中，动机是指引起和维持个体的活动，并使活动朝向某一目标而展开的内部心理过程或内部动力。学习动机是发动并维持学生学习活动的一种内部动力。学生学习中学政治学科的动机是指推动学生学习中学政治学科活动的内部动因。学习动机多种多样，按其性质、影响范围和作用时间来分，有正确的学习动机和错误的学习动机，高尚的学习动机和卑下的学习动机，长远的、间接的学习动机和短近的、直接的学习动机。

 资料卡片 2-10

> **想试着回答一下吗**①
>
> 有些学生对学习的内容并不感兴趣，但为什么大多数学生仍能坚持学习活动？
> 1. 学习动机越强，学习的效果就会越好吗？
> 2. 在教学中，教师对学生是以表扬为主的效果好还是以批评为主的效果好？
> 3. 我们常常会发现这种现象：若教师越关心、越喜欢一个学生，这个学生就会更加积极地学习；反之，若教师厌恶一个学生，这个学生就会抵触学习。这是为什么呢？

不同的学生虽然具有不同的学习动机，但无论哪种学习动机，基本都是由学习需要和学习期待两个部分构成的。学习需要是学生追求学业成就的一种心理倾向，它起到驱动的作用，是学生从事学习活动的根本动力，因而是动机结构中的主导成分。学习期待是学生对学习活动所要达到的目标的一种认识或主观估计，是学习目标在学生头脑中的反映。学习目标多种多样，有长远目标与短期目标、远大目标与具体目标、内在目标与外在目标等。学生可能同时具有多种学习目标，但无论是哪种形式的学习目标都会使学生产生相应的期待，并产生定向的学习行为。学习需要和学习期待是相互关联、相互制约的：一方面，学习需要是产生学习期待的前提之一，学习需要与学习环境相互作用产生了学习期待；另一方面，在学生与环境的交互作用中，学生通过认

---

① 卢家楣. 学习心理与教学——理论和实践［M］. 3 版. 上海：上海教育出版社，2017：283. 此处有改动.

知活动形成关于某种学习目标的新的期待，并产生新的学习需要。

学习动机对学生的学习具有重要作用，主要表现在以下四个方面：

第一，使学生的学习行为朝向具体的学习目标。具有某种学习动机的学生经常自己设定某种学习目标，并使自己的行为朝向这些学习目标。

第二，激发并维持学习活动。学习动机决定了学生在学习中投入的热情和努力的多少。实践证明，学习动机决定了学生在多大程度上能主动从事学习活动并坚持完成，学生更愿意做他们想做的事并能克服困难坚持完成。

第三，提高信息加工水平。根据信息加工理论，动机影响着加工何种信息以及如何加工的问题。具有学习动机的学生注意力更集中，而注意力在个体获取信息以进入长时记忆中起到关键作用。另外，这类学生在需要时更容易通过其他的途径来促进对某一任务的完成。

第四，导致学习行为的改善。这是学习动机作用的最终体现，适当的学习动机最终将促进学生学习行为的改善，提高他们的学习能力。

那么，教师怎样才能激发学生学习中学政治学科的动机呢？

1. 帮助学生确立合适的学习目标

心理学期待理论认为，个体力求成功的努力程度取决于他们对奖励的期望。这给我们一个启示，教师对学生的期望要适度：太高的期望容易让学生产生畏惧，学习动机就会较弱；而过低的期望会使学生认为任务简单，无须努力也可以获得一个令人满意的成绩，这样他们的学习积极性也不会高。因此，教师要帮助和指导学生确立合适的学习目标，当教师要求学生为远期目标而学习时，就必须在实现远期目标的过程中建立一系列的短期目标，从而激发学生的学习动机。

2. 教学力求生动、有趣

相对来说，中学政治学科的内容比较抽象、枯燥，学生可能会觉得单调、乏味，因此，在教学中教师要采取各种方式和途径力求使教学变得生动、有趣，以激发学生的求知欲望，保持学生的好奇心。例如，教师可以创设各种教学情境，把学习的内容以故事、竞赛、实验、观察等形式展现出来；结合教学内容实际引导学生从已有知识经验出发参与学习过程，使学生真正成为学习的主人；积极引导学生参与教学活动，使学生在学习中体验到成功的愉悦等。

3. 教师应该合理地使用强化手段

行为主义动机理论认为，人的某种行为倾向是由先前刺激与反应联系决定的，利用强化刺激可以改变行为倾向。如果学生因学习得到强化（如取得好成绩、得到教师和家长的赞扬），他们就会有较强的学习动机；如果学生的学习没有得到强化（如没有取得好成绩或没有得到教师和家长的赞扬），他们就会缺乏学习动机；如果学生的学习受到了惩罚（如遭到同学的嘲笑），则会削弱他们的学习动机。根据这一理论，教师应该合理地使用强化手段，经常对学生的学习予以奖励和肯定，对学习中存在的问题也要进行适当的批评和惩罚。一般来说，教师应该多表扬、多鼓励，少批评、少惩罚。为了避免学生的抵触情绪，教师对学生的评价要客观、公平。

教师激发学生的学习动机的方法还有很多，需要不断地去进行探索和积累，用有效的方式和方法培养、激发、强化学生的学习动机。

案例展现 2-17

音乐与哲学

某教师在讲解《事物的矛盾具有各自的特点》一课时充分地运用了激发学生的学习动机的方法。该教师精心选择了四段乐曲，分别用不同的乐器演奏，包括小提琴协奏曲《梁祝》、钢琴曲《命运》、二胡曲《二泉映月》、萨克斯曲《回家》。这四段乐曲是学生非常熟悉的，因此，他每播放一段乐曲马上就会有学生喊出乐曲的名字。都听完之后，这名教师再让学生说出是用什么乐器演奏的。学生们热情高涨，在这种基础上，该教师再引出课题的内容就不难了。他顺势引导学生：我们之所以能分清楚乐曲的名称，就是因为每段乐曲都有不同的特点，有的如泣如诉，有的慷慨激昂，有的婉转优美；每种乐器也都有不同的特点，由此可见，此事物之所以是此事物而不是彼事物就是因为它们具有不同的特点，这就是我们区分不同事物的标准。

（三）提高学生学习中学政治学科的兴趣

俗话说："兴趣是最好的老师。"学习兴趣是促进学生学习的一种重要的心理品质，它可以激发学生的学习热情，使学生保持愉快的学习心情，增强学生克服学习困难的勇气。因此，中学政治教师应该有针对性地提高学生的学习兴趣。中学政治教师激发学生学习中学政治学科的方法有以下五种：

1. 以情激趣

学生对学科有兴趣，首先，要对学科教师有兴趣。在教学中，教师要尽量使自己成为学生的良师益友，要尊重学生、关怀学生，用心去换心、用情去换情。教师只有得到学生的认可和尊重，学生才会对学习中学政治学科产生兴趣。其次，教师要创设教学情境，发掘教材中的动情之处。如果教师能够把学生引入情境中去体会情节、明白情理、开拓情怀、陶冶情操，学生自然会对学习中学政治学科产生浓厚的兴趣。

2. 以疑激趣

古人云："学贵知疑，小疑则小进，大疑则大进。"有疑问，才有学习的内驱力。人类的思维活动往往是由于要解决当前面临的疑难问题而引发的。在中学政治学科的教学中，教师要善于创设教学情境、提出疑问，有时还可以设置陷阱，使学生感到神秘、困惑，以此来点燃学生思维的火花，激发学生的兴趣。同时，教师还要积极引导、启发想象，鼓励学生敢想、敢问，努力解决疑问、破除陷阱，这样学生会从成功的喜悦中看到自己的力量，从而增强学习的信心。

3. 以奇激趣

所谓"奇"，是指某一事物所表现的状态异乎寻常，大大超乎人们的想象和原有的经验，这种新的刺激与原有认知之间的极大反差会引起学生的高度兴奋，产生质疑和释疑的强烈冲动。好奇心人皆有之，尤其是学生的好奇心特别强烈，如果教师在教学中能够出奇制胜，无疑能迎合学生的好奇心理，激发学生极大的兴趣，并以好奇心为动力，推动学习活动的进程。教师以奇激趣的具体途径很多，如新奇的教学设计、奇妙的教学语言、奇异的事物、奇怪的现象、奇特的活动等，这些都会调动学生的好奇心，把学生引向趣味盎然的学习境界。

案例展现 2-18

> **"挤牛奶"的哲理**[①]
>
> 某中学政治教师在讲述"矛盾"这个知识点时运用了寓言故事《挤牛奶》：从前有个人因事要请客，准备挤些牛奶用于招待客人。他转而一想，现在离请客还有一段时间，如果每天预先把牛奶挤下来，积多了，不便保存，容易变质，不如就利用牛肚子暂时储藏一下吧，到请客时再一次性挤出来，这样牛奶又多又新鲜，岂不更妙。主意打定，他便把母牛和那只还在吃奶的小牛隔离开来，牛奶也不挤了。请客的那天到了，客人们纷纷光临。他把母牛牵出来挤奶，却什么也挤不出来，牛奶全部干掉了。这时，教师向学生发问："为什么寓言中的人物本想得到又多又新鲜的牛奶，但结果却是一点牛奶也没有了？"有学生回答道："因为这个人只看到了牛奶容易变质、不易保存的这一面，而没有看到牛奶不挤要干掉的另一面。"这则寓言想要表达怎样的寓意？这种形式与内容完美结合的新奇材料会极大地增强学生的学习兴趣。

4. 以需激趣

需要是产生动力的源泉，教师要想激发学生学习中学政治学科的兴趣，教学内容就必须符合学生的需要。首先，教学内容要贴近学生的生活实际，符合学生的生活需要，应该是学生想要的、能惠及学生终身发展的内容。其次，教师要引导学生进行知

[①] 黄海娟. 灵活举例激发学生思想政治课的学习兴趣 [J]. 中国教师, 2013 (S1): 67. 此处有改动.

识的运用，知识的生命力在于广泛的运用。在教学中，教师如果能够有意识、经常地引导学生把所学的知识用来分析各种社会现象，解决现实的社会问题，使学生看到知识的力量和价值，自然能够激发学生的学习兴趣，增强他们的求知欲望。

5. 以新激趣

美国心理学家赫尔森认为，对于一种刺激重复多次而达到一定的水平后，便失掉它开始时引起兴趣的效力。因此，中学政治学科教学不能拘于一格、墨守成规，要不断地有新的内容、新的方法、新的角度、新的设计、新的手段等，以"新"来吸引学生，引发学生的学习兴趣。比如教学内容，中学政治学科有自己的教材，但教材内容不等于教学内容。中学政治学科具有很强的时代性，教师必须随着社会的进步和时代的发展，随时调整和处理教学内容，使教学内容具有新的时代特点。

此外，成功激励、榜样引导、活动参与、幽默运用等也都是教师激发学生学习兴趣的好途径。

（四）锻炼学生学习中学政治学科的意志

意志是指人们根据一定的立场、观点、信念，为实现某种目标而进行的各种努力行为的心理状态。作为一种巨大的精神力量，它既调节人的外部行动，又调节人的内在心理，是人们认识、改造客观世界和主观世界，发展能力，走向成功不可缺少的心理素质。意志力强的人既会具有较强的持久力和韧性，也会具有较强的自信心和不怕困难的精神。学习是一件很艰苦的事情，而且学生在学习的过程中会遇到很多的困难和问题，因此，锻炼学生的学习意志对学生的学习发展具有重要意义。

锻炼学生的学习意志，教师要注意做好以下两个方面：

1. 引导学生正视现实，培养自制力

自制力即自我控制的能力，是个体对自己的情绪、行为进行管理、克制的能力。自制力是意志发展的基础，学生进行自我控制的内容包括：

第一，生理控制。人的身体总会有许多不适，学生应具有控制这些不适的能力。

第二，心理控制。例如，情绪会影响学习，因此，学生不应被自己的情绪所控制，而应反过来控制自己的情绪。

第三，外部环境控制。在学习的过程中，学生会遇到许多意想不到的、变化了的环境，如教师的更换、教室的变化、同学的变化等。

面对变化的环境，学生应加强自我控制，尽快地适应环境，不能在环境的变化面前无所适从，导致学习发生波动。

2. 教育学生直面挫折，培养持之以恒的意志力

在学习的过程中，学生经常会遇到许多困难，如阅读方面的、理解方面的、学习方法方面的等。有困难是正常的，出现困难之后，学生能否以正常的心态去克服它，这是问题的关键。因此，教师应使学生明白这样一个道理：在困难面前是锲而不舍、

坚持不懈,还是锲而舍之、半途而废,这是意志是否坚强的试金石。每个人在学习的过程中都会遇到困难,不要被眼前的困难所吓倒,应分析原因,努力克服它。教师要有意识、有计划地采取相应的措施来强化学生学习意志力的培养,包括可以帮助学生确立个人目标、树立成功的信念,在完成各个阶段的学习任务中强化意志品质等。学生学习意志的锻炼,需要持之以恒、坚持不懈。

(五) 培养学生学习中学政治学科的能力

学习能力是学生在学习的过程中表现出来的一种效能性特征,也是学生运用科学的学习方法去独立地获取信息、加工信息和利用信息,分析和解决实际问题的一种素养。这既是学生学习的结果,也是学生进行学习的基础。学习能力有很多,本书主要介绍创新思维能力和解决实际问题的能力。

1. 培养学生的创新思维能力

第一,转变教育观念是培养学生创新思维能力的前提。教师主要应从以下三个方面转变观念:

一是转变权威观念,营造民主的学习氛围,这样学生才敢于在思维上求新求异,形成创新思维品质;

二是转变解惑观念,引导学生对某些现象进行纵深思考,引导学生进行求异思维、发散思维,变换角度和思路去发现问题、分析问题、解决问题;

三是转变唯卷唯分观念,注重学习过程和创新思维成果。

第二,鼓励学生质疑问难,寻根究底。"学起于思,思源于疑。"问题意识是思维的动力,是创新的基石。强化学生的问题意识是培养学生创新思维能力的起点。有些学生的问题意识比较薄弱,典型表现为两类:其一是不敢或不愿提出问题;其二是不能或不善于提出问题。因此,教师必须创设良好的教育环境和教育气氛,采用启发式教学,精心设置问题情境,激发和培养学生的问题意识,促进其创新思维能力的发展。

第三,启发学生大胆想象,培养学生的发散思维能力。想象是创新的翅膀,它可以帮助学生冲破既有知识经验的局限,帮助学生深刻地理解教材。著名物理学家爱因斯坦曾说:"想象力比知识更重要,因为知识是有限的,而想象力概括着世界上的一切,推动着进步,并且是知识进化的源泉。"因此,教师应在教学中利用一切可供想象的条件,激发学生的想象力,拓展学生的思维空间,实现学生创新思维的飞跃和发展。

2. 培养学生解决实际问题的能力

学生学习知识的目的不在于记忆,而在于理解和运用。一方面,学生要学会运用马克思主义基本原理解释和说明现实问题,另一方面学生还要学会用现实的新材料、新问题、新变化来阐述和论证理论。学生解决实际问题可以遵循以下三个步骤:

第一,分析问题。实际问题往往具有复杂性,学生不仅要全面了解和把握,更要抓住重点。

第二，寻找解决问题的知识。用什么知识来解决问题，关系到能否正确地解决所提出的问题。在寻找知识的过程中，如果学生能够通过所学推理出需要的知识，则他们已经基本具备了解决实际问题的能力。

第三，建立解决实际问题的途径，也就是如何去解决的问题。在解决实际问题中，学生要遵循逻辑，并且尽最大努力去寻找更多更好的解决手段。

（六）指导学生掌握中学政治学科的学习方法

在中学政治学科的学习中，学习方法也极为重要。可以说，良好的学习方法是学生的学习取得成功的重要条件。在现实的中学政治学科教学中，有的学生学习轻松，效果很好；而有的学生虽然学习刻苦、费时多、费力大，但仍然感到学习很困难，效果也不好。究其原因，除学生的基础有差别外，学习方法是否得当也是一个重要的原因。

学生可以通过多种途径获得正确的学习方法，如自己在学习中总结的、从书上学习的、从同学那里取得的等，但最重要的是在教师的指导下获得。在中学政治学科的教学中，教师必须加强学习方法的指导，这是因为：

第一，加强学习方法的指导是社会发展的需要。随着社会的快速发展，当今社会处于一个知识与信息爆炸的时代，世上的知识浩如烟海，知识更新的速度也大大加快。在有限的时间内，教师不可能把所有的知识都教给学生，学生也无法学完所有的知识，最好的办法就是教师激发学生的求知欲望，教会学生学习的方法。

第二，加强学习方法的指导是学生终身发展的需要。终身学习是现代学习的重要理念，是世界教育发展的潮流。中学教育作为基础教育，要为学生未来走进社会，不断地进行新的学习奠定基础。显然，教师加强学习方法的指导将使学生受益终身。

第三，加强学习方法的指导是教学改革发展的需要。随着教学改革的发展，学习方法及其指导越来越受到关注，尤其在新课改中，知识获取的过程与方法成为课程与教学的重要目标之一，而且比知识与技能目标更重要。

第四，加强学习方法的指导是教师全面完成教学任务、提高教学效果的需要。一方面，教学本身就包括教与学两个方面，教学方法既包括教师教的方法，也包括学生学的方法。因此，教师理应注重学习方法的指导。另一方面，学生是学习的主体，教师只有使学生掌握科学的学习方法，才能使学生的学习取得好的成效，也才能更好地完成教学任务。

在中学政治学科的教学中，教师可以通过多种方式指导学生掌握学习方法，总结相关的经验，主要有以下三种方式：

第一，进行学习方法讲座。即教师以科学的学习方法理论为指导，通过收集、整理学生的学习经验和学习体会，有针对性地对学生进行学习方法讲座。这种学习方法指导具有系统性、集中性的特点，能使学生对中学政治学科的学习方法有所了解和整体的把握。

第二，开展学习方法交流。在学习的过程中，学生通过摸索会形成很多好的学习方法，教师通过组织学生之间的相互交流可以使好的学习方法得到推广。

第三，在教学中渗透学习方法的指导。例如，在教学中，教师寓学法于教法之中，以恰当的方法去分析问题，以合理的步骤去组织、开展活动等，可以使学生在潜移默化中领悟到学习方法及其操作要领。

（七）帮助学生养成良好的学习习惯

国内外教学研究统计资料表明，对于绝大多数学生来说，学习的好坏，20%与智力因素相关，80%与非智力因素相关。而在信心、意志、习惯、兴趣、性格等主要非智力因素中，习惯又占有重要位置。古今中外在学术上有所建树者都具有良好的学习习惯。因此，帮助学生养成良好的学习习惯是教师的应有职责。

1. 专心致志的学习习惯

专心致志包括两个方面的内容：一是学生要致力于主攻方向不分神。就是在一定的时期内学生要紧紧围绕主攻方向，安排学习内容，除学校组织和提倡的健康活动外，一切与主攻方向相悖或不相关的事情都尽量不要涉足。二是要全神贯注。上课时，学生要全神贯注地听讲，做作业时要聚精会神地思考。在学习时，对于一切与学习无关的事情学生要能够做到听而不闻、视而不见。

2. 严格执行学习计划，养成定时、定量进行学习的习惯

严格执行学习计划，定时、定量进行学习，是学生实现学习目标、完成学习任务的关键。

定时学习是学生完成学习计划的前提。定时学习包括两层意思：一是学生每天必须保证必要的学习时间；二是到了该学习的时候学生要马上学习。人脑也像机器一样，不可能在极短的时间内把大量的学习内容输入大脑中去，因此，学生需要安排足够的学习时间。

定量学习是学生完成学习计划的保证，没有量的积累，便不会有质的飞跃。定量学习也包括两层意思：一是学生必须完成作业，把所学的课堂教学内容弄懂弄通；二是学生要复习领悟，使以前所学的知识融会贯通、运用自如。

3. 关心时事政治的习惯

时事政治主要是国际、国内形势发展的状态和趋势，以及党和国家的路线、方针和政策。它不仅能使学生透过这扇"窗口"了解国内外大事，而且能使学生理论联系实际，提高学习质量。特别是中学政治学科的学习更要求学生关注时事政治。

（八）引导学生有效利用中学政治学科的学习资源

中学政治学科的学习资源非常丰富，能否有效地被充分利用会影响学生学习中学政治学科的成效。在这方面，教师尤其要指导学生注意以下三个方面：

1. 主动寻求他人的帮助

在学习活动中，学生应确立"三人行，必有我师"的观念，多与他人交流和探讨，从中丰富知识、开阔眼界、启迪思维，获得有价值的学习方法。特别是在学习中遇到问题或困难时，学生更应有意识地寻求老师、同学或其他人的帮助，以便更好地解决学习难题。

2. 有效地利用信息资源

在学习活动中，信息既是学生学习的重要内容，也是学生达成学习目标的重要工具。信息的载体是多种多样的，包括各类图书资料，各种计算机软件、光盘、图片资料等。教师应引导学生认识信息对学习的意义，了解各类信息的特点，教给学生获得信息的方法和途径，使学生能根据学习任务主动地去获得各类信息。

3. 善于选择学习环境

学习环境也会影响学生的学习效率。例如，学生在一个嘈杂的环境下看书容易分心，会影响看书的效果。因此，学生应有意识地选择和安排好自己的学习环境。当然，这里的学习环境不仅指物质环境，而且还包括心理环境，轻松、愉快的心态有利于学生正确地面对学习中的各种问题，完成学习任务，提高学习效率。

 资料卡片 2-11

现代学习方式的基本特征是什么①

现代学习方式包括以下基本特征：

1. 主动性

主动性是现代学习方式的首要特征，它对应于传统学习方式的被动性，两者在学生的具体学习活动中表现为：我要学和要我学。我要学是基于学生对学习的一种内在需要，要我学则是基于外在的诱因和强制。学生学习的内在需要一方面表现为学习兴趣，另一方面表现为学习责任。

2. 独立性

独立性是现代学习方式的核心特征，它对应于传统学习方式的依赖性。如果说主动性表现为我要学，那么独立性则表现为我能学。每个学生，除有特殊原因外，都有相当强的潜在的和显在的独立学习能力，不仅如此，每个学生同时都有一种独立的要求，都有一种表现自己独立学习能力的欲望，他们在学校的整个学习过程也就是一个争取独立和日益独立的过程。

---

① 朱慕菊. 走进新课程——与课程实施者对话 [M]. 北京：北京师范大学出版社，2002：130. 此处有改动。

3. 独特性

每个学生都有自己独特的内心世界、精神世界和内在感受，有着不同于他人的观察、思考和解决问题的方式。有效的学习方式都是个性化的，没有放之四海皆有效的统一方式。独特性同时也意味着差异性。

4. 体验性

体验是指由身体性活动与直接经验而产生的感情和意识。体验性是现代学习方式的突出特征，在实际的学习活动中，它表现为：第一，强调身体性参与；第二，重视直接经验。

5. 问题性

现代教学论研究指出，从本质上讲，产生学习的根本原因是问题。所以，现代学习方式特别强调问题在学习活动中的重要性：一方面强调通过问题来进行学习，把问题看作是学习的动力、起点和贯穿学习过程中的主线；另一方面通过学习来生成问题，把学习过程看成是发现问题、提出问题、分析问题和解决问题的过程。

> **引言**
>
> ### 为学①
>
> 蜀地边境有两个和尚,其中一个贫穷、一个富裕。穷和尚对富和尚说:"我想到南海去,怎么样?"富和尚说:"你凭借什么去呢?"穷和尚说:"我只需要一个瓶、一个饭碗就足够了。"富和尚说:"我几年来想雇船顺着江水去南海,还没有成功。你凭这个怎么去?"到了第二年,穷和尚从南海回来了,把去南海的事告诉了富和尚。富和尚的脸上露出了惭愧的神色。
>
> 这个故事说明,贫穷与富裕、聪明与愚笨对我们成长的影响都具有相对性。一个人如果拥有志向并不断地努力,真的是没有什么力量可以阻止其成功。学习的成功亦是如此,如果一个学习者在此基础上再掌握一些学习的策略和方法,若想不成功都不可能。

第三节 中学政治学科的学习策略与学习方法

学习策略是有关学习过程的策略,它规定了学生在学习时做什么不做什么、先做什么后做什么、用什么方式做、做到什么程度等诸多方面的问题;是学生为了提高学习的效果和效率,有目的、有意识地制订的有关学习过程的复杂方案。

一、中学政治学科的学习策略

中学政治学科是一门综合的课程,课程内容涉及的学科比较多,学生对它的学习有别于其他的学科。如果学生掌握了正确的学习策略,就能达到事半功倍的效果。

(一) 课前预习的策略

俗话说:"凡事预则立,不预则废。"预习是学生把握课堂学习主动权的第一步,不仅可以为学生上课做好知识准备,而且还可以明确学生学习的目的性,克服盲目性。因此,教师要让学生明确课前预习的重要性,并且严格地要求和指导他们养成课前预习的习惯。总的来说,课前预习的策略包括以下四个方面:

---

① 龚勋. 小故事大道理——小故事开启人生智慧之门 [M]. 长沙:湖南少年儿童出版社,2010:166. 此处有改动。

1. 注意知识的关连性

知识与知识之间具有一定的关联性，其他学科是这样，中学政治学科也是这样。中学政治学科的设置都遵循一定的逻辑顺序，学生在进行预习前可以先翻看教材的目录，查找所预习的内容在本书中的具体位置，从而在整体上对所要预习的内容进行把握。然后，学生要对上节课所学的内容进行简单的回顾，思考上节课的内容与本次预习的内容有何种关联，这就为预习内容提供了一定的知识基础，使预习内容更易接受。

2. 明确预习的范围和重点、难点

由于是新的内容，在进行预习时，学生往往很难把握预习的范围和重点、难点，这就需要教师采取一定的措施进行引导。教师可以直接给学生画出预习的范围和重点、难点，让学生进行预习；也可以列出一些问题，让学生带着问题进行预习，在寻找答案的过程中明确预习的重点和难点。为了提高学生的学习能力，一些学校通过编写学案的方式给学生学习时提供参考与引导。在这种情况下，学生在预习时首先要仔细地研读学案，预先从学案中明确本课的范围、学习目标，获取本课的重点和难点，然后再根据学案的编排按步骤进行预习。

3. 自我检测，标记疑问

为了防止预习过于粗略、浅显，学生可以采取自我检测的方法对自己的预习效果进行评估。自我检测的题目要以基础题目为主，不宜太难，可以是书本后面的课后练习题，可以是教师之前布置的问题，也可以是学案中的题目。自我检测之后，学生对于一些错题、有疑问的问题要及时记录下来，放在课堂上解决，作为第二天听课的一个重点。

4. 及时梳理知识

由于是新的知识，预习过后，学生头脑中的知识点往往会不太清晰，甚至有混乱的感觉，这时学生可以采取回顾课本的方式，着重阅读每课中的小标题或者黑体字，这些标题和黑体字往往就是本课知识的一个脉络。学生也可以参照学案中所罗列的知识点，对知识点进行分类汇总，这两种方式都可以对知识梳理起到一定的帮助。知识梳理之后，学生要尝试着在纸上画出本节课的一个知识框架或者简单的知识树，知识结构化、条理化可以大大地提高学生的学习效率，加深学生对知识的印象，促进学生掌握知识。

（二）课堂听课的策略

听课是学生整个学习过程的中心环节，是学生获得知识的重要途径，大多数学生 2/3 的时间都是在课堂上度过的，把握住课堂，学生的学习效率会大大提高。[①] 因此，

---

① 林哲英. 高考政治学法指导研究 [J]. 科教文汇（中旬刊），2012（2）：103. 此处有改动.

教师和学生绝对不能忽视听课的重要性，学生要学会听课，教师要注重对学生听课的指导。尤其是在新课改下，课堂上教师与学生的角色已经发生了转变，改变了原有的、被动机械的听课方式，掌握新的听课策略对于学生适应新型课堂显得尤为重要。学生的听课策略主要有以下三个方面：

1. 目标引领

人的精力是有限的，只有把有限的精力集中到一个目标上，才有可能取得成功。在听课时，学生首先要做的就是明确本节课的学习目标，在学习目标的指引下进行听课。这样，学生对于听课的内容才能有所侧重、有的放矢。而一节课的学习目标应该包括：（1）情感、态度与价值观目标，即通过这节课，学生在情感上可以受到哪些影响，产生什么启发；（2）能力目标，即通过这节课，学生可以锻炼哪些能力；（3）知识目标，即通过这节课，学生应该掌握哪些知识、了解哪些内容。在开始讲授新课之前，教师应当将学习目标提前告知学生，这样学生在听课时才能有更明确的方向，才能更准确地把握学习内容的重点和难点。

2. 疑问导向

在课前的自主预习中，学生或多或少会产生一些自己解决不了的疑问，而在课堂上正是学生解决疑问的最佳时期。因此，学生在听课时要有所侧重，格外注意听自己在预习中产生的疑问，及时地记录自己遇到的困惑，在课上或者课下积极地向老师和同学请教。当下课堂更加强调学生的主体地位，不少教师将讲授的机会交给学生，让学生在课堂上进行知识点的讲解，而自己则针对重点和难点进行点拨和总结。在这种情况下，学生在听课时更应该带着疑问去听，在别的同学提出与自己不同的观点时要多加思考，不能盲目地认为自己的观点就是正确的，也不要一味地追随他人的答案。

3. 听讲结合

（1）讨论时积极参与。

学习的最终目的不是让学生学会知识，而是让学生在学会的基础上讲解知识、运用知识。因此，在课堂小组讨论时，学生要积极地讲，讲出自己的观点、讲出自己的想法，在讨论中巩固知识、运用知识，在讨论中获得新感受、收获新知识，在讨论中激发学生主动学习、主动探究的热情，从而相互影响、相互学习、共同进步。而教师要做的就是组织好每次的讨论环节，对学生的讨论进行正确的引导，避免学生在讨论中出现方向性的偏差，以达到提升学生运用知识能力的目的。

（2）展示时大胆地讲。

在新课改下的课堂中，教师会开展更多的活动来充实自己的教学环节，丰富自己的教学内容，使自己的课堂更加丰富多彩，如组织学生表演小话剧、进行诗歌朗诵、开展小型辩论赛等。这些教学中的活动在发挥辅助教学作用的同时也为学生提供了一些展示自己、锻炼自己的机会。而恰处青春时期的学生面对这些机会可能会退缩，在这种情况下，教师应当及时进行鼓励，提高学生参与的积极性，使更多的学生投入课堂，大胆地发言、进行展示。这样一方面可以锻炼学生的语言组织能力，提高学生的表达能力，另一方面可以加深学生对知识的理解，帮助学生掌握知识。而学生在课堂上更应该克服胆怯的心理，积极主动地去参与活动、讲解知识、回答问题，在进行自我展示的同时加深对知识的理解，提高自己运用知识的能力。

(3) 质疑时勇敢地讲。

为了体现新课改下学生在课堂上的主体性地位，教师可以将一些较为容易的知识点交给学生讲授，但由于学生的知识积累不够，语言表达能力也有待提升，学生讲解不清楚的状况就不可避免。那么，在这种情况下，听课的学生就要更加主动地提出自己的疑问，否则教师会认为学生对于知识点已经掌握良好而不再去重复讲解，长期下去必然会影响教学的质量。因此，教师一方面要培养学生的质疑精神、反思精神，让学生勇于质疑、敢于质疑、积极主动地去质疑；另一方面教师还要注意观察学情，对于学生掌握知识的情况做到心中有数。

(三) 课后复习的策略

学，是指学习新的东西；习，是指复习旧知识。我国古代伟大的思想家、教育家孔子说过："温故而知新。"真正的学习，要做到既会学习，又会复习。那么，怎样复习最有效呢？学生可以采取以下一些策略：

1. 回顾课本

学生在回顾课本时不要急着打开课本，而是要翻开目录，根据目录进行知识的回忆，想一想还有哪些内容自己掌握得不牢固，有哪些内容对自己来说是陌生的，回忆不起来时再打开课本翻看相关的内容。在回顾课本时，学生不仅要看课本上的内容，而且还要着重看一下自己的课堂笔记，看一看课堂上教师强调补充的内容，这样有助于学生进一步把握知识的重点、理解知识的难点、加强知识的记忆。

2. 巩固记忆

中学政治学科所学的知识主要是间接知识，由于不是学生自己亲身实践得来的，因而往往印象不深，加上每天所学的知识很多，也容易忘记。因此，学生必须通过及时的记忆来巩固知识。在理解知识的基础上，学生可以采取以下八种记忆策略：

(1) 提纲记忆。

提纲记忆是指学生把要记忆的材料列出提纲，再根据提纲进行联想和扩展。如学生在记忆"价值规律的三个作用"这一问题时，可以先将答案整理成提纲的形式"①调节—分配；②刺激—提高；③促使—分化"，然后进行记忆。

(2) 图表记忆。

图表记忆是指学生把知识整理成图表进行记忆。图表经过学生的加工整理，加上它结构简洁、重点突出、比较形象，因而容易记忆。如学生在学习政治、经济和文化的关系可以使用如图 2-3 所示的内容。

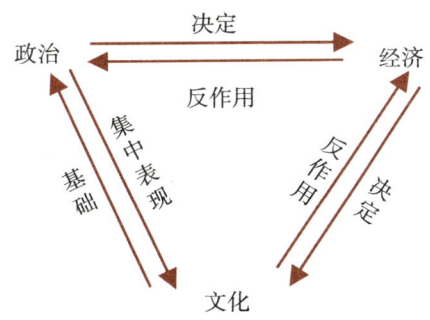

图 2-3 政治、经济和文化的关系

（3）比较记忆。

比较记忆是指学生通过比较两个或两个以上事物的相同点和不同点来进行记忆。如规律与规则，主次矛盾辩证关系的原理与矛盾主次方面辩证关系的原理，有限责任公司和股份有限公司，议会制、民主共和制与总统制、共和制等。学生在记忆时可以将两者结合起来，进行比较记忆。

（4）归类记忆。

归类记忆是指学生把相同或相近的内容归为一类来进行记忆，它是利用接近联想和相似联想进行记忆的。如"为什么以经济建设为中心"这个问题的答案有九条，学生可以将其归为三类来记忆。

第一类："发展才是硬道理"和"发展是我国当前解决所有问题的关键"可以归为"简单记忆类"；

第二类："兴国之要"和"根本要求和根本任务"可以归为"重点记忆类"；

第三类：五个"离不开发展"，答案比较有规律，可以归为"掌握大体意思类"。

（5）形象联想。

形象联想是指学生通过人为的联想，把无意义的材料和头脑中鲜明、生动、奇特的形象结合起来，利用形象的东西易记忆的特点来提高记忆效果。如在记忆"任何事物的发展都是前进和曲折的统一"这一知识点时，学生可以在头脑中联想一个向上（前进）螺旋（曲折）的楼梯。

（6）谐音记忆。

谐音记忆是指学生把无意义的材料编成语音相似或相近的材料来进行记忆。如"社会主义市场经济的基本特征"是"公共桥（调）"，即公有制、共同富裕和强调宏观调控等。

（7）串字头记忆。

串字头记忆是指学生把一句话压缩成一个字（一般是开头的字），再把这一个个字串起来成一句话或几句话来进行记忆。如"多党合作制的内容"——"关基放准机"，即"关系、基础、方针、准则、机构"。

（8）歌诀记忆法。

歌诀记忆法是指学生把要记忆的材料编成歌诀来进行记忆。学生利用歌诀记忆法，首先要学会编写歌诀。在歌诀编写时，既要准确，又要符合歌诀朗朗上口的特点。如价值规律两规矩，三个作用分高低，价格供求互影响，价格波动不稀奇。

资料卡片 2-12

> 记忆是一切知识的基础，渊博的知识无不是建立在卓越的记忆力之上的。
> ——爱因斯坦

（四）理论应用的策略

中学政治学科是一门实践性较强的学科，既要求学生能运用所学的观点和方法来分析、认识客观的社会现象，又要求学生能运用所学的理论来指导自己的日常行为，全面实现由知到行的转变。因此，学生可以采取关注时事政策的方法来提高自己理论应用的能力。

时事政策就是当前发生的重大社会事件和国家的路线、方针、政策，包括国内外的重大社会事件以及政党、国家和有关社会团体的现行法规和政策等。关注时事政策一方面可以弥补教材内容的不足，帮助学生深入理解课本知识内容，另一方面能够帮助学生养成关注国家大事的良好习惯，培养学生分析、运用所学知识的能力，养成学生对国家、对社会的责任心和深厚情感。[①]

教师可以编写时事政治报纸，将近段时间的时政热点分类整理出来，供学生阅读和学习。学生在课余时间也可以通过电视、网络、广播等途径来关注当天的新闻，了解国家大事，不管是在阅读报纸还是在观看新闻时，学生要联系自己所学的知识进行积极的思考。如当学生看到"3·15 消费者权益保护日"的相关新闻时，就可以联想消费者的权益有哪些，新闻中消费者的哪些权益受到了侵害。看到两会召开时，学生就可以思考自己所学的人民代表大会制度等知识是否在新闻中有所体现。在不断地思考和联系中，学生的理论知识应用能力就会逐渐得到提升。

二、中学政治学科的学习方法

英国政治家、思想家和教育家约翰·洛克曾经说过："导师应该记住，他的工作不是要把世界上可以知道的东西全部交给学生，而是使得学生爱好知识，尊重知识，使学生采用正当的方法去求知，去改进他自己。"[②] 科学的学习方法对于学生的学习起到至关重要的作用。会学习，运用科学的方法来学习也是学生应掌握的能力。

中学政治学科的学习方法主要有以下五种：

---

① 张建文. 思想政治课程与教学论［M］. 北京：人民出版社，2008：369. 此处有改动.
② 约翰·洛克. 教育漫话［M］. 徐诚，杨汉麟，译. 石家庄：河北人民出版社，1998：182.

（一）计划法

计划法是指人们为了提高效率和质量，在工作和学习之前将学习目标、学习内容、时间分配和方法措施提前安排好的一种方法。教师的教学需要有计划，学生的学习也应该有计划。学习计划是在学习活动开始之前，教师或者学生自身对某一段时间内学习活动的设计和安排。学习计划可以使学习目标更加明确、具体，调动学生学习的积极性、主动性，提高学生的学习效率，促进学生各个方面全面发展。

1. 学生制订学习计划的要求

学生在制订学习计划时要保证计划的目的性、科学性和可行性。

目的性是指学生制订的学习计划要有明确的学习目标和学习要求，即自己经过一段时间的学习后要达到的程度和标准。

科学性是指学习计划的安排要合理，即在制订学习计划时，学生要将长期计划与短期计划相结合，两种计划相结合才能达到理想的效果。

可行性是指学生制订的学习计划要符合自身实际，要切实可行。学习计划的内容应详细、具体，学生在经过努力后要能够达到学习计划的各项要求，切忌假大空。

2. 学生制订学习计划的方式

（1）文章式。

即学生把学习计划写成文章，内容包括学习计划的名称、指导思想、总体目标、具体任务与具体内容、时间安排、措施与条件、学习计划的检查方法等。

（2）条条式。

即学生按照学习任务一条一条地罗列出来。它以学习任务为纲，每条里包括学习任务的数量、完成时间、注意事项等。

（3）表格式。

即学生以表格的形式规定学习的任务和内容。它一般把每天的时间分成若干段，如早晨、上午、中午、下午、晚上；或者从几点到几点，然后规定学生在每个单位时间的学习任务和学习内容。

（4）脑中计划式（脑中决策式）。

即学生在头脑中制订学习计划，不需要写出来、说出来。① 但是，学生的头脑要有明确的目标和计划，并且能够坚持按计划行动。

（二）听课法

听课是指学生在教师的启发和指导下运用听觉器官来认识事物的过程。听课是学

---

① 刘强. 思想政治学科教学新论［M］. 2版. 北京：高等教育出版社，2009：270.

生学习的中心环节和主要形式,是学生学习新知识、发展智力、培养能力的主要途径。听课法是指学生在教师的指导下,运用以听觉器官为主要形式的课堂学习新知识的方法。因此,采用科学的听课法对于学生的学习具有重要意义。

听课法因人而异,但一般应做到以下四个方面:

第一,做好课前准备。

在听课前,学生要通过复习和预习做好知识上的准备,还要提前几分钟进入教室,做好物质方面、身体方面和心理方面的准备。

第二,认真听课。

听课是一种有目的、有计划的学习认识活动,因此,学生在听课时要做到有目的、有选择地去听。一方面,听教师是如何引导学生理清教材的逻辑思路,理解知识,带领学生举一反三的;另一方面要听教学内容的重点和难点,一是自己在预习中没有搞懂的疑难问题,二是教师在板书中标明的主要纲目,三是教师补充的重点概念和原理等。

第三,积极参与。

新课改下的课堂更加强调学生的主体地位,在教师的指引下,只有主动参与活动,积极进行讨论、质疑的学生才能更好地掌握知识、达成学习目标。

第四,记好笔记。

俗话说:"好记性不如烂笔头。"对于教师在课堂上所讲授的知识,学生应及时地记录下来,以便课后进行复习。笔记的主要内容包括:记讲课提纲;教师分析问题时提出的具体观点;教师的逻辑推导过程;教师补充的重点知识原理[①];自己在听课时迸发出的"奇思妙想"。

(三) 合作学习法

合作学习是指以学习小组为基本组织形式,以团体成绩为评价标准,通过教学动态因素之间的互动,共同达成教学目标的一种新型学习方式。从国内外合作学习的理论与实践来看,目前合作学习活动的形式主要取向归结为两种,即师生合作互动和生生合作互动。

小组合作学习的引入,克服了以往以灌输为主的教学弊端,给中学政治学科注入了新的活力,对于培养学生分析问题、解决问题的能力,激发学生的学习动机,改善学生的人际关系等方面都具有重大的意义。其具体操作如下:

1. 成立学习小组

教师根据学生的性别、成绩、能力水平等方面的差异来划分小组,一般4～6名学生为一个小组。其中,小组中有1～2名成绩较好的学生来进行引导和帮助,也有1～

---

① 孙运锡,冯卓然,金元山.思想政治学科教学论教程[M].北京:高等教育出版社,1994:140. 此处有改动。

2名成绩相对较差的学生,以保证可以达到以强带弱的目的,真正实现全体学生的提升。组内成员的编号及分工均由教师根据实际情况决定,一般情况下分为A、B、C三个层次,设置组长、副组长、记录员、发言人、观察员等职务。小组成员及小组的责任均随具体任务的不同而确定。

资料卡片 2-13

> **合作学习的礼仪常规**①
>
> 高效课堂应重点关注学生合作学习的礼仪有:表达感谢——对感谢的应答;倾听——注意听他人讲话;赞扬——对赞扬的应答;耐心等候——尽量不让他人等候;求助——提供帮助;道歉——接受道歉;鼓励他人参与——对鼓励参与的应答;提问——对提问的应答;拒绝——对拒绝的应答;有礼貌地打断别人的讲话——有礼貌地接受被打断;提建议——对建议的应答;询问原因——大胆质疑;寻求反馈——提供反馈;批评——对批评的应答;有礼貌地表示不赞同——对不赞同的应答;观察和评价小组活动;说服他人;解释;妥协等。
>
> 学习、运用合作学习的礼仪是顺利进行合作的前提保障。根据中学政治学科的教学内容,教师要合理安排合作学习的礼仪的训练,坚持训练常用的合作学习的礼仪;同时,把合作学习的礼仪融入学生日常行为规范训练之中。

2. 制订小组学习计划

每个小组要根据本组的实际情况制订出详细的学习计划,包括整组计划、个人计划、每日计划、每周计划、每月计划以及期中计划、期末计划。学习计划制订后,组内成员之间以及小组之间要相互监督,督促学习计划的落实与实施。

3. 开展小组活动

小组成立后,教师需要通过组织适当的活动,真正地发挥小组合作学习的作用。小组活动可以分为课内活动和课外活动。在课堂上,首先由教师向学生明确本节课的学习目标,然后向学生出示和本节课有关的问题或者材料。学生先独立思考,在完成个人思考后,再和本组的其他成员进行讨论交流,最终形成本组的学习成果。在课下,教师可以向小组布置一些与课堂学习有关的课外小活动,如收集近段时间的时事政治材料、出一期手抄报等,让学生在小组内分工完成,并在活动中体验到合作学习的乐趣。

---

① 王红顺,褚清源,夏书芳. 高效课堂技术解码[M]. 济南:山东文艺出版社,2016:44. 此处有改动.

4. 进行小组展示

在小组活动结束后，教师应选择几个小组进行学习成果的展示。展示方式是多样的，学生可以直接口头回答、上交纸质记录，也可以表演小话剧、情景剧等。学生通过多种形式进行展示丰富了课堂环节，增强了课堂的趣味性。

5. 小组合作评价

小组合作学习不仅是学生坐在一起学习，它更侧重小组成员通过教师科学地划分，能够充分发挥小组互助的作用。在小组的学习成果展示完成后，教师应以适当的形式对小组互助合作的效果进行评价，评价方式可以是教师评价、组内自评、组间互评等。对于表现突出、活动效果较好的小组教师要及时给予表扬，而对于暂时落后的小组教师也要进行点评和鼓励。

小组合作促进学生公共参与①

某教师在进行《民主决策：作出最佳选择》一课的教学时，采用了小组合作模拟听证会这一教学形式。他针对网络上关于学生早上什么时候上课适宜的调查设计了学生投票活动，安排学生小组成员代表先介绍如何投票，并在电脑上演示操作，让其他的小组成员明确如何参与。当涉及教学专家咨询和社会听证时，该教师则让不同小组的成员扮演咨询专家、学生代表、有关部门代表、家长代表、教师代表等角色，让不同的代表按照听证程序进行发言，最后达成共识。通过这一模拟听证会的学习过程，学生体会到了什么叫公共参与，锻炼了学生表达诉求、沟通合作、解决问题的行为能力，培养了学生成为合格公民、履行政治责任的基本素质。

（四）研究性学习法

研究性学习法是指学生在教师的指导下，从自然现象、社会现象和自我生活中选择确定的课题，以类似科学研究的方式去获取知识、应用知识、解决问题，进行主动探究的一种学习方式。它主要包括三个方面：(1)师生关系是"学生在教师的指导下"；(2)学习的基本形式是"以类似科学研究的方式"；(3)学习的基本内容是"获取知识、应用知识、解决问题"。

研究性学习法的特点体现在以下三个方面：

---

① 陈霞. 小组合作学习：高中思想政治核心素养培育载体［J］. 福建教育学院学报，2018(11)：59. 此处有改动.

1. 开放性

在研究性学习中，学习的内容不是特定的知识体系，而是来源于学生的学习生活和社会生活，立足于研究、解决学生关注的一些社会问题或其他问题，涉及的范围很广泛。它可能纯粹是中学政治学科的，也可能是多学科综合、交叉的；它可能偏重于实践方面，也可能偏重于理论研究方面。在同一主题下，由于个人的兴趣、经验和研究活动的需要不同，研究视角的确定、研究目标的定位、切入口的选择、研究过程的设计、研究方法和研究手段的运用以及结果的表达等都可能不同。这种灵活性为学生发挥个性特长和才能提供了广阔的空间，使学习过程成为一个开放的过程。

2. 探究性

在研究性学习中，学习的内容是在教师的指导下，学生自主确定的研究课题；学习的方式不是被动地记忆、理解教师所传授的知识，而是学生敏锐地发现问题，主动地提出问题，积极地寻求解决问题的办法；学习的过程是学生探求结论的自主学习过程。因此，选择研究性学习的课题，不宜由教师指定某个材料让学生去记忆、理解，而应由教师进行引导、归纳，呈现一些需要学习探究的问题。这个问题可以由学生展示一个案例、介绍某些背景或创设一种情境引出，也可以由学生直接提出；可以由教师提出，也可以引导学生发现和提出。研究的过程要学生自主探究解决问题的方法并得出结论。

3. 实践性

研究性学习强调学生亲身的实践和体验，重视通过这种学习方式促使学生将所学的知识和技能运用于社会和生活。在研究性学习中，教师要引导学生关注现实生活，亲身参加社会实践活动。同时，教师在进行研究性学习时应为学生参与社会实践活动提供条件和可能。

案例展现 2-20

研究性学习课题举例

1. 未成年人违法犯罪的现状调查及思考

未成年人违法犯罪已成为社会关注的热点之一。学生通过调查研究，获取了大量的感性认识和理性认识，总结归纳出未成年人违法犯罪的案由、特点、原因，提出预防未成年人违法犯罪的相关措施。

【思路提示】

学习法律文献，查询未成年人违法犯罪资料，走访人民法院，观摩少年法庭庭审，参观少年犯管教所，开展模拟法庭，最后总结成文。

> 2. 从超市的兴起看××市商业体制的变化
>
> 近年来，××市的超市发展迅速。一方面，本地超市崛起，同时外地和外国的超市纷纷抢滩入驻，使超市与超市之间竞争激烈。另一方面，超市与传统百货业的竞争也日趋激烈。运用高中思想政治课的有关知识来分析、研究这一现象，使理论联系实际，培养学生多方面的能力。
>
> 【思路提示】
>
> 查询资料，参观访问业绩突出的超市和本市百货行业具有代表性的企业，进行问卷调查，最后总结成文。
>
> 3. 股海沉浮——企业的经济效益与股市的相互影响
>
> 结合高中思想政治课的有关内容，通过调查研究，进一步掌握市场经济的一般知识，探索影响股市的诸多因素，了解国有企业改革的进程，分析企业的经济效益与股市的相互影响，以自己的实际行动增强经济意识，亲身感受股票对现代经济的影响。
>
> 【思路提示】
>
> 查询资料，听讲座，模拟股市，对某上市国有企业进行社会考察，撰写论文并进行交流。

在进行研究性学习的过程中，学生可以采用以下方法来辅助学习：

1. 文献法

文献法是指学生利用文字、图形、符号、声频、视频等文献资源，采用文献检查手段，到图书馆、展览馆、书店等地方，从相关的书籍、报刊、互联网和自媒体中收集有关资料，如事例、数据、图表、照片等用于研究性学习。

2. 咨询法

咨询法是指学生向各种专家（包括教师）咨询，同专家进行讨论，获取论据材料，这是中学政治学科研究性学习的有效途径。向专家请教，学生不仅能获得该课题的背景知识、发展过程、最新进展、有待研究的问题以及一些可能的解决途径，而且还可以解答学生的疑难问题，便于学生在有限的时间里获得尽可能多的知识，从而顺利地完成专题研究。

3. 调查法

调查法是指学生通过问卷调查、访谈等调查方法获得研究性学习所需要的第一手资料。这是中学政治学科研究性学习的一种重要方法，有时贯穿于整个研究过程中。学生可以根据课题的不同要求采取不同的调查方法，如跟踪调查法、抽样调查法、实地考察法、问卷法等。

4. 分析法

分析法是指学生在获得第一手资料后，结合研究性学习的课题开展进一步的研究。学生对材料信息可以采用多种分析方法进行整理，如定性分析法、定量分析法、比较分析法、因果分析法和综合法等。

5. 逻辑推理法

逻辑推理法是指学生为了把大量的感性认识上升到理性认识，需要采用归纳、演绎、类比等方法，以便从获取的材料中提炼出有价值的东西，从而顺利地完成研究性学习的任务。

（五）自学法

自学法是指在教师的指导、激励下，学生独立或半独立地掌握新知识，获取新技能的课堂学习方法。① 自学法可以充分发挥学生的主体作用，有效地培养他们独立思考能力、动手能力、观察能力、迁移能力等，是新课改下大力提倡的学习方法。

自学法包括自学先导、自学解疑、自学检测和教师小结四个步骤。

1. 自学先导

自学先导即教师依据本节课的教学目的，以恰当的方式导入新课，并且向学生出示自学提纲或学案。学生根据教师的新课导入，结合自学提纲或者学案，进行自主学习。在这个环节，学生的自学主要是明确自学的方向，把握所学课程的重点和难点。

2. 自学解疑

自学解疑即根据教师所出示的自学提纲或学案，学生首先独立地阅读教材，在阅读的过程中要求学生能初步掌握一些基础的知识和原理，能够通过初步自学提出自己的疑问。针对这些疑问，学生可以自己查找资料和工具书，也可以向老师和其他的同学请教。根据教学的实际情况，教师可以组织学生进行小组讨论、研究，对这些疑问进行解决。在此过程中，教师要及时了解学生的学习情况，对部分自学能力较差的学生适时进行个别辅导。

3. 自学检测

自学检测环节的设置是为了检查学生自学的效果，巩固学生所学的知识。教师可以将练习题分为 A、B、C 三类，分别由相关层次的学生来做。习题的设置要难易结合，紧扣课程标准和教材，综合考虑各层次学生知识掌握的程度。另外，题目中应包含适当的"拔高"题目，使学生在攻克难题时发现自己在自学过程中的薄弱环节，从而进一步深化认识。在这个环节，教师要采取以鼓励教学为主的方法，在激发学生学习兴趣的同时让更多的学生收获成功的喜悦。

---

① 刘强. 思想政治学科教学新论 [M]. 2 版. 北京：高等教育出版社. 2009：280. 此处有改动.

4. 教师小结

教师小结环节主要是教师解疑答难。针对自学检测中学生不能解决的难题、疑问，教师要进行分析、讲解；对于课程的重点和难点，教师要有选择地进行强调重申。通过教师的解疑答难、点拨提升，力求使学生所学的知识系统化、网络化，在头脑中形成清晰的体系。

专题小结：

本专题主要介绍了学生的学习特点（接受性、间接性、有效性、教育性）、学习风格和学习倾向。尤其是重点梳理了场依存型和场独立型、沉思型和冲动型、整体型和序列型的特征。同时，本专题还介绍了中学政治学科的学习策略与学习方法，这对职前教师了解学生、开展教学工作提供了帮助。

学习反思：

1. 中学政治课学习有哪些学习方法？
2. 教师应如何更有效地指导学生进行中学政治学科的学习？

资源链接：

[1] 谭顶良. 学习风格论 [M]. 南京：江苏教育出版社，1995.

[2] 钟祖荣. 学习指导的理论与实践 [M]. 北京：教育科学出版社，2001.

专题七

中学政治学科评价论

☞ 通过本专题的学习，你能够：

1. 了解教学评价的概念与分类，新课改理念下的中学政治学科发展性教学评价的概念与需要遵循的原则；
2. 掌握中学政治学科教学的教师评价的内容、要求与方法；
3. 掌握中学政治学科教学的学生评价的内容、要求与方法。

> **引言**
>
> **优点单**[①]
>
> 年轻的初中女教师海伦发现自己所教的班里有不少学生学习很吃力，有一些学生因此有些灰心，为了帮助这些学生增强自信心，她想出了一条"妙计"：让每个学生用纸写下其他同学的优点，然后海伦分别抄下大家写给每个人的优点，再把这份"优点单"发给学生自己。同学们看到"优点单"上写的自己的优点，一个个惊喜万分，那些自信心不足的同学很快恢复了信心，学习成绩都有了明显的提高。若干年后，海伦与这个班的学生们一起参加本班一个在战争中死去的学生马克的葬礼，死者的父亲从手提包里拿出一张曾经打开、折合过许多次的两张笔记本纸，海伦一眼就认出了这是马克的"优点单"。这时，其他同学都从自己的贴身口袋里拿出了自己的"优点单"。大家说自己保留着这份"优点单"，随时随地都带着它，它在他们遇到困难时可以让他们想到自己的闪光点，从而增强了自信心。
>
> 海伦老师的做法体现的就是一种对学生的发展性评价观。

第一节　走向发展性教学评价

进入 21 世纪以来，我国的基础教育课程改革进一步深化，全面推进素质教育成为教育改革的根本任务，构建符合素质教育要求的新的基础课程体系已成为素质教育实施的核心。其中，良好的评价机制对教师的教和学生的学起着导向、引领、示范和辐

---

① 郑慧清. 趣味教学案例四则［J］. 思想政治课教学，2002（Z1）：63. 此处有改动。

射的作用，学与教的评价成为越来越多教育工作者关注的热点。中学政治学科承担着德育和公民教育的责任，重要性不言而喻。它不同于一般的文化课程，因此，中学政治学科的教学评价既具有一般学科的共性，也具有自身的特殊性。本节主要以中学政治学科的教学评价为出发点来论证发展性教学评价存在的必要性，并进一步阐述发展性教学评价的相关观点。

一、教学评价

（一）教学评价的概念

教学评价是教学理论中的重要组成部分，是教学研究领域的一个重要课题，究竟什么是教学评价，对于这个问题由于人们的认识不一致，给它下的定义也就不一致。"评价"一词的使用范围相当宽广，在现代汉语中，评价是评定价值的简称，《辞海》中所述为"泛指衡量人物或事物的价值"。在英语中"Assessment"（评价）的词源学含义是引出和阐发价值。因此，教学评价在本质上就是一种把握教学活动及其现象的价值判断活动。所谓教学评价，就是在一定教育思想的指导下，根据教学目标及标准，利用科学的、可行的方法和技术，对教学活动及其效果给予价值上的判断和评估。① 教学评价一般包括教学过程中对教师、学生、教学内容、教学方法和教学手段、教学环境、教学管理等诸要素的全面的评价。

资料卡片 2-14

评价是什么

评价（Assessment）来自拉丁词根的"Assidere"，意为"旁边就座"。评价是指主体按照一定的价值观标准对客体及其属性的价值进行判断的过程。价值观在评价中起重要作用，主体的价值观不同，对同一事物会有不同的评价。价值观判断客体属性及发展变化所达到主体期望的尺度是主体对客体进行价值判断的依据。

（二）教学评价的分类

所谓教学评价的分类，是指以一定的标准为依据而划分出的教学评价的种类。教学评价的种类繁多，按照不同的标准可以划分为不同的类型，常见的有以下三种分类：

1. 相对评价、绝对评价、个体内差异评价

按照评价参照的标准，教学评价可以分为相对评价、绝对评价和个体内差异评价。

---

① 刘强. 思想政治学科教学新论[M]. 2版. 北京：高等教育出版社. 2009：284. 此处有改动.

相对评价是指教师以被评价对象群体的平均水平或某一个个体为参照点进行比较，从而明确被评价对象在群体中的相对位置或与群体中某一个个体之间的差距的评价。其参照标准一般是该群体的常模，常模参照评价是相对评价的一种测试方式。相对评价可以使个体客观地判断自己在群体中的位置，有助于个体树立竞争意识，但有可能导致成员之间互争名次，从而忽略了自身素质的提高。

真题及解析

绝对评价是根据既定达到的教学目标的程度而进行的评价，指教师在被评价对象的群体之外，以某一预定目标或标准为客观参照点，然后把被评价对象与客观参照点进行比较，从而确定被评价对象达到客观标准的绝对位置的评价。目标参照评价属于绝对评价。绝对评价可以使个体通过与客观标准进行比较，判断自己的学业水平，但这种判断容易受主观因素的影响，从而导致结果难以与客观标准完全一样。

个体内差异评价是指教师以被评价对象群体中每个个体的自身发展变化为参照点进行的评价。它是把被评价对象群体中的每个个体的过去和现在相比较或者把某一个个体的各个侧面相比较的一种评价。个体内差异评价包括纵向评价和横向评价：纵向评价是对被评价对象在不同的时间状态进行比较，进而判断个体在一定的时间内是否进步与后退；横向评价是对被评价对象的各个方面进行比较，判断个体的优点和缺点，进而判断个体的具体发展。个体内差异评价充分体现了个性差异，有利于个体的个性发展，但其没有客观标准，容易造成被评价对象产生盲目自大、坐井观天的不良心理。

2. 诊断性评价、形成性评价和终结性评价

按照评价进行的时间和作用，教学评价可以分为诊断性评价、形成性评价和终结性评价。

诊断性评价又称事先的评价，是指教师在教学活动开始之前的评价。其目的是为了了解被评价对象的现状或为了发现存在的问题，以便采取适当的措施促进学生的学习进步，帮助学生排除学习过程中的障碍，并制订出有效的教案。

形成性评价又称即时评价或过程评价，是指在教学和学习的过程中，教师为了达到更好的教学效果而使用的系统性评价。它是用于学习过程中的及时反馈，是在学习形成阶段进行的掌握学习情况的一种措施。它的目的是为了教师及时地得到反馈信息、及时地发现问题、及时地调整活动，从而帮助学生提高学习能力和提升教学质量

终结性评价又称总结性评价或事后的评价，是指教师在一学期或一学年的教学活动结束后对其最终的学习结果进行的评价。它的直接目的是做出教学效果的判断，从而区别优劣、分出等级。

诊断性评价、形成性评价和终结性评价通常可以一起使用，在进行教学活动之前，教师可以借助诊断性评价，了解学生的水平，从而调整教学计划；通过形成性评价可以提供及时的、定期的反馈，教师可以了解学生掌握知识的情况；终结性评价则展示了学生最终的学习结果。

3. 自我评价和他人评价

按照评价主体的不同，教学评价可以分为自我评价和他人评价。

自我评价是指被评价对象根据一定的教学活动的价值观和管理机制，对自己的教学工作进行的评价。它的目的是为了提高被评价对象自身的水平。自我评价强调评价者与被评价对象的一体化，避免了评价者与被评价对象之间的对立情绪，但由于是自己给自己评价，所以可能会造成自我评价过高、评价结果不准确。

他人评价是指由被评价对象自身之外的评价者对其实施的评价。与自我评价相比，他人评价较为客观，但程序复杂、耗时耗力，且容易与被评价对象产生对立情绪，造成评价结果难以为被评价对象所接受。

教学评价的种类按功能还可以分为选拔性评价、水平性评价、发展性评价，按对象还可以分为学生学习评价、教师教学评价等。

二、中学政治学科教学评价

（一）中学政治学科教学评价的概念

根据评价和教学评价的定义，可以得出中学政治学科教学评价就是以中学政治课程标准规定的总的课程目标和教学总要求为标准，运用科学的、可行的方法收集教师和学生在教学过程中的各种资料，并对教师和学生在教学活动前后发生的变化给予价值上的判断和分析。

教师在理解中学政治学科教学评价的概念时要注意以下四个方面：

第一，评价要以中学政治课程标准规定的总的课程目标和教学总要求为标准；

第二，要运用科学、可行的方法收集相关资料和信息；

第三，教学评价的对象是教师和学生，评价内容是教师的教和学生的学，对于内容的评价要更注重过程；

第四，教学评价的目的是为了学生和教师的发展，为学生的全面发展和教师提高教学水平服务。

（二）中学政治学科教学评价的目标

中学政治学科的特殊性决定了它拥有不同于一般文化课程的教学目标，除传授基础的知识外，更重要的是培养德、智、体、美、劳全面发展的社会主义建设者和接班人。因此，对于学生的评价不仅要注重知识与能力的提升，更重要的是要培养学生的情感、态度与价值观。教师要明确中学政治学科教学评价的目标，首先要了解教学目标与教育目的、培养目标、课程目标等的关系。

教育目的体现和表达的是国家总体的、终极的教育价值，是带有方向性的总体目标和最高目标，具有高度的宏观性、概括性、普遍性。它是整个国家各级各类学校、各门课程、各科教学必须遵循的基本宗旨和质量要求。

培养目标体现的是不同性质的教育和不同阶段的教育的价值,是不同性质的教育和不同阶段的教育的目标。它是根据教育目的制定的,具有阶段性和专业性,在一定性质的教育或一定阶段的教育中具有普遍性。

课程目标是"课程本身要实现的具体目标",是根据学生发展的状况,在一定时期内通过完成规定的课程教学而使学生达到的目标。它既是国家教育目的、学校培养目标的具体化,也是教师制定教学目标、组织教学活动、进行教学评价的依据。

教学目标体现的是教师的教和学生的学的目标,是课程目标的进一步具体化,是每个单元、每节课所应该达到的具体目标。

 资料卡片 2-15

教育目的、培养目标、课程目标和教学目标的区别			
目标的种类	价值体现	适用范围	所属层次
教育目的	国家总体的、终极的教育价值	整个国家各级各类学校	第一层次
培养目标	不同性质的教育和不同阶段的教育的价值	一定性质的教育或一定阶段的教育	第二层次
课程目标	一定课程的价值	一定课程的设计、实施、评价	第三层次
教学目标	课程中一定内容教学的价值	一定内容的教学与评价	第四层次

当教师用教学目标来检查学生的学习效果时,教学目标就是评价目标,根据新课程标准关于课程目标的要求,《思想政治新课标》规定高中思想政治课程的目标是政治认同、科学精神、法治意识和公共参与四大学科核心素养。目前正在实施的中学政治学科的教学目标是由情感、态度与价值观,能力和知识构成的三维目标。

1. 情感、态度与价值观目标

情感是指学生的学习热情和兴趣等方面。态度是指学生学习的态度,包括对生活的态度、对求实的态度以及宽容的人生态度。价值观是指社会主义核心价值观,强调个人价值与社会价值相统一的关系,价值观是看不见、摸不着的东西,必须通过学生的情感发展在潜移默化中形成正确的世界观、人生观和价值观。

2. 能力目标和知识目标

知识是指事实、概念、原理、规律等。能力是指动作技能,以及观察、阅读、计算、调查等技能。中学政治学科不仅要求学生掌握相关的基础知识,而且还包括能力的发展。随着信息化社会的到来,掌握系统的学科知识已不是中学政治学科的首要教学目标，更重要的是要求学生学会批判地思考，培养自主学习、合作学习、探究学习等能力。

在这三维目标中，情感、态度与价值观目标的主体是思想政治观点或品德，是优先设置和实施的教学目标；能力目标强调认知能力和行为能力的发展；知识目标是支撑全部目标实施的基础，服从并服务于情感、态度与价值观目标和能力目标。

（三）中学政治学科教学评价存在的问题

进入 21 世纪以来，新课改加大了对基础教育课程改革的力度，对此，我国中学政治学科在教学评价方面也做了改革，但这些改革都是浅层次的，没有从根本上改变应试教学评价体系。对照发展性教学评价的要求，目前中学政治学科在教学评价方面存在以下四个方面的问题：

1. 教学评价过于关注能力目标和知识目标，忽视了情感、态度与价值观目标

中学政治课程标准构建了新的"三维目标"结构体系，即把课程分类目标划分为情感、态度与价值观，能力和知识三个维度，在课程目标整体体系上有了新的变化。因此，从评价的角度来看，我们要确定三维的评价目标，不仅要对知识目标进行评价，而且还要对能力目标，尤其是情感、态度与价值观目标进行评价。然而，在应试教育运行机制的情况下，中学政治学科教学评价主要以考试分数来评价教师和学生，教师和学生的优劣主要看考试分数和升学率的高低。学校为了提高升学率，往往会忽视学生的思想素质和综合能力的提高。同时，教师为了达到学校的要求，过分强调对学生传授知识，却忽视了情感、态度与价值观的培养；学生的学习局限在基础知识层面，却忽视了德育的重要性，导致学生的知行脱节，不利于学生的健全人格和完整个性的形成，不利于对学生心灵和智慧的开发，甚至会造成严重的后果，致使中学政治学科的教育目标无法落实，严重影响了学生的全面发展。

2. 评价标准机械单一，强调了共性却忽视了差异

教育的目的是培养人，新课改强调教学评价的标准设计要服从和服务于促进教师发展、学生发展、教学发展这一根本目的。作为学校，追求升学率是学校得以发展的前提；作为教师，追求教学质量和教学业绩是教师的职责所在；作为学生，追求优秀的学业成绩是值得提倡的。但是，如果教师像目前这样，在学生学业评价方面把单一的测验成绩作为衡量学生学习质量的唯一标准，把分数作为判定学生优劣的依据，对学生的评价过于重视不同学生之间的横向比较而不注重学生自身的纵向发展，忽视了学生的个性发展，会使学生背负沉重的心理压力和自卑感，对于教师的评价只注重学生的考试成绩如何，而不注重教师在教学过程中的相关环节对学生在情感、态度与价值观方面的影响，就失了去评价的客观性和全面性。

3. 评价功能失调，过分强调甄别与选拔的功能

教学评价主要有导向、激励、诊断、反馈等功能，但受功利主义思想的影响和对灌输理论的片面理解，当前我国的中学政治学科教学评价仍然以分数来评价学生的学业成绩，教师和学生在巨大的压力下只能重视考试成绩，而无暇顾及其他方面的发展。在这种情况下，教学评价过分注重甄别与选拔的功能，学校、教师、学生甚至家长都习惯用成绩的高低来评价学生，却忽视了教学评价的诊断、激励的功能。中学政治学科作为为学生终身发展奠定道德素质基础的课程，忽视了教学评价的诊断、激励的功能，尤其是发展的功能，将无法完成中学政治学科的教学目标，无法真正地提升学生的思想政治素质，无法真正培养德、智、体、美、劳全面发展的社会主义事业接班人。

4. 学生学习评价的主体错位，学生处于被动地位

评价的主体错位是对教育界来说的，在开展教育评价时明显地呈现出"他评"的特征，使被评价对象始终处于一种消极的被动地位。在目前的教学评价中，学生成为教师、学校、社会评价的对象，处于"他评"的状态，处于一种消极被动的地位。中学政治学科教学评价一般以教师评价学生为主，评价过程以教师为主导，学生被动地接受评价。由于只有教师这个单一的评价主体，所以使得评价具有片面性。同时，由于学生被动地接受评价，所以不利于激发学生的积极性和主动性；不利于学生从自我评价中发现自己的潜能，增强自己的成就感和自信心；不利于学生的身心发展。对于教师的评价而言，也主要是由学校的领导和其他教师听课后对教师进行评分，偏向于评价教师教学的好坏，却忽视了教师的自评和教师之间的互评，因此增加了教师的压力，而不是帮助教师发现问题并改正问题，从而促进教师进行教学。

三、中学政治学科发展性教学评价

真题及解析

《关于基础教育改革与发展的决定》明确指出，探索科学评价方法，发现和发展学生的潜能，帮助学生树立自信心，促进学生积极主动的发展；《基础教育课程改革纲要（试行）》中也提出要建立促进学生全面发展、教师不断提高的评价体系，即建立发展性教学评价体系。因此，发展性教学评价的提出，不仅反映了我国现行教学评价中的问题与不足，而且体现了我国当前教学评价最新发展的趋势与先进的评价思想。

（一）中学政治学科发展性教学评价的原则

所谓发展性教学评价，是指在以人为本的思想指导下，关注学生发展、教师素质提高和教学实践改进的一种形成性教学评价。① 它是一种形成性评价，重视发展、强调主体互动和对学生的个性化、差异化评价。

这种评价就属于发展性评价。教师在进行发展性教学评价时需要遵循的原则有以下五个方面：

---

① 杨学良，蔡莉. 关于发展性教学评价的理论研究 [J]. 教育探索，2006（7）：45. 此处有改动.

1. 发展性原则

中学政治学科发展性教学评价要对学生的情感、态度与价值观目标，能力目标和知识目标各方面进行测试与评价，通过评价让学生及时明确和把握自己的学科学习情况和思想政治素质发展情况，反思自己的发展与目标要求之间的距离及原因，今后自己在哪些方面需要继续保持和发扬、在哪些方面需要进一步改进和完善，从而更好地促进学生素质的发展。同时，还要强调将评价过程变为教育过程，淡化评价的甄选功能，把教学评价变为促进学生发展的重要手段。

2. 客观性原则

客观性原则要求教师在对学生进行评价时，要采取客观的、实事求是的态度，不带有色眼镜和掺杂个人感情色彩去评价，要做到公平、公正。这种评价的客观性具体表现在：第一，评价标准要客观，不带随意性；第二，评价方法要客观，不带偶然性；第三，评价态度要客观，不带主观性。

3. 全面性原则

在进行教学评价时，教师必须树立全面的观点，在全面考察的基础上，进行最后的评定，具体来说要注意：第一，评价内容要全面。教师既要关注结果，也要关注过程；既要衡量学生掌握知识的情况，也要衡量学生能力的发展，更要衡量学生情感、态度与价值观的养成情况；既要评价教师对教学目标、教学内容、教学方法、教学手段、教学过程、教学效果等方面的具体把握，也要对这些方面进行整体评价。第二，收集信息要全面。教师要听取多方面的意见，收集各方面的信息，为分析、判断和做出正确的结论提供充分的依据。第三，评价方法和评价手段要全面。教师要坚持形成性评价与终结性评价相结合、自我评价与他人评价相结合等。

4. 主体性原则

教师在对学生进行评价时需特别重视学生在评价中的主体作用，重视学生的自我反馈、自我调控、自我完善、自我认识，同时强调评价主体的多元化，主张发挥学生、教师、领导、家长和社会人士在评价中的主动性、积极性和创造性，形成一个民主、开放、活泼、和谐的多主体、多元化的评价系统。发展性教学评价尤其强调教师在教学过程中要注重发挥学生作为学习主体的作用，教学过程要面向全体，体现差异，因材施教，全面提高学生的素质。在教学中，教师要给学生创造机会，让学生主动参与、主动发展。教师传授知识的量和训练能力的度都要适中，需突出重点、抓住关键，充分体现理论知识的学习过程和学习方法，学习结论尽可能由学生自悟与发现等。

5. 过程性原则

中学政治学科发展性教学评价重在评价学生全面发展的过程以及对过程的追求，而不仅仅是一种结果。评价只有关注过程，教师才能深入学生的观察、思考、情感体验、推理、应用、假设和创新的发展过程，才能了解学生在学习中遇到的问题，才能对学生进行真实的评价和指导，评价促进发展的功能才能真正发挥出来。

（二）中学政治学科发展性教学评价的内容

中学政治学科发展性教学评价的设计依据主要有课程标准、教学内容与学生的学习表现。教师设计中学政治学科教学评价的内容应着力解决两个问题：为何评和评什么。为何评，就是要解决评价目的的问题，如果评价目的是了解学生的学习状况，那么评价体系就要围绕着学生的学习状况而展开。应该说，明确评价目的是进行评价设计的出发点。传统的中学政治学科教学评价的目的往往突出教学的结果，关注被评价对象与评价标准的适应程度，热衷于对教学结果加以区分和认定。随着新课改的发展，中学政治学科教学评价的目的更强调发展性，旨在促进教师和学生的发展，通过教学评价为中学政治学科的教学提供有效的诊断和反馈，从而改进教学策略、促进教学成效的提升。

1. 设计评价内容的标准

评价内容的标准通常以评价指标体系的形式表现出来。教学评价的内容标准是通过对所确定的教学评价的目的进行分析，将目的分解成若干个可测量的、行为化的评价指标，从而设计形成的一个有机联系的系统，主要反映了评价的内容指标、等级安排等。确立评价内容的标准就是要解决评价什么的问题，必须明确其设计依据。

（1）有科学依据。

从理论依据来说，评价标准要以教学的有关理论为基础，符合中学政治学科的规律和要求等。从现实依据来说，要考虑评价的目的、评价对象的实际学习情况等。

（2）有较高的信度和效度。

评价标准不仅要使评价真实可信，减少评价中可能出现的主观臆断，而且还要能真实有效地反映被评价对象（主要是学生）的实际水平。

（3）简便易行。

评价内容的标准要尽可能具体化、现象化、可观测，只有这样才能使评价具有可操作性，且简便易行。

2. 设计评价内容的指标体系

指标是指具体的、行为化的、可测量或可观察的评价内容。教师设计评价内容时应考虑：要依据一定的标准确立教学评价的指标；教学评价指标体系是分层次的，大体包括评价指标、评价要素（有的也称一级指标、二级指标）等层次。确立评价指标就是要考虑教学评价可以从哪些方面进行设计，从而构建评价指标体系的大框架。

中学政治学科发展性教学评价要坚持正确的价值标准，尊重学生的个性表现，关注学生情感和态度变化的趋向。对情感、态度与价值观目标的评价，主要依据学生在课程实施中参与活动的行为表现，以及学生对当前的社会现象和社会问题所表达的关切、所持有的观点。比如，学生是否积极参与本课程教学所组织的各类活动；学生是否能表达出自己真实的情感和态度；学生是否能自觉地总结自己的思想历程；学生是否能积极地提出自己的观点、看法，充分发挥个体的创造性和个性等。

3. 突出发展性评价内容的重点

中学政治学科发展性教学评价要突出对学生思想品德和政治素质的评价，中学政治学科的核心目标是提高学生的思想品德和思想政治素质，因此，教师要把对学生思想品德和思想政治素质的评价放在突出位置。教师对学生的思想品德和思想政治素质的评价要注意两点：第一，要全面、客观地反映学生的思想政治素质的发展状况；第二，要注重考查学生的行为，特别要关注其情感、态度与价值观方面，如人生观、价值观、学习态度、创新精神、实践能力、学习能力、做人的品格、身心素质等。

> **引 言**
>
> 爱尔兰著名作家萧伯纳说："我是你的一个旅伴，你向我问路，我指向我俩的前方。"教师们互相听课和评课的过程就是一个专业共同发展的过程。[①]

第二节　中学政治学科教学的教师评价

《中国教育改革和发展纲要》中指出：振兴民族的希望在教育，振兴教育的希望在教师。教师是完成学校教育任务的主力军。他们的素质与工作积极性直接关系到学校为现代化建设事业培养合格人才的质量。《基础教育课程改革纲要（试行）》指出：要建立教师不断提高的评价体系。强调教师对自己教学行为的分析与反思，建立以教师自评为主，校长、教师、学生、家长共同参与的评价机制，使教师从多种渠道获得信息，不断地提高教学水平。

一、教师评价的内容

教师评价是课程评价的重要组成部分，它不仅关系到教学效果的提高和学生的发展，而且与教师的专业发展、职称、职务、待遇等切身利益直接相关。因此，对于教师的评价不仅要关注教学任务的完成，而且还要注重教师对自己工作的分析与反思，同时也要兼顾教师自身素质的评价。教师评价的内容十分丰富，概括地说有教师课堂教学评价、教师能力评价和教师素质评价三个方面。

（一）中学政治学科教师课堂教学评价

"以学论教，教为了促进学"是新课改的课堂教学评价观。它给发展性教学评价带来了一些新变化，评价更加关注教师教学的方式和学生学习的方式，更加关注教师的课前准备和课堂教学能力等。听课和评课是对教师课堂教学质量和教学过程进行分析的主要方式。

1. 听课

听课是教师或研究者凭借自身的感官及有关辅助工具（记录本、调查表、录音录像设备等），直接或间接地从课堂情境中获取相关的信息资料，对教师的课堂教学进行

---

① 程振响. 教师职业生涯规划与发展设计［M］. 南京：南京师范大学出版社，2006：148.

学习、研究、评价的手段。①

听课者只有了解听课的目的，才能更好地完成听课的任务和解决听课中的问题。一般而言，听课具有以下目的：

第一，为了熟悉本学科的教学实践经验和教学技能；

第二，为了帮助教师提高业务水平；

第三，为了观摩典型的教学组织形式；

第四，教育领导者为了调查研究和检查工作；

第五，教师之间为了切磋教学技能。

在听课时，听课者需要注意的问题包括以下三个方面：

（1）听课前要做好必要的准备。

在听课时，如果听课者没有做好准备或流于形式，听课效果就不佳，所以听课者在听课之前必须要有准备。听课前的准备主要包括：明确听课的目的；要以同授课教师平等的身份进行听课；要了解本学科课程标准的基本精神、教材的基本内容；适当了解所在班级及学生的情况；带好听课笔记本等。

（2）在听课的过程中，听课者应集中注意力，做好听课记录。

听课者要记录教学实录和教学点评两个部分的内容。教学实录一般包括听课的时间、学科、班级、执教者以及教学过程中的教学环节、教学内容、教学方法、各个环节的时间安排等。教学点评是指听课者对本节课教学的优点和缺点的初步分析与评估以及提出的建议，包括教材的处理与教学思路、教学重点的理解和教学难点的突破、教学方法的选择、教学手段的运用、教学基本功等。

（3）听课后要交换意见。

听课后，听课者要抱着虚心、诚恳的态度，热情主动地与授课教师进行交流。在交换意见时，听课者应抓住重点，多谈优点和经验，做到明确的问题不含糊，拿不准的问题不急于下结论，学术上的问题不武断，有创新的地方要肯定与鼓励，存在的问题不回避，但要注意方式与方法，要考虑到授课教师是否能接受意见和建议。

2. 评课

评课就是相关主体对教师课堂教学过程和教学质量的分析和评价。通过评课，教师可以不断地总结教学经验、形成教学风格、提高教学水平；敦促教师转变教育思想，更新教学观念，确立新课改理念。

（1）评课的原则。

评课的原则是指评课的基本要求和规定。教师评课应该遵循的原则包括以下五个方面：

---

① 杜文艳. 深度探究：初中思想品德课程教学践行与反思［M］. 长春：东北师范大学出版社，2011：225.

第一，客观公正原则。即在评课时，评课人要从客观事实出发，要从授课教师讲课的实际情况出发，要实事求是、公平合理、科学正确地进行评课。

第二，科学性原则。即在评课时，评课人要以现代科学的教学理论为依据来分析教学现象，不能固执己见、不懂装懂。

第三，重点性原则。即在评课时，评课人要突出重点和特色，切忌面面俱到、泛泛而谈。

第四，整体性原则。即在评课时，评课人要从评价整体教学效果出发进行评价。

第五，理解性原则。即授课教师和评课人之间要相互理解、相互体谅。

(2) 评价的内容。

评课涉及的内容很多，一般主要有：

第一，评教学目标。在评课时，评课人要评价授课老师的教学目标是否符合全面性、明确性、适度性的要求。

第二，评教学内容。教学质量如何，关键是授课教师能不能正确地传授教学内容，因此教学内容要具有科学性、教育性和逻辑性，授课教师是否钻研、讲透"重点、难点、知识点、能力点、教育点"。

第三，评教学方法。对于教学方法的评价，要达到"六性"，即启发性、艺术性、实践性、实效性、教学个性、主动性；要避免"三性"，即重教不重学的主观性、重知不重思的浅层性、重灌不重趣的强制性。

第四，评教学结构。在评课时，评课人要从以下几个方面来评价授课教师的教学情况：授课教师安排教学环节要合理，结构要紧凑，程序要严密；教学节奏要协调和谐，教学要做到动静、收放得当、衔接自然，师生关系要和睦、和谐；知识容量要适当。

第五，评教学素养。授课教师的教学语言要规范，教态要自然大方，板书设计要合理且美观大方，要有一定的课堂教学应变能力。

真题及解析

第六，评教学效果。评课人要评价学生通过学习，在道德认知、思想觉悟、思维能力、情感意识、价值观等方面有无改进和提高。

(二) 中学政治学科教师能力评价

教师能力是指中学政治教师在从事教学活动时所具有的本领，主要包括教学智能和教学实践能力。

1. 教学智能

教师要具有学习先进教学理念的能力，对教学工作能提出新看法、新形式、新做法；具有敏锐、准确的观察力，能够通过观察学生的学习和生活，发现学生在思想上、学习上一些带有倾向性的问题；具有较高的文字表达能力，字迹工整，能撰写出具有一定水平的文字材料，如工作总结、教改实验报告等；具有教育科学研究能力，能够结合教学实际，对教材、教法、学法进行研究，善于总结自己的教学经验。

2. 教学实践能力

教师要具有教学工作能力，能够合理地组织和使用教材，恰当地选择和运用教学形式和教学方法，优化教学过程；具有指导学生的能力，善于培养学生的自学能力，能坚持正面教育，做好学生的思想教育工作；具有较强的组织管理能力，能够组织教学过程，有效地管理班级；具有较强的口头表达能力，语言清晰、准确、生动、简明、抑扬顿挫、逻辑性强，具有强大的感染力和吸引力；具有运用现代化教育技术的能力，能够运用互联网和自媒体资源进行学科教学。

（三）中学政治学科教师素质评价

教师素质是教师做好工作的基础和条件。它是教师在工作中长期发挥作用的一种潜在因素。教师缺乏某种素质或某种素质很低就不可能很好地完成教学任务。中学政治教师应具备的基本素质包括以下五个方面：

1. 政治素质

政治素质是指教师应具有的政治修养。教师要热爱社会主义祖国和社会主义事业，坚持四项基本原则和改革开放的方针；热爱教育事业，热爱学生，热爱本职工作，具有强烈的事业心和责任感，对工作认真负责、精益求精，具有勇于拼搏、公而忘私的献身精神；具有强烈的法制观念和公德意识，善于明辨是非，坚决维护正义；具有协作精神，善于团结同事，作风民主、正派，处事公正，严于律己、宽以待人，乐于帮助别人。

2. 文化素质

文化素质是指教师应具有的文化知识和科学技术知识。这也是衡量教师素质的一个重要标志。它是教师教好所教学科和满足学生旺盛的求知欲所必需的。国家根据教育目的对不同教育层次的教师规定了不同的学历要求，中学教师必须具备大学本科以上的文化水平等，这是对教师文化素质要求的具体表现。

3. 专业素质

教师的专业就是教育和培养学生。根据这个专业要求，在专业素质方面，教师一方面应具有一定的教育理论水平，熟练地掌握教育的原则和方法。另一方面，教师要精通所教学科的内容，对本学科的体系、内在结构、前后逻辑关系，以及与其他学科之间的相互联系都有清楚的了解；对本学科的教学重点、教学难点、教学关键了如指掌，对学生在学习本学科时所提出的问题能做出科学的回答。此外，教师还应具有一定的组织管理知识。

4. 身心素质

教师要具有良好的身体素质和健康的心理素质，这对实现教学目标，对班风、学生的身心健康和师生关系的好坏都具有直接影响。良好的心理素质包括成熟的性格、融洽和谐的心理状态、较强的心理承受能力和自我调节能力。健康的身体素质是教师完成教书育人工作的基本前提，所以，教师要坚持锻炼身体、增强体质，注意劳逸结合和个人卫生。

5. 风度和仪表

教师的外在素质主要指文明风度和仪表行为。他们的文明风度和仪表行为对学生的思想政治教育作用很大。中学政治教师应具有以下风度和仪表：礼貌待人、语言文明、举止从容适度；仪表既要符合性格特点，也要符合育人角色的特点要求，把外在美和内在美有机统一起来。

二、教师评价的要求

在中学政治学科教师评价中，为了防止和克服评价者对教师评价的主观性、片面性和随意性，加强教师评价的规范化、科学化和有序化，提高评价的信度和效度，在进行教师评价时评价者应遵守以下两个方面：

（一）基本要求

1. 坚持评价的整体性

在教师评价中，评价者必须坚持全面的观点，对教师工作进行全方位、多指标、多层次的综合分析和判断，力求真实、准确地反映教师工作的全貌。教师的基本素质和工作绩效是相互联系不可分割的整体，也正是这个整体内各要素的协调作用才构成了教师的工作质量。因此，在评价教师的工作质量时，评价者必须注意整体性，既要看基本素质，也要看实际表现；既要看工作结果，也要看工作过程；既要注意智育的质量，也要注意德、体、美、劳和个性等方面发展的情况，决不能以偏概全，随意增减或变更指标与标准。评价者对教师评价资料的收集也要真实、准确、全面，绝不能凭某一方面或少数人的反映进行评价。但是，教师评价要坚持整体性绝不是要求评价者评价教师的工作质量可以不分主次。相反的，评价者必须是在全面的基础上抓住重点，否则评价工作就不能发挥导向、激励的功能。

2. 要坚持评价的客观性

坚持评价的客观性就是要求评价者在教师评价中必须采取实事求是的态度，从教师工作的客观实际出发，对教师做出客观、公正的评价。教师从事的是培养人的工作，是一种复杂的脑力劳动，富有极大的创造性，如对不同学生的因材施教，对教学内容、教学形式和教学方法的创新；以自己的知识、才能和品德，通过语言、实验、行为等对学生发生作用。因此，评价者在教师评价中必须根据这些要求实事求是地做出客观的评价。

3. 要坚持评价的教育性

坚持评价的教育性就是要求评价者对教师评价要着眼于教育，充分发挥评价的导向、激励、改进的功能。为了使教师评价充分地发挥教育性，评价者在制定教师评价指标和评价标准中，必须真正体现党和国家的教育方针与学校的培养目标，使教师通过评价前进有方向、奋斗有目标。在教师评价活动中，评价者要重视教师的自我评价，使评价过程成为每位教师自我认识、自我分析、自我改造、自我完善的自我教育过程。

4. 要坚持定性分析和定量分析相结合

这一要求就是在教师评价中，评价者对教师的工作和结果，既要定性分析，也要定量分析，而且要把两者有机地结合起来。教师的工作，有的是可以进行定量分析的，有的是不易于进行定量分析的，如教师的品质、工作态度、讲课的科学性和思想性等就很难定出量化标准。这都需要评价者结合教师的其他表现进行定性分析。当然，有些是可以量化的，如在教学效果中，学生学习成绩的提高率、合格率、优秀率等。在教师评价工作中，评价者只有将定性分析和定量分析结合起来并相互补充，才能对教师的工作质量做出合理评价。

（二）教师评价中应注意的问题

在新的教师评价系统中，应强调教师对自己教学行为的诊断和反思，注重学生的意见和家长的反馈信息，通过多方面的评价，使教师可以从多种渠道获得改进教学行为的信息，进而不断地提高教学水平。

教师评价是一个复杂的多边系统，它涉及的内容比较广泛，层次又比较多，既要进行多方面横向比较，也要进行发展性纵向比较；既要进行定量精确评价，也要进行定性模糊评价；既要进行自我评价，也要进行他人评价，以此着力构建全方位的、动态性的教师评价系统。

教师评价制度的完善必须体现评价工作的民主性，做到教师人人都是评价者、人人也都是被评价者，评价的全过程必须是民主性最大限度的认同，必须着力强化教师参与评价的主体意识。与此相应，教师评价制度的完善又必须建立在教师评价机制的充分发挥上，它必须以诊断问题为基点，以指导教学为手段，以激励教师为目标，以此充分调动教师教学的积极性与主动性，进而不断地提高自己的教学水平。

三、教师评价的方法

教师评价的方法是指评价者为了完成教师评价任务所采用的评价手段和评价方式。教师评价的方法很多，在中学政治学科教师评价中，学校应注意采用教师自我评价、教师互评、学生评价、家长和领导评价。

（一）教师自我评价

《基础教育课程改革纲要（试行）》强调"教师对自己教学行为的分析与反思"，提出要建立以"教师自评为主"的评价机制。教师自我评价，除意味着对教师的尊重、信任外，还能对教师自身的情况做出比较全面、客观、准确的分析和评价。因为，领导和同行在评价教师的工作时，很难对其工作做到全面、细致的了解，只有教师自己最了解自己。同时，教师用科学的指标体系来衡量自己的工作，可以明确自己哪些方面达到了要求、哪些方面还存在差距，从而推动教师改进和提高工作。

中学政治教师在进行自我评价时要注意两个问题：一是明确评价的内容和标准，最大限度地发挥评价的作用；二是教师自我评价的结果不宜与教师的奖惩挂钩，以避免教师由于压力或追求功利而不能客观地评价自己。

中学政治教师周期性自查量表的格式和内容等如表2-5所示。

表2-5 中学政治教师周期性自查量表

项目	条目	细目	优势	不足
教学方面	教学目标	教学目标科学、合理、全面		
		学习过程围绕教学目标开展		
	角色把握	注意信息反馈，及时进行激励性评价		
		组织有效的学习活动，指导学生学习		
	环境营造	创设新情境，丰富学习资源，激发学习兴趣		
		营造宽松、平等、互动、开放的学习氛围		
	技术应用	教学设计新颖，教学过程流畅		
		科学设计，合理地运用各种现代媒体		
素质方面	职业素质	职业道德		
		学科知识		
	教学素质	能准确地把握课程标准，恰当地处理教材等		
		语言准确、生动、有感染力，教态亲切自然		
	综合素质	板书设计合理、美观工整，多媒体技术熟练		
		文化素养		
	其他素质	参与公共事务的能力		
		反省与计划性		

（二）中学政治课教师互评

教师互评是指由同行利用各种信息对某位教师的教学行为和表现进行评价。教师互评是发扬民主的一种评价方法。同行教师是本学科知识的内行，对业务比较熟悉，能提出比较中肯的意见。但是，在教师互评中必须注意克服不正之风的影响，防止出现感情用事、从印象出发、违心办事等弊端。

教师在互评时要注意两个问题：第一，评价者要抱着对教师负责的态度，结合新课改的理念和要求客观公正地评价教师；第二，教师要正确地对待别人对自己的评价，充分认识到同行评价对自己改进教学的作用,虚心地接受别人的意见。

(三)学生评价

学生是教师教学工作的对象,最了解教师的教学态度、教学水平和教学效果。因为,教师劳动的结果具体体现在学生的身上。所以,在中学政治学科教师评价中,评价者应让学生参加,通过学生的评价,评价者可以更深入、更具体地了解教师的教学效果。学生评价可以从其独特的角度发现教师的外在特征,从学习者的角度对教师的教学态度、教学方式与教学方法、教学内容和教学效果进行评价,并提出意见和想法,使教师能及时地调整自己的教学管理策略和教学行为,使教学更有利于促进学生的发展和教师的提高。

学生在进行评价时可以使用如表2-6所示的学生评教表。

表2-6 学生评教表

评价项目	评价内容	评价等级			
		A	B	C	D
职业道德	爱岗敬业,关心学生;尊重学生,与学生平等交流;为人师表,以身作则;积极向上,乐于奉献				
专业水平	对所教学科知识熟练掌握,理解透彻;知识传授准确,内容科学;将与学科相关的信息、新思路、新观点引入教学				
教学态度	课前准备充分,教学认真严谨;作业布置、批改有质有量,能虚心听取学生的意见,教学相长				
教学能力	教学目的明确、层次分明;教学方法灵活多样;教学思路清晰、重点和难点突出;师生互动好;教学语言准确清晰;教学手段运用合理				
教学效果	学生掌握了必要的基础知识和基本技能;体验了获取知识的过程与方法,学会了有关的学习方法和解决问题的方法,思想觉悟有所提高				
综合评价	评定等级: 主要优点和缺点: 建议:				

注:A为优秀,B为良好,C为一般,D为有待改进。

(四)家长和领导评价

家长对中学政治教师的教学评价也具有重要的参考价值。评价者可以通过座谈、调查问卷等形式来了解家长对教师教学工作的满意程度;可以通过开设家长开放日,让家长了解和反映教师的教学情况;还可以通过设置家长信箱等途径来征求家长的意见。学校领导可以根据日常积累的各种考核资料,按照评价指标体系对教师进行评价。领导评价教师应该态度诚恳、实事求是,不凭印象、不分亲疏。否则,不仅不能收到好的效果，反而会使教师对评价产生不满心理。

  由于不同方面的评价者对教师状况了解的程度不同，所以各方面的评价结果在构成教师评价结论中所发挥的作用也应有所区别。为了使不同方面的评价者所评价的结果在教师评价结论中起到应有的作用，以保证评价结论更加科学化，就必须对不同方面的评价结果赋予不同的权重，使各方面的评价结果乘以相应的权重，然后相加求和，最后得出教师评价的结论。

> **引 言**
>
> **换一种角度和方式评价**[①]
>
> 　　两名保龄球教练分别训练各自的队员。他们的队员都是一球打倒了 7 只瓶。教练甲对自己的队员说:"很好！打倒了 7 只。"他的队员听了教练的赞赏很受鼓舞，心里想下次一定再加把劲，把剩下的 3 只也打倒。教练乙则对他的队员说:"怎么搞的，还有 3 只没打倒。"队员听了教练的指责，心里很不服气，暗想你咋就看不见我已经打倒的那 7 只。结果，教练甲训练的队员成绩不断上升，教练乙训练的队员打得一次不如一次。它告诉我们，赞赏和批评的收效有多么大的差异，不同的评价语言会产生不同的结果。
>
> 　　其实，希望得到他人的肯定、赞赏是每个人的正常心理需要。教学亦是如此。一位成功的教师会努力去满足学生的这种心理需求，鼓励学生发挥创造精神，帮助学生解决困难。相反，专爱挑学生的毛病，靠发威震慑学生的教师，也许真的能够"驯服"他的学生，但是，一头暴怒的狮子领着一群绵羊又能创造出什么样的事业呢？

第三节　中学政治学科教学的学生评价

　　学生评价是教学评价最为重要的组成部分，是教学评价的核心，具有导向和教育功能，对促进学生的成长和发展有着重要的意义。学生是教育的对象，教学质量的高低主要体现在学生身上，因而学生评价是教学评价的重要内容，无论是教学的宏观评价还是微观评价，都离开不了学生评价。

一、学生评价的内容

　　对学生的评价，按照新课改的精神，涉及学生的学业质量、智能发展、品德发展和心理发展等方面。

（一）学生学业质量评价

　　学业质量是学生在完成本学科课程学习后的学业成就表现。学业质量标准是以本学科核心素养及其表现水平为主要维度，结合课程内容，对学生的学业成就表现的总

真题及解析

---

　　① 曲铁华，周晓红. 教师学与教学论 [M]. 长春：东北师范大学出版社，2006：309. 此处有改动.

体刻画。依据不同水平学业成就表现的关键特征,学业质量标准明确将学业质量划分为不同的水平,并描述了不同水平学习结果的具体表现。中学政治学科学业质量是阶段性评价、学业水平合格性考试和学业水平等级性考试命题的重要依据。学生的学业质量有水平划分,不同水平的质量评价分别具有不同的价值。学业质量水平一是阶段性评价的重要依据。学业质量水平二是高中毕业生在本学科应该达到的合格要求。学业质量水平三是学业水平等级性考试的命题依据。学生达到水平四的相关表现可以纳入综合素质档案中予以呈现,作为普通高校招生录取、自主招生的参考。

链接阅读 2-15

公共参与核心素养学业质量水平的四级划分

引用主流媒体的报道,确认公民参与国家立法、政府决策、社会治理、公共服务的途径、方式和规则;引用经过核实的报道,解释公民参与民主决策、民主管理、民主监督的必要条件和重要意义;阐述爱国、敬业、诚信、友善的价值准则,表明参加公益活动、践行公共道德的积极态度;结合各层面、各领域公民参与的情境,表明公共参与是体现人民主体地位的应有之义。

举例说明各领域、各层级公共机构与公民生活的关系,并表达对这些机构的工作方式和规则的期望;针对人们当前关注的公共事务,评议政府履行职责的行为;解释基层群众自治的价值,阐述公民有序参与、直接行使民主权利的意义;分享公共参与的体验,表达参与公益事业的幸福感和成就感;评析公共参与的实例,展现我国人民的主人翁意识和社会责任感。

剖析公共机构制定公共政策的实例,阐释公民有序参与不同领域、不同层级公共事务的意义和价值;列举公共利益与私人利益发生矛盾的实例,阐述协商民主的意义和价值,评估合理解决矛盾的方案;列举不同情境下的各种冷漠表现和议论,剖析导致冷漠的思想根源,彰显践行公共道德的勇气;抨击漠视、损害公共利益的行为,表达公共参与的强烈意愿,提出率先垂范的行动方案。

评析各种指向公共机构的质疑,解释公民在公共参与过程中与各领域、各层级公共机构的互动关系,系统归纳参与国家立法、政府决策、社会治理的途径和方式;列举不同群体间利益冲突的实例,揭示其历史和现实根源,并提出管控冲突、化解矛盾的方法;评述有序政治参与的过程,既解释公民行使权利、履行义务的意义,又强调人民主体地位的保障;全面阐述公共参与对公民直接行使民主权利的意义,论证公共参与是人民当家做主的必然表现和重要标志,是当代中国公民责任担当的宝贵品格和关键能力。

（二）学生智能评价

学生智能的发展主要是指学生的智力方面。通常，人们把能力划分为一般能力和特殊能力两种，前者指符合多种基本活动要求的能力，是个体从事一般活动所不可缺少的，如记忆能力、观察能力、思维能力、想象能力、分析能力、教师的教学能力等；后者指符合某种特殊活动要求的能力，如音乐家的辨音能力、香料师的辨香能力等。这种特殊能力不是天生的，而是个体在一定素质的基础上，通过环境和教育的影响，辅之以自身的勤奋工作，才能使这些能力独特、完整地结合起来，形成一般人所不具备的特殊能力。对学生智能的评价，主要是指学生是否能综合运用一定的思想观点、方法和技能完成一定学习任务的能力。

（三）学生品德评价

品德评价是指评价者依据一定的社会标准，采用科学的评价方法，有目的、系统地收集被评价者在某一主要活动领域中的品德特征信息，进行价值判断或直接概括与引发品德行为的独特性的过程。[①] 学生品德评价包括政治品质、思想品质、道德品质和个性心理品质等内容，每一个方面又包含若干个评价指标。

1. 政治品质

政治品质集中表现在政治认同方面。在我国现阶段，政治品质主要是指学生对国家、政党、社会制度的态度。其具体涉及三个方面的内容：第一，是否尊重国旗、国徽、国歌，是否了解祖国的历史和文化，是否具有民族自尊心和自豪感；第二，是否有上进的要求，是否积极参加共青团的活动；第三，能否关心国内外大事，了解现代化建设情况，了解党和国家重大的方针政策，了解世界重大事件。

2. 思想品质

思想品质有广义和狭义之分。广义的思想品质是指人的各方面的思想和观点，狭义的思想品质是指人的世界观、人生观和价值观，表现在三个方面：第一，是否能正确地认识整个自然界和人类社会的发展规律；第二，有没有勇于实践的精神，实事求是、一切从实际出发的科学态度和科学的思想方法；第三，是否形成正确的生活态度和各方面的理想。

3. 道德品质

道德品质是由道德认识、道德情感、道德意志和道德行为等构成的，具有社会关系的制约性、道德意志与道德行为的统一性、自主性等特点。道德品质主要包括自我修养、待人接物的态度、集体观念、公德心等方面，具体涉及四个方面的内容：第一，

---

① 张敏. 学生评价的原理与方法 [M]. 杭州：浙江大学出版社，2011：67.

是否讲文明礼貌，尊老爱幼；第二，是否热爱、关心集体，遵纪守规，积极参加集体活动；第三，是否勤奋学习，具有良好的学习习惯和求知欲望；第四，是否热爱劳动，积极参加社会实践活动。

4. 个性心理品质

广义的个性心理品质是指学生的心理面貌。狭义的个性心理品质是指学生的心理面貌中与共性相对的个别性，即学生独有的心理特征，其具体涉及四个方面的内容：第一，是否能满意地接受和悦纳自己，做到自尊、自爱、自信、自制；第二，是否诚实正直，具有辨别是非的能力；第三，是否具有对各种思想、道德的观察、比较、思考、分析、综合、抽象概括的能力，以及道德判断、道德推理的能力；第四，有无健康的审美情趣，能否做到兴趣健康、乐观开朗。

（四）学生心理评价

社会的发展、学校教育的变革使学生的心理健康问题越来越突出，学生心理健康教育问题也越来越引人关注。学生正处于青春期，且面临着各方面的学习压力，容易产生各种心理问题。学生心理健康评价的主要内容有以下三个方面：

1. 生活问题的心理健康评价

生活问题的心理健康评价简称生活评价。通过生活评价，教师可以帮助学生确立合理的生活目标，建立规范的作息制度，养成良好的生活习惯，适应基本的社交活动，促进健康的休闲和娱乐活动，形成健全的人格和优良的个性品质。生活评价主要包括情绪评价、社交评价、个性化评价、休闲评价、生活适应评价、性问题评价等。

2. 学习问题的心理健康评价

学习问题的心理健康评价简称学习评价。学生的主要任务是学习，通过学习评价，教师主要是帮助学生解决"乐学""善学"和"会学"的问题。"乐学"是学习态度和学习动机问题，"善学"是学习的智能问题，"会学"是学习方法问题。因此，学习评价主要包括学习态度评价、学习动机评价、学习智能评价、学习方法评价。另外，学习评价还包括考试心理评价。

3. 升学和择业问题的心理健康评价

升学和择业问题的心理健康评价简称升学和择业评价。我国实行九年义务教育，这里的升学和择业评价一般是指初中、高中的毕业生，不管是升学还是就业，均涉及一个专业取向或职业选择的问题。通过升学和择业评价，教师可以帮助学生了解自己的能力倾向、专业和职业兴趣、职业价值观，了解社会对人才需求的信息，了解国家的就业政策，让学生掌握择业决策的技巧，正确处理个人专业、职业兴趣和社会需要的关系。

二、学生评价的要求

（一）坚持方向性原则

学生评价要坚持正确的导向，通过学生评价活动，为教师和学生明确教学的目标和努力的方向，促进教师的教学和学生的发展。因此，学校在制定学生评价目标时，要认真学习教育理论，掌握教育规律，领会改革精神，把握好方向、政策，力求使评价指标和评价标准符合国家对学生发展的要求，反映时代精神，具有先进性和时代性；确保学生评价活动有利于促进学生的身心发展，为实现全面发展的教育目的服务。

（二）坚持公正性原则

在学生评价活动中，教师对学生进行评价要做到不偏不倚，平等地尊重每个学生的人格，不徇私不枉评。评价指标要体现公平竞争性，应做到在同一范围内，对同类学生使用同一评价指标，不能使用不同的评价标准。另外，评价指标、评价标准、权数和分值的确定要合情合理，评价等级和打分也要合情合理，要注意增加评价活动的透明性。

（三）坚持评价的客观性原则

教师对于评价过程和评价结果的解释应该符合客观实际，要实事求是。教师需要注意的是，在收集评价资料时，要深入了解情况，全面获取资料，保证信息来源的可靠性和客观性；在整理资料时，不要随意夸大或缩小客观事实；在分析资料时，要努力排除个人主观偏见或个人情绪因素的困扰，以客观事实为基础去分析问题；做评价结论时，要防止用主观印象来代替客观测定，做出的结论要有客观依据。

（四）坚持可行性原则

学校制定评价指标和评价标准要能为学生所理解，评价方法要符合实际、具有可操作性。评价方案的确定要考虑人力、物力、财力、时间、空间、技术等各种因素，实施前要进行可行性分析，最好先在小范围内进行，然后再逐步推广；评价指标体系不要过于烦琐；评价指标应该用操作性语言加以定义，具有直接可测性；评价指标和评价标准不宜定得太高，应该是学生经过自己的努力可以达到的目标。

（五）坚持科学性原则

教师进行学生评价活动时要按照学生评价过程（包括确定评价指标体系、编制评价方案、选择评价方法）的各个环节并遵循科学的要求进行。教师应构建科学合理的评价指标体系和评价方案，正确使用各种评价方法、评价手段和评价技术；端正评价态度，严肃认真地对待评价过程的每个细节；将定性分析与定量分析相结合、动态评价与静态评价相结合、他评与自评相结合、终结性评价与过程性评价相结合，努力使学生评价公正、合理、全面、整体。

三、学生评价的方法

中学政治学科教学的学生评价包括形成性评价和终结性评价。形成性评价包括课堂观察、作业和平时测验等。它能更客观地记录和反映学生平时的学习状况和思想品德、思想政治素质的形成、发展过程，更多地关注学生的发展差异及发展中的不同需求和特点，以便教师进行有针对性的指导。终结性评价包括课堂观察、作业、平时测验、考试、描述性评语、谈话评价等，它也是中学政治学科重要的评价方法。

（一）课堂观察

课堂观察主要是指教师在各种教学活动的各个环节中，有目的、有意识地观察学生对所学知识的理解、掌握和运用情况，观察学生在日常学习、生活中所表现出来的情感、态度、能力和行为，并记录下来，以此作为对学生进行引导和评价的依据。课堂观察是教师针对学生在课堂中的行为表现所进行的观察，教师运用课堂观察法要注意以下四个方面：

1. 明确观察的目的和内容

就观察的目的来说，是教师为了了解学生学的情况，主要包括学生的行为活动、学生行为活动的情境、学生行为活动的频率和持续时间。

2. 制定观察提纲

由于观察提纲只供教师对学生进行观察使用，所以只需列出观察内容、起止时间、观察地点和观察对象即可。为了方便使用，观察提纲可以被制作成观察表或卡片。例如，对学生日常课堂表现的观察可以设计成观察记录表（参见表2-7）。

表2-7 学生日常课堂表现的观察记录表

观察对象	学有困难的学生
观察内容	1. 有无认真听课的良好习惯 2. 能否积极参与学习 3. 对学习有没有浓厚的兴趣 4. 对学习内容掌握的如何 5. 能不能大胆地表现自己
观察记录	
观察反思	

3. 选用观察的类型

观察的类型有长期观察与定期观察、全面观察和重点观察、群体观察和个体观察。教师要根据观察的目的、内容等进行合理地选择和组合观察的类型。

4. 设计观察记录的方法

对观察的现象、内容进行记录是观察工作的一部分。如何做好观察记录，教师要进行精心设计。一般来说，最佳的记录方法是教师边观察边记录，这样能够及时地把观察到的内容详尽地记录下来。为了保证记录结果的客观、准确，教师还可以在做好观察记录的同时使用录音或录像设备加以记录，以备日后查证或用以补充文字记录的不足。

案例展现2-21

议题："互联网+"时代的理性抉择的课堂教学评价

教师对学生的辨析、判断和选择作出评价时：首先要鼓励学生敢于表达自己的看法；其次要分析不同观点产生的理由，倾听学生解释自己的见解；最后要针对学生表达的错误观点，以适当的方法提示他们完善观点、纠正错误。在评价的过程中，教师应关注学生在结论与根据之间的因果论证，结合思维的逻辑性、表达的准确性等方面作出判定。为此，可以借助如下表所示的学生课堂表现评价表针对学生的课堂表现划分等级。

"'互联网+'时代的理性抉择"学生课堂表现评价表

维度	等级
勇于表达自己的观点	
善于倾听、尊重他人的观点	
准确地表达自己的观点，并能提供例证	
对互联网的作用等认识深刻、独到	
通过辩论进行反思，能够作出正确的价值判断	

（二）作业

作业是指教师布置给学生在课堂或在课外进行学习操练的各种类型的练习。按作业进行的场所来分，作业可以分为课堂作业和课外作业（也称家庭作业）；按作业的方式来分，作业可以分为书面作业、口头作业和实践活动作业；按完成作业的时间来分，作业可以分为课后作业和课前预习作业（课前预习作业可以用来评价学生的学习态度和学习的自觉性）。

如何有效地布置作业，教师可以从以下五个方面认真准备：

第一，教师要明确作业的目的，根据不同的评价目的设计不同的评价作业。

第二，教师要根据不同的教学目标和学习内容设计不同类型、不同评价层次的作业。

第三，对于和教材配套的同步训练题等作业，教师要认真筛选、创新改造，充分发挥作业在诊断学习问题和改进学生学习方面的作用。

第四，在为学生设计口头作业时，教师应注意精心设计一些开放性或半开放性的问题，可以对全班学生分阶段、分批次、有针对性地进行提问，以充分检查学生对知识、技能等方面的掌握情况和思维过程。教师在评判学生的作业时，除给予正误、等级判断外，还应适时地针对学生出现的问题提出改进性建议，帮助学生尽快进步。

第五，在为学生设计实践活动作业时，教师应注意设计一些活动内容与学生日常的学习、实际生活相联系的问题，最好能让学生结合自己所学的知识来解决这些问题。

案例展现 2-22

作业：拍摄一部××市申请非物质文化遗产的微电影

文化遗产是一个国家和民族历史文化成就的重要标志。文化遗产距离我们并不遥远。××市拥有 9 项国家级非物质文化遗产，其中包括一些濒临失传的传统技艺。请你以这些非物质文化遗产为主题，拍摄一部微电影，要求如下：

（1）以小组合作的方式完成，每组为 6～8 人，组员职责明确、协同完成，且在微电影的片头或片尾进行标注。

（2）内容必须以××市本地的非物质文化遗产为主题。

（3）微电影的时长为 3～6 分钟。

（4）微电影以 mp4、avi 或 wmv 的格式保存，4 周后提交给任课教师。

（5）提交的作品必须为原创作品，严禁抄袭。

（6）该项作业的难度可以设计为四个不同的等级。

一级：制作展示××市非物质文化遗产的 PPT，可以选择单项遗产进行介绍，也可以进行群体介绍。内容既包括情况简介，也包括自己的感想。作品力求原创，且不少于 12 张。

二级：制作一份手抄报，要求手写手绘，不得打印。

三级：制作微电影。

四级：可改为探究型作业，即为××市的现有非物质文化遗产做一份递交给联合国教科文组织的申遗报告。前期学生进行实地走访、自然观察、调查研究，收集我国和世界申遗的资料，了解类似项目申遗成功的经验，最后制作成申遗报告，要求图文并茂。

（三）平时测验

平时测验是指在学生学习的基础上，教师通过一定的测验题来考查学生的学习情况。平时测验的形式和方法很多，主要有书面测验、情境测验、问题辩论等。书面测验是教师以书面题解的形式来检查学生的学习情况，主要用于学生学习一课或几课内容之后，在课堂上随堂进行。情境测验是教师为学生设置日常生活中司空见惯的问题情境，通过对学生的检测，可以了解其理解、应用相关知识和理论的状况。问题辩论是教师根据学习内容、社会生活和学生实际设计一些辩论题，引导学生进行辩论，从而考查学生对相关知识和理论的掌握、理解和运用情况。

教师在设计平时测验时应注意以下三个方面的问题：

1. 测验要注重效率

教师要抓住教学内容的重点，紧紧围绕基础知识的理解和运用，基本能力的培养和发展，基本情感、态度与价值观的养成来设计。书面测验题目要少而精，要讲究运用情境测验、问题辩论等测验方式来获取评价的实效。

2. 要做好统筹安排

既然是平时测验，那么教师就要注意在平时进行。教师要处理好测验与教学的关系，合理安排测验的次数、频率，使教学和测验能够相互促进。

3. 做好测验记录和讲评

测验是教师在日常教学活动中有目的、有计划地进行的，对测验的结果教师应有相关记录，并及时地对测验结果进行恰当的讲评，帮助学生纠正学习中的突出问题，启发学生积极思维，激发学生的学习兴趣，引导学生主动地学习，发展学生多方面的潜能，充分发挥平时测验的发展性教学评价功能，促进学生学习水平的提高和发展。

（四）考试

1. 考试的含义

考试是指教师通过书面测验、口头提问或实际操作等方式考查学生所掌握的知识和技能水平的一种鉴定方法。

2. 考试试题设计的基本要求

为了保证中学政治学科考试的质量，教师必须科学地编制一份高质量的考试试题。对于考试试题的设计，教师一般要：

（1）明确考试的性质和目的。

由于考试的性质和目的不同，所以在考试内容、考试范围、时间限制、难易程度、试题形式等方面都有所不同，对考试命题的要求也不相同。因此，教师在进行考试试题的设计时必须明确考试的目的。

（2）编制考试纲要。

考试纲要主要是对考试的有关内容和事项做出一些原则性的规定。它是一个总体方案，涉及考试目标和考试内容、题量、试卷的结构等。

3. 编制和筛选试题

试题的编制要依据命题原则，紧扣命题内容编制命题双向细目表，严格选择试题的材料。试题编制完成以后，教师还要审查、修改试题。教师要对照命题双向细目表审查所编试题是否符合其所定的目标、内容和比例；对已确定下来的试题，教师要从科学性、逻辑性、独立性以及语言表达等方面做最后的审定。此外，教师还明确不同的题型有不同的编写要求。例如，选择题的编写要求如下：

（1）研读课程标准或考试大纲及考试说明中的内容和要求。考试命题编制应立足于学生的实际，不得超纲。

（2）确定考试内容和考试目标。考试内容的选择要服务于日常教学，不能过偏或过冷，要有助于实现教学目标。

（3）确定考试题型。考试题型要精心设计，对于图形类、漫话类、文字表述类的考题都要明确表达，以免学生产生歧义。

（4）草拟试题。试题在命制时要明确立意、选择情境和恰当设问。

（5）选择题的命题要规范。题干的表达要有一个完整而明确的主题。在选项与题干的内容和表述上要构成合理的逻辑关系。例如，选择题的各选项之间要相互构成干扰关系，学生通过选择正确的选项来达成学习目标。

4. 拼配试卷

试题拟定后，教师应加以适当编排，组合成试卷。在拼配试卷时，教师要把握好试卷的整体结构，注重按照由易到难的顺序进行编排。从试卷的基本结构来看，一般是客观题在前、主观题在后，容易的题在前、相对较难的题在后，要形成梯度。

5. 制定参考答案和评分细则

参考答案和评分细则是教师评卷的依据。参考答案要做到准确无误；评分细则要具体明确，力求使评分简便、准确，在分数分配、给分标准方面要尽量合理。

（五）描述性评语

1. 描述性评语的含义

描述性评语是指教师在与学生充分交流的基础上，用描述性的语言将学生在中学政治学科方面的知识能力表现写成的评语。描述性评语作为一种评价，适用于写在学生的笔记本、作业本及日常的大小检测卷、练习卷上，与常规的批改相伴随。

案例展现 2-23

描述性评语示例

你总能第一个完成课堂作业，每次回答问题也总是积极举手。尽管你的作业有时会出现小差错，回答可能不够完满，但老师仍然欣赏你的机敏和大胆。最让我满意的是，只要谁需要帮助，你准会伸出友谊之手。不过，我对你有一份特别的期盼：当你为一点点小事与别人发生冲突时，放下紧握的拳头，报以谦让的一笑，好吗？相信你不会让我失望的。

2. 描述性评语的设计和运用需要注意的问题

（1）要针对学生的实际。

描述性评语要建立在教师对学生了解和分析的基础上，要通过观察、作业、笔记、练习等多种渠道，尽可能深入细致地了解学生的学习情况和日常行为表现，使评语能够更好地符合学生的特点和要求。每个学生都有不同的特点，因此教师的评语不能千篇一律，应视学生的具体情况而有所区别。

（2）指导思想要明确。

描述性评语是一种评价，必须突显评价的发展性功能。因此，教师不能单纯地为了撰写评语而写评语，而应该以此为载体，充分肯定和鼓励学生的进步，增强学生的自信心。同时，教师也应针对学生在学习情感、态度、方法、习惯等方面存在的不足，作出恰当的评价和指导，使学生明确努力的方向，促进学生更好地发展。

（3）要多用激励性的语言。

教师撰写描述性评语要使学生能够感觉到自己在学习上的成就和发展的空间，能够从中获得学习发展的动力。因此，教师撰写描述性评语要多使用激励性的语言，即使是指出学生在学习中存在的问题，也要让学生看到发展的希望。教师撰写描述性评语切忌讽刺挖苦，伤害学生的自尊，把学生一棒子打死。

（4）要体现对学生的关爱。

描述性评语是教师与学生进行情感上和心灵上的沟通，是与学生进行谈心和交流。因此，教师要怀着对学生的爱，发自内心地来撰写评语，字里行间要体现出对学生的尊重、理解、信任、鼓励和关爱，只有这样才能使学生容易理解、乐于接受。

（六）谈话评价

1. 谈话评价的概念

谈话评价是指教师通过与学生进行各种形式的对话，获得学生关于学习中学政治学科的发展状况的信息，据此对学生的课程学习进行引导和评价。谈话评价是最经济、最直接的一种评价方法。教师运用谈话来评价学生时要撰写谈话记录。

2. 运用谈话评价应注意的问题

（1）做好谈话的必要准备。

谈话前，教师应做好深入细致的调查研究，对学生的思想、学习、生活等方面的情况和气质、性格、能力、兴趣等个性心理特征做好综合调查和分析。在课堂上，教师要紧密结合教学要求与学生进行谈话，了解学生对教学内容的掌握情况和对相关问题的看法。在课堂外，教师要根据观察所得，以便进一步接近和了解学生。

（2）谈话过程。

谈话通常要经历以下三个过程：

第一，在谈话开始阶段，教师可以先说一些学生关心的、感兴趣的事情，使双方具有共同语言，产生情感交流，打破彼此间的防御、抵触心理；

第二，在切题谈话阶段，教师要围绕谈话主题进行叙述，环环相扣、层层铺开，逐步向思想深处发展，形成情感共鸣，完成谈话目的；

第三，在谈话结束阶段，教师要观察学生的情绪，分析谈话可能引发的学生内心的矛盾冲突，耐心地听取学生的陈述或态度，做到有的放矢。

四、学生评价中需注意的问题

（1）教师要从单纯通过书面测验、考试检查学生对知识、技能掌握的情况，转变为运用多种方法综合评价学生在情感、态度与价值观，能力和知识，创新意识和实践能力等方面的变化与进步。

（2）教师要注意发挥评价的教育功能，从单纯通过考试对学生一个阶段的学习情况作鉴定，转变为运用多种手段进行过程性评价，及时发现学生在学习中出现的问题，及时进行反馈与矫正，通过评价促进学生在原有水平上的发展。

（3）考试只是课程评价的一种方式，要将考试与其他的课程评价方式有机结合，并且灵活运用。笔试也只是考试的一种方式，要改变目前将笔试作为唯一的考试手段、过分注重等级、过分注重量化的做法。教师要根据考试的目的、性质、对象、主体，选择相应的考试方式、考试方法、考试手段，并对考试结果进行不同的处理，尽可能减轻考试对学生的压力。考试的内容要依据课程标准，杜绝偏题、怪题、难题。

总之，学校要在发展性教学评价的思想指导下，不断地完善中学政治学科教学的教师评价和学生评价的内容与方法，通过中学政治学科的学习促进师生共同发展。中学政治教师要牢固树立"以学生为本"的教学理念，坚持以促进学生的全面发展为目标，综合评价学生的政治、学业、能力、心理、思想、品德，努力培养德、智、体、美、劳全面发展的社会主义事业建设者和接班人。

专题小结

本专题主要介绍了教学评价的基本知识以及发展性教学评价的原则与内容等，同时还重点介绍了中学政治学科评价的两个方面——教师评价和学生评价的内容、要求与方法，对于职前教师从整体上理解和把握中学政治学科评价提供了方法论的指导。

学习反思

1. 中学政治教师为何要树立发展性教学评价观？
2. 简述中学政治学科教学教师评价的内容与方法。
3. 简述中学政治学科教学学生评价的内容与方法。

资源链接：

［1］卢安·约翰逊. 跳出教育的盒子：从优秀教师到卓越教师的成功策略［M］. 2版. 北京：中国青年出版社，2016.

［2］王欣. 基于核心素养的思想政治课堂教学评价研究［D］. 哈尔滨师范大学，2019.

专题八

中学政治学科资源论

☞ **通过本专题学习，你能够：**

1. 了解中学政治学科课程资源的概念，开发与利用的意义，从而重视对中学政治学科课程资源的开发与利用；
2. 了解当前中学政治学科课程资源开发与利用过程中存在的问题，能分析原因；
3. 掌握中学政治学科课程资源开发与利用的原则，学会在实践中开发与利用中学政治学科课程资源。

引 言

"社会大课堂"与课程资源的开发与利用[①]

近年来北京市启动了中小学生"社会大课堂"工作，把包括爱国主义教育基地、历史文化古迹、名人故居、纪念馆、博物馆、展览馆、影剧院、文化馆等各类单位在内的481家社会单位纳入管理体系。目前，全国许多地方也都启动了"社会大课堂"。这些单位从自身的资源特点出发，为师生提供了相适应的教育教学内容和安全活动环境。对于中学政治教师来说，应该利用好各地已有的资源，有效地开展中学政治学科课程资源的开发与利用。

第一节 中学政治学科课程资源的开发与利用

一、中学政治学科课程资源的含义

（一）课程资源的概念

对"课程资源"的研究起源于国外，最早的研究源于"现代课程论之父"拉尔夫·泰勒。他在《课程与教学的基本原理》一书中明确提出"课程目标的来源包括三个方面：对学生的研究、对当代社会生活的研究及学科专家的建议"。学生、社会生活

---

① 陶西平. 陶西平教育漫笔选集②：在反思中创新［M］. 北京：教育科学出版社，2012：25.

和学科专家的建议既是课程目标的三个基本来源,同时也是课程资源的重要来源。拉尔夫·泰勒还认为,"要最大限度地利用学校的资源;加强校外课程;帮助学生与学校以外的环境打交道"。1985 年,拉尔夫·泰勒在为《国际教育百科全书》撰写课程资源条目时,把课程资源定义为"寻求目标、选用教学活动、组织教学及在制订评估方案过程中的可资利用的资源"。

在我国,关于课程资源的概念众说纷纭,尚无定论。其中,具有代表性的定义有以下几种:

(1) 课程资源的概念有广义和狭义之分。广义的课程资源指有利于实现课程目标的各种因素,狭义的课程资源仅指形成课程的直接因素来源。[①]

(2) 课程资源是课程设计、实施和评价等整个课程编制过程中可资利用的一切人力、物力以及自然资源的总和[②],包括教材以及学校、家庭和社会中所有有助于提高学生素质的各种资源。

(3) 课程资源是指富有教育价值的、能够转化为学校课程或服务于学校课程的各种条件的总称。[③]

(4) 构成课程活动的资源包括课程设计、课程编制、课程实施和课程评价等过程所需要的,并对课程活动产生制约作用的一切自然资源和社会资源的总和。[④]

综上所述,目前对"课程资源"的概念的界定虽然不完全一致,但都考虑到了课程资源和课程的相关性。在此,本书认为中学政治课程资源就是贯穿于课程编制过程始终,有助于实现课程目标、促进课程活动开展的一切自然资源和社会资源的总和。

(二) 中学政治学科课程资源的内涵

中学政治学科课程资源,除具有课程资源的一般特征外,还具有个别规定性。

在我国,中学政治学科以马克思主义基本理论教育为核心,以思想教育、政治教育、道德教育、法治教育、心理教育和国情教育等内容为中心,承担着学生思想素质、政治素质、法治素养、道德品质和心理品质良好发展的重要任务。从萌芽到创立、发展的半个多世纪中,中学政治学科经历了不同的发展阶段,其课程资源也在课程建设中得到了发展和完善。《思想政治新课标》指出"学校要发挥教师课程资源建设的主体作用,鼓励和支持教师根据当地实际,充分挖掘并有效利用一切可以利用的课程资源,为学生学习和教师教学的有效实施创造有利条件。教育行政部门、教研机构要统筹规

[①] 钟启泉,崔允漷,张华. 为了中华民族的复兴　为了每位学生的发展:基础教育课程改革纲要(试行)解读 [M]. 上海:华东师范大学出版社,2001:25.

[②] 徐继存,段兆兵,陈琼. 论课程资源及其开发与利用 [J]. 学科教学,2002 (2):1.

[③] 范蔚. 实施综合实践活动对课程资源的开发利用 [J]. 教育科学研究,2002 (3):32.

[④] 谢树平,李宏亮,胡文瑞. 新编思想政治(品德)教学论 [M]. 上海:华东师范大学出版社,2006:212.

划、指导和管理课程资源的开发和建设，充分考虑地区与学校的差异，向资源开发能力不足的地区和学校给予全面而有力的支持，运用信息化技术，实现课程资源的共享"。

《义务教育思想品德课程标准》（2011年版）指出，课程资源既包括学校内的教育资源，也包括学校外的各类社会机构和各种教育渠道所蕴含的多种教育资源。教师应建立融合、开放、发展的课程资源观，整合并优化课程资源，充分发挥各种课程资源的人文教育功能，使之为课程实施和教学服务。

在此基础上，本书把中学政治学科课程资源定义为：贯穿于中学政治学科课程设计、实施和评价等整个课程编制过程中，为实现中学政治学科课程目标而可资利用的一切人力、物力以及自然资源的总和。

二、中学政治学科课程资源的特点

了解中学政治学科课程资源的特点，有助于中学政治教师进一步理解中学政治学科课程资源的概念，掌握其独特之处，使中学政治教师对中学政治学科课程资源的开发与利用更为高效、合理。

（一）教育性

教育性是中学政治学科的首要属性。中学政治学科课程资源除具有知识性外，更重要的是要对学生进行马克思主义基本原理，特别是马克思主义中国化最新成果的教育，促进学生思想品德的发展，即具有教育性。这是中学政治学科最为鲜明的课程理念，是其自身本质特征的体现和要求。学生是祖国的未来和希望，他们正处于个性发展、人格完善、品格形成的关键期。但受身心发展规律的制约，学生又具有不成熟的一面，无法自发地形成正确的世界观、人生观和价值观。中学政治学科课程资源蕴含着丰富的思想品德因素，致力于对学生进行必要的政治教育、思想教育、道德教育、心理品质教育等，培养学生的思想觉悟和道德品质。因此，开发与利用中学政治学科课程资源一定要着眼于其教育性特征，深入挖掘该学科课程资源中的各种有利因素，引导学生确立积极进取的人生态度，树立正确的世界观、人生观和价值观，促进学生人格和思想的健康发展。

（二）时代性

中学政治学科教学的目的、要求、内容和方式、方法都受时代的制约，不可能脱离时代与形势的要求。从本质来看，中学政治学科归根到底是为了培养有理想、有道德、有文化、有纪律的社会主义建设者和接班人，巩固和完善社会主义制度，建设中国特色社会主义。因此，中学政治学科与其他的学科不同，带有浓重的时代色彩。课程资源的开发离不开一定的时代背景，任何一种课程资源都具有鲜明的社会历史性和时代性，中学政治学科课程资源也是如此。中学政治学科课程资源扎根于广泛的社会生活基础，与国际形势、国内局势以及社会的具体情况息息相关，反映了不断变化发展的客观实际。中学政治学科课程资源将理论知识与时代要求和社会实际结合起来，通过对其进行有效的开发，让学生更广泛、更全面地了解我国现代化建设和改革开放的最新趋势和最新成果，了解国内外政治经济发展的最新态势，体现出鲜明的时代性。

（三）多样性

中学政治学科课程资源具有多样性的特征，它既具有自然的，也具有社会的；既具有校内的，也具有校外的；既具有人力的，也具有物力的；既具有显形的，也具有隐形的；既具有静态生成的，也具有动态生成的；既具有知识性的，也具有能力方面以及情感、态度与价值观方面的资源。中学政治学科课程资源的多样性集中表现在其类型的多样性，根据不同的划分标准划分的类别也不同：如根据资源的功能特点，可以分为素材性课程资源和条件性课程资源；根据资源的来源，可以分为校内课程资源和校外课程资源；根据资源的物性特征，可以分为人力资源和物力资源；根据资源的性质，可以分为自然课程资源和社会课程资源；根据资源的呈现方式，可以分为文字资源、实物资源、活动资源和信息化资源；根据资源的存在方式，可以分为显形课程资源和隐形课程资源；根据资源开发的主体，可以分为学生课程资源和教师课程资源。① 此外，中学政治学科课程资源的多样性还表现为其内容的多样性，中学政治学科课程资源涉及政治、经济、文化、社会、生态、思维等多个方面，与社会经济、政治生活的联系最为密切。

真题及解析

（四）交叉性

虽然以价值培育为核心的中学政治学科有别于其他侧重于知识和能力培养的学科，但是中学政治学科与其他的学科之间仍存在着相互交叉和相互交融的现象。中学政治学科课程资源也与其他的课程资源之间联系紧密，具有一定的交叉互补的关系。这种交叉性打破了各科课程资源之间的壁垒，学科之间相互借鉴、相互联系、相互渗透，其他学科课程资源的输入为中学政治学科增添了新的理论、新的内容和新的方法，而中学政治学科课程资源的融入也为其他的学科提供了新的观点、新的信念和新的方式，丰富和发展了中学政治学科和其他的学科，相互为对方学科的教学提供了一定的帮助。例如，音乐已经不再是音乐课的专用资源，而是广泛运用于各门学科的教学实践中。根据对教材资源的深入剖析，选择相应的音乐资源进行新课导入，已经成为中学政治学科教学的重要方式，这样有助于引发学生的兴趣，提高学生的课堂积极性和主动性。

---

① 张奇才. 思想政治（品德）教学论［M］. 合肥：安徽人民出版社，2007：237. 此处有改动.

（五）开放性

中学政治学科课程资源具有开放性，无论是校内校外的，还是古今中外的资源，都是中学政治学科的重要课程资源，主要表现在类型的开放性、时空的开放性、主体的开放性和途径的开放性。类型的开放性是指任何有助于提高中学政治学科的教学质量与教学效果的课程资源都应该是开发与利用的对象。时空的开放性是指中学政治学科课程资源的开发与利用要突破时间和空间的限制，积极吸收人类创造的一切文明成果。主体的开放性是指要改变教师作为课程资源的主要开发者的传统，将作为新课改的主体和最重要课程资源的学生以及同属人力资源的教育学者、专家和家长在内的所有社会人士等直接纳入到中学政治学科课程资源开发与利用的诸环节中来。途径的开放性是指课程资源的开发与利用不应局限于固定的某一种或某几种途径或方式，而应在创新多种途径或方式的同时，将其尽可能地协调配合使用。

（六）动态性

中学政治学科课程资源的含义是随着时代的发展而不断发展、日益丰富的，具有动态性特点。一方面，在不同的历史时期，中学政治学科课程资源的内涵和外延不是静止不变的，而是一个不断扬弃、与时俱进的发展过程。社会生活以及中学政治学科的发展使得中学政治学科课程资源的概念得以延展，丰富了中学政治学科课程资源的要素和内容，发展了中学政治学科课程资源最根本的核心价值。另一方面，一个地区的中学政治学科课程资源在一定的时间内总有一定的限度，该地区的自然环境、经济水平、民族文化和社会背景等都深刻地影响着中学政治学科课程资源的动态发展，制约着其发展水平。因此，本土资源作为中学政治学科课程资源的重要组成部分，在其开发与利用的过程中占据着重要地位。

三、中学政治学科课程资源开发与利用的意义

中学政治学科具有非常丰富的课程资源。积极地开发与利用中学政治学科课程资源，对于促进师生的发展，以及中学政治学科本身和新课改，都具有十分重要的意义。

第一，开发与利用中学政治学科课程资源是激发学生的学习兴趣，促进学生全面发展的重要途径。很多学生都认为中学政治学科就是空洞的说教、理论的灌输，没有一点趣味。学生普遍对学习中学政治学科缺乏兴趣，原因之一便是中学政治教师缺少对课程资源的深入开发与利用，仅仅是根据教材照本宣科。实际上，中学政治学科本身拥有丰富而具有开放性的课程资源，具体形象、生动活泼，与学生的年龄特征相适应，与社会生活相衔接，具有鲜明的时代性。中学政治学科课程资源进入教学领域，扩大了学生参与的广度和深度，给予学生多重信息刺激，引导学生主动参与到中学政治学科课程资源开发、整合和利用的过程之中，学生的生活经验、兴趣、爱好、知识、

能力等直接构成了课程资源的有机成分,从而最大限度地满足了每名学生不同的发展需求,给予学生发展的更大空间。

第二,开发与利用中学政治学科课程资源是提升中学政治教师的素质,加强专业化发展的必然选择。中学政治教师在开发与利用课程资源的过程中既是资源开发与利用的主体,其本身又是重要的课程资源。因此,中学政治教师自身的素质决定了中学政治学科课程资源开发与利用的范围、程度、水平和效益。中学政治学科课程资源的开发与利用作为中学政治教师必须掌握的知识和能力之一,对中学政治教师的专业素养提出了新要求,对教师专业发展提出了新的挑战。中学政治教师应该转换思想观念,树立全面的教师专业发展理念,提高对课程资源开发的重视,实现教师角色的转变,使其从中学政治学科的教学者成长为中学政治学科的研究者,通过课程资源的开发,丰富学科知识,超越课堂的局限去思考问题和开展行动,在学习和研究中促进教师的专业成长。同时,中学政治教师还应成为学生利用课程资源的引导者、开发者和促进者,他们必须具备根据具体的教学目的和教学内容选择与开发课程资源的能力,充分挖掘各种课程资源的潜在功效和深层价值。

第三,开发与利用中学政治学科课程资源是中学政治学科课程功能和学习方式转变的主要体现。我国传统的中学政治学科教学崇尚的是知识本位,这就导致灌输、说教式教学和约束式的行为管理模式成为常态。新课改以来,这种传统的模式得到了很大的改善,而其课程功能的转变则成为新课改的重点。改变中学政治学科过于注重知识传授的倾向,强调情感、态度与价值观,能力和知识三维目标的并驾齐驱成为新课改的重要趋势。中学政治学科教学在其课程资源的支撑下,以培养学生的学科核心素养为主要目标,让师生的生活经验和社会生活共同融入教学过程之中,重视给学生提供足够的解决问题、课题研究和社会调查的机会,将学生纳入到课堂教学的全过程,提供了丰富多样的学习资源,以情境、案例、活动等为主要载体,使学生能够根据自己的学习需求和学习风格进行选择性地学习,帮助学生建构起新的知识和认知方式,使教学"活"了起来,让学生"动"了起来,从而改变了学生在学习中的地位,激发了学生的学习积极性和主动性,真正确立起学生的学习主体地位。

第四,开发与利用中学政治学科课程资源是推动新课改深入发展的基本要求。为了贯彻生活化原则,增强课程对地方、学校和学生的适应性,新课改不仅设置了包括国家课程、地方课程和校本课程的国家基础教育课程计划框架,而且还强调学校和教师创造性地实施新课程,形成具有良好适应性的丰富教学模式。这就对课程资源的开发与利用提出了新的要求,它不仅关系着各门学科的发展,更与我国新课改目标的实现息息相关。随着课程改革的不断深入,中学政治学科课程资源的概念得到了辨析和澄清,其开发与利用愈来愈受到中学政治教师和其他教育工作者的重视。他们逐渐认识到,课程资源是课程顺利实施的重要保障,没有课程资源的广泛支持,再美好的课程改革设想也很难变成实际的教育成果,课程资源的丰富性和适应性程度在很大程度上决定着课程目标的实现范围和实现水平。

  总之,开发与利用中学政治学科课程资源的最终意义,在于真正实现学生主体的学习地位,实现中学政治学科课程资源与其他课程资源的有机结合,促进中学政治学科、中学政治教师以及学生的共同发展。

> **引言**
>
> ### 选用生活事例就是课程资源开发吗
>
> 有教师在进行课堂观察中发现部分教师在进行课程资源开发时，其开发的切入点脱离了学生已有的知识、经验。不少教师认为只要在教学中选用了日常生活事例，就是联系了学生的经验，就是从生活出发。对学生经验的考虑，不仅仅是选择日常生活事例作为课程资源，更重要的是这一生活事例是否真正能够调动学生的已有经验，从而使已知不断地与未知建立联系，使学生从已有的经验中建构自己的情感、态度与价值观目标，能力目标和知识目标。

第二节 中学政治学科课程资源开发与利用中的问题

通过调查可以发现，当前中学政治学科课程资源开发与利用被表面化为"教学事例"的简单罗列和简单化为"本土资源"的简单替换。也就是说，目前中学政治学科课程资源的开发与利用处于收集素材和替换例子的浅层次阶段。

一、中学政治学科课程资源开发与利用存在的问题

（一）中学政治学科课程资源开发与利用的主体性问题

从中学政治学科课程资源的开发主体来看，主要是依靠少数学科专家和课程学者，教师、学生、家长和其他社会力量等课程资源开发的主体却被排斥在外。因此，主体局限是中学政治学科课程资源开发与利用过程中面临的重大问题，具体体现在以下三个方面：

1. 教师：开发意识淡薄，开发能力欠缺

中学政治教师在课程资源的开发与利用过程中起着主导和决定性的作用。但是，由于受传统教育思想的影响，许多中学政治教师对课程资源的认识不足，态度不积极，开发意识淡薄，造成了课程资源的浪费和闲置。一些中学政治教师仍然把教材当作唯一的课程资源，对基于广泛生活基础的学生、家长等人力资源，乡土、人情等地域资源，环境、自然等生态资源视而不见。还有一些中学政治教师对于该开发与利用什么、为什么要开发与利用和怎么样进行有效地开发与利用等问题尚未形成系统认识，缺乏

对中学政治学科课程资源进行有机整合和筛选的能力，在实践中自觉或不自觉地在课程资源开发与利用问题上存在范围过宽或过窄的现象，制约了其课程资源开发与利用水平的提升。

2. 学生：开发主体地位被忽视，造成资源利用盲区

在传统的中学政治学科教学中，中学政治教师是课堂的主人，以纯粹的知识性为导向进行教学，单向度地传授着知识，掌握着课堂的教学内容和教学进度；而学生只是被动的学习者，在学习中过于强调接受学习、死记硬背和机械训练。虽然新课改以来，对学生学习主体地位的认识愈发明晰，但在当前中学政治学科课堂教学中也还存在着不少灌输式的传统教学模式，脱离了不断发展的社会实际，忽视了学生的特征和需求。在中学政治学科课程资源开发与利用中，学生资源作为课程资源的主体资源，也是课程资源向生命领域延伸的重要表现。然而，在教学实践中，学生资源却并未得到应有的重视，开发与利用的水平和效率都很低。不少中学政治教师仍是以课堂、教师、教材为中心，忽视了学生及其经验和活动，曲解了课程资源开发与利用的主要对象，从而致使课程资源开发与利用的效果不尽如人意。

3. 家长及其他社会力量：处于边缘的开发主体

新课改需要家长及其他社会力量的参与，他们即是新课改的重要助力，也是中学政治学科教学顺利进行必须深入挖掘的资源宝库。他们可以成为学生的老师，为学生展现社会生活的初步图景，以亲身经历为支撑对学生进行言传身教，为学生树立榜样，并为学生打开一扇扇各具特色的世界之窗，使学生切身感受到不同的经验、不同的行业和不同的思维，以理服人、以情动人的方式将使中学政治学科教学更具有现实性、时代性和说服力。同时，学生家长及其他社会力量也可以成为中学政治教师的老师，通过个人经验的展示，给予教师以感悟和启迪，不断地完善并提升其教学艺术和教学智慧，以便更好地为学生的学习服务。然而，在中学政治学科教学的实践中，很多的中学政治教师并未将家长及其他社会力量也纳入到课程资源开发与利用的范围之内，更没有充分发动家长及其可获得的社会力量的全部能量，根据需要挖掘其与教学和学生发展相契合的契合点，形成新的"学习共同体"。

（二）中学政治学科课程资源开发与利用的结构性问题

在中学政治学科课程资源的开发与利用过程中，课程资源结构单一一直是一个较为突出的问题，具体包括以下三个方面：

1. 教材的地位难以动摇

长期以来，中学政治学科的教材一直是我国中学政治学科教学中的主要课程资源，以致人们常常误把教材当作唯一的中学政治学科课程资源。不少的中学政治教师缺乏课程资源开发与利用的意识和能力，也缺少新课改所大力倡导的自主创新能力，仅仅把自己当作中学政治学科课程资源的使用者，或者是站在教材使用者的位置去开发与

利用课程资源，对开发与利用的意义理解不当。有些教师把教材当作唯一的课程资源，辅之以配套的同步练习、强化训练等辅导资料，教材中怎样写，教师就怎样讲，讲完后就用同步练习等辅导资料进行巩固，而一些有利于促进学生学习的新观点、新思想、新事例以及国内外时事热点等与教学相结合的情况较少。还有些教师把从网上下载或从其他途径获取的课件、教案资源不加筛选地直接用于教学，没有根据实际学情进行再加工，忽视了与中学政治学科课程资源的融合与重组，造成中学政治学科课程资源开发与利用的机械和刻板。

2. 重显性资源，轻隐性资源

在中学政治学科教学实践中，中学政治教师所开发与利用的常常是那些看得见、摸得着的显性资源，如教材、辅导用书、多媒体设备等，而以潜在形式存在的具有间接性和隐蔽性特点的隐性资源则比较容易被忽视，其开发与利用的难度也更大。隐性资源虽然看不见也摸不着，但它对中学政治学科教学却起着至关重要的作用，深入持久而潜移默化地影响着中学政治学科的教育质量和教学效果，既是激发学生的学习兴趣、强化学生的学习动机、调动课堂气氛的重要基础，也是促进中学政治学科理论联系实际、推动其自身发展的重要支柱。因此，中学政治教师应该重视对隐性资源的开发与利用，将之与显性资源相结合，共同为中学政治学科服务。

3. 重校内资源，轻校外资源

在中学政治学科课程资源开发与利用的实践中还存在着重视校内资源的开发与利用，而轻视校外资源的开发与利用的现象。一般而言，中学政治学科校内资源，如教师、学生、教材、图书馆、实验室等，占据着中学政治学科课程资源开发与利用的主体地位，主导着其开发与利用的方向和方式。虽然活动教学法、小组合作法、表演法等教学方法在一定程度上改变了中学政治学科的教学生态，但是，中学政治学科教学更多的仍是局限在教室中、局限在课堂上，其活动场域并未扩展至真正的社会生活和学生生活，师生走出教室、走出学校、接触自然、接触社会的机会少之又少。在教学中，中学政治教师对乡土地理、民间习俗、传统文化、生产和生活经验等广泛乡土资源的开发与利用仅仅停留在表面，仅以平面化的知识形态加以展示和探究，从知识到知识、从案例到案例、从影像到影像的传播方式割裂了乡土资源更为深层的意蕴，缺乏实践的生命力。

（三）中学政治学科课程资源开发与利用的实效性问题

在中学政治学科课程资源开发与利用中，大量的课程资源得不到有效的利用，造成了课程资源的浪费。中学政治学科课程资源开发与利用的实效性问题日益突显，制约着中学政治学科课程资源开发与利用的步伐，主要包括以下三个方面：

1. 时效性差，内容更新慢

中学政治学科是与社会政治经济生活联系最为紧密的学科之一，反映着社会的发展和历史的变迁，时代性是其所具有的鲜明特征。一些中学政治学科课程资源具有很强的时效性，一些新思想、新观点、新案例随着社会的发展而不断地涌现，并不断地丰富着中学政治学科课程资源的宝库。那些具有鲜明时代特征和推动中学政治学科自身发展的新思想、新观点、新案例无法在教材中及时得到体现，从而无法充分发挥扩大学生视野、促进学生全面发展的功能。而与教材配套的参考用书、教辅用书以及其他的书籍也以教材的发展为导向，以应对考试为主要目的，虽然在某种程度上扩展了学生对社会科学和时事政治的认知，但却仍带有明显的应试色彩，缺乏对最新文明成果的及时传递机制，也无法跟上社会政治、经济、文化快速发展的步伐。

2. 资源的闲置与浪费现象严重

任何课程资源只有切实应用到课堂教学和师生互动活动中才能体现该资源在课程教学中的价值，中学政治学科课程资源也不例外，只有应用于课堂教学中才能发挥其应有的作用。然而，在实际的教学之中，虽然很多的中学政治教师对课程资源进行了有意识的开发与利用，但中学政治学科课程资源的利用效率仍较为低下，大量的课程资源得不到及时有效的利用，资源与课堂的衔接和融合出现了难以调和的矛盾，从而造成了课程资源的闲置与浪费，难以发挥课程资源应该发挥的作用，造成了中学政治学科课堂教学的枯燥与乏味，使学生失去了学习中学政治学科的热情和兴趣。在实践中，对爱国主义教育基地等课程资源的利用频率远远低于教材、教辅用书、新闻图片等文字与音像课程资源，造成了这些宝贵的实践活动资源的闲置与浪费。

3. 忽视对资源的筛选和整合

一些中学政治教师认为，课程资源自然是越多越好，而中学政治学科课程资源的开发与利用就是在以教材为核心的教学设计中增加一些教材以外的背景资料、内容介绍和典型案例。于是，不少的中学政治教师把从网上下载来的、从其他途径获取的课件以及其他教学资料直接运用于课堂教学中，缺少对课程资源的筛选、整合与创造。这种做法不仅模糊了教师对各种资源价值性的判断和资源优劣的比较，忽视了自身的教学风格，而且也缺乏对学生具体学情的分析与重视，脱离了地区实际、学校实际和学生实际，不利于提升学生对中学政治学科学习的兴趣。

二、中学政治学科课程资源开发与利用不足的原因分析

（一）应试教育思想的制约

当前，我国中学政治学科的考核方式仍停留在考试成绩上面，而学生的考试成绩也成为教育部门评价学校、学校评价教师和教师评价学生的唯一手段，这就导致在新课改背景下应试教育思想仍占据着重要地位，而课程资源的开发与利用始终以为考试和成绩服务为出发点与落脚点。在课堂教学中，讲解法仍然是许多中学政治教师最常使用的方法。他们坚持学科本位，以教材和应试资源为中心，以考试为着眼点，总结

出易考问题及其答案，让学生机械地记忆这些所谓的标准答案，并通过不断地重复练习来强化每个重要的知识点。这种简单、机械的教学方式和学习方式表明中学政治教师对课程资源的开发与利用程度极低，背离了学生的情感、态度与价值观的养成，扼制了学生的思维和智力的健全发展。

（二）课程管理体制的影响

我国实行单一的课程管理体制，具有高度集中而统一的教学计划、教学大纲和教材。按照相关规定，中学政治学科课程主要有国家课程、地方课程和校本课程。但在实际的实施过程中，国家课程无疑牢牢占据着中心地位，而地方课程和校本课程的实行也是以国家课程为导向的。在单一的课程管理体制之下，学校和中学政治教师完全执行指令性的课程计划，一线教师的教学以上级教育部门的安排为基准，很多时候仅仅是对课程实施享有一定的权力，但却仍游离于课程的决策、设计和评价等诸多环节之外，尤其是被排除在对教材这一最常使用、最重要课程资源的修改和编订过程之外，这就导致教材的开发、修订与教学一线的教学实际仍有一定的差距，无法实现理论和实践的无缝对接。

（三）中学政治教师自身因素的影响

作为中学政治学科课程资源开发与利用的主体及重要的课程资源，中学政治教师自身的诸多因素也引发了众多的问题，制约着课程资源开发与利用的脚步，主要包括以下四个方面：

1. 教学理念存在矛盾

新课改带来了教学理念的更迭，许多新的教学理念开始深入人心。虽然这些教学理念在很大程度上得到了中学政治教师的认同和赞赏，但是由于部分来自国外的新的教学理念比较抽象且理想化，与我国的教育实践和教育传统相距甚远，它们在理解和操作上均存在一定的困难。中学政治教师始终将原有的传统教学理念运用于教学实际中，在某种程度上已经形成了思维定式，很难加以改变。不少中学政治教师在坚信新课改的理念科学合理、值得学习运用的同时，无法克服自身的思维定式，仍在传统教学理念的支配下进行教学活动。

2. 课程理论比较缺失

无论是我国的职前教育体系还是职后教育培训，都面临着课程理论缺失的状况。思想政治教育专业的职前教师和职后教师接触最多的是课程实施的相关内容，而对于课程编制、课程内容和课程评价等环节则涉猎不深甚至一无所知。其中，课程资源观更是处于边缘位置，很多中学政治教师在职前培养和在职培训中都很少接触到课程资源的概念，更不要说形成一以贯之、科学合理的课程资源观，因而很多的中学政治教师对课程资源的概念是模糊的，对其开发与利用的内容和途径是迷茫的，忘记了实现从中学政治学科资源的使用者到开发者的转变。

3. 工作负担相对沉重

由于应试教育思想仍在我国的教学过程中占据主导地位，学校和教师的很多教学行为的直接目的都与高分、高升学率相挂钩。目前，中学政治学科属于副科或小科的范畴，在很多学校中，一位中学政治教师带五六个班级已经习以为常，有些中学政治教师甚至还要跨年级授课。除正常的班级教学工作外，中学政治教师还要进行早自习和晚自习的辅导，批改大量的作业和试卷，其中有很大一部分人还承担着班主任工作，更为忙碌。这就使得中学政治教师的工作弹性十分小，工作压力比较大。高强度的工作不仅使他们的身体处在透支的边缘，而且也使他们的精神也时刻处于紧张的状态，心理疾病频发。这些情况使得中学政治教师疲于工作，根本无暇进行有效的课程资源开发与利用。

4. 知识技能明显不足

随着现代信息技术的飞速发展，中学政治教师（尤其是一些老教师）正面临着重大的挑战和调整。传统意义上的学科知识和教育知识已经无法满足信息社会中中学政治教师进行资源开发与利用的要求。作为最具有时代性和现实性的学科之一，中学政治学科的教学内容广泛，新观点、新材料和新情境的补充与发展始终制约着该学科的科学性和思想性，决定着中学政治学科课程资源开发与利用的方向与程度，也制约着中学政治教师的成长和发展。在网络条件下，课程资源的开发与利用不再是教师自己冥思苦想却不得法的封闭场域，而是公众智慧、教师经验、学生生活、地区特色相统一的开放平台。然而，由于不少中学政治教师的计算机操作能力和多媒体运用能力较差、对学科前沿缺乏研究、满足于现状而不继续学习等原因，使得他们的知识技能无法对课程资源进行深入的挖掘和开发。

> **引言**
>
> **以思辨性话题促课程资源的开发与利用**[①]
>
> 某中学政治教师围绕中学思想政治必修一《经济生活》第十课科学发展观和小康社会的经济建设内容，结合常州市经济发展的困惑和环境污染较严重的现实，设计了"是要经济还是要环境"的思辨性话题。该教师引导学生课前到相关政府部门进行走访，向居民发放调查问卷，联系人大和政协了解与话题相关的建设性意见。然后，该教师在课内组织学生讨论、分析、质疑、评价在课前查找的相关资料，共同分析：是要经济还是要环境；要怎样的经济发展；经济发展与环境保护能不能协调；实现经济发展与环境保护协调，常州市应该怎么做；有学者依据环境库兹涅茨曲线认为"先污染后治理"是各国发展的普遍规律，你若不赞同，你的理论根据、佐证资料和解决措施是什么；保护环境你做得怎样，你尽量减少塑料袋的使用了吗；你"光盘"了吗，你上学、放学尽量减少私家车出行了吗？
>
> 经过思辨，学生发现经济与环境的矛盾并非不可调和，但调和这一矛盾需要我们共同参与、共同担责；需要政府加强宏观调控，加快转变经济发展方式，优化产业结构，实现科学发展；需要企业加强技术创新，发展低碳经济，实现绿色发展；需要公民多一些理性精神和公共参与的责任担当。

第三节　中学政治学科课程资源开发与利用的原则与对策

要改变当前中学政治学科课程资源开发与利用的现状，充分挖掘课程资源的价值和意义，中学政治教师就应该以转变观念、重视开发为出发点；以结合教学目标，精选素材深入挖掘课程资源价值和结合教学方法，丰富课程资源开发方式为重点；以建构共通意义空间，促进师生有效互动为立足点。

一、中学政治学科课程资源开发与利用的原则

（一）目的性原则

中学政治学科课程资源的开发与利用必须以课程的教学目标为导向，结合学情和

真题及解析

---

① 刘平. 思辨性话题教学及课程构建 [J]. 思想政治课教学，2018（8）：40-41. 此处有改动.

内容特征进行开发与利用。尽管中学政治学科课程资源的范围非常广泛，但只有那些具有教育价值、作用于学生的终身可持续发展的课程资源才值得开发与利用。因此，在实际的开发过程中，中学政治教师必须着眼于学生个性而全面的发展，以学生的特征和需要为主要依据，以政治认同、科学精神、法治意识、公共参与为目标，了解学情和现在可资利用的资源，如本地区的历史传统、民风民俗、自然景观、建设成就、英雄人物与事迹等，对此逐一进行判断、甄别和遴选，选出真正符合学生的生活与经验、有益于学生终身发展和健康成长的内容。中学政治学科的教学目标是多层次的，随之而进行的课程资源的开发与利用也应是多层次的。中学政治教师只有以各级子目标为根据进行深入地开发，才能真正地发挥课程资源应该发挥的作用。

（二）综合性原则

所谓综合性原则，是指中学政治学科课程资源的开发与利用要综合考虑各种相关因素，要将教育目的、社会要求、学科性质、学生发展、学校特色等内容纳入到开发与利用的全过程。从宏观来看，中学政治学科的国家课程、地方课程和校本课程应该按照统一精神一以贯之，彼此相互配合、各司其职。而中学政治学科课程资源的开发与利用也应着眼于这一课程体系，从共性和个性的统一性中发掘课程资源的生命力和闪光点，那些始终贯彻素质教育要求、最能体现地区和学校特色、最为符合特定班级学生个性特征和发展现状并促进其德、智、体、美、劳全面和谐发展的课程资源是中学政治学科课程资源开发与利用的最佳选择。因此，中学政治学科课程资源开发与利用不能只专注于本学科领域，而是要从其他学科的理论与实践中挖掘优秀资源，在扬弃的基础上加以改造、借鉴和综合。

（三）实践性原则

实践性原则是中学政治学科在实施过程中主导教学方式和学习方式的基本原则，对课程的实施起着支配作用。中学政治学科的教学内容和价值取向，学生思想政治道德发展及其教育过程，本身就具有极强的实践性。只有通过实践，才能使被束之高阁的中学政治学科的相关理论从空想变为现实，使之不断地被检验和被修正，从而得到进一步的发展，才能使中学政治教师在教学过程中发现最为适合的教学方式，才能使学生在各种活动和情境中感受生活、思索问题，从而将中学政治学科真正地融入他们各自的生命体验和学习过程之中，促进其探究性学习和实践能力的培养。所以，中学政治学科课程资源的开发与利用必须坚持实践性原则，重视实践性资源的选择和开发。

 **案例展现 2-24**

学生眼中的"神奇的货币"[①]

某中学政治教师在教学《经济生活》中"神奇的货币"相关内容时,提前安排学科兴趣小组的 3 名学生到超市采访一位消费者,并拍摄了题为《购物历程》的小视频,把人们通常进入超市购物的过程分解为"货物比较""商品选择""付款完成"和"满意而归"4 个阶段,分别配了 4 个视频画面"站在货架前看价格牌进行比较""将商品放入购物车""收银台前结账付款"和"带着物品出超市",然后让 3 名学生根据本节内容,对照 4 个视频的画面提出问题:(1) 她在看什么;(2) 她选择了什么;(3) 整个过程体现了货币的哪些职能? 在整个过程中,教师只是进行指导,3 名学生根据自己的生活经验自主地研究教材,进而开发与利用资源,教学成效显著。

(四) 差异性原则

所谓差异性原则,是指中学政治学科课程资源的开发与利用应从地区、学校、教师和学生的实际出发,仔细在具有差异性的课程资源中进行判断、甄别和遴选,真正体现以人为本的原则,做到因地制宜、因时制宜、因人制宜。不同的国家、不同的地区、不同的学校、不同的教师、不同的学生,以及不同条件下的同一学校、教师和学生等也具有较大的差异性。因此,教师在对中学政治学科课程资源进行开发与利用时,必须坚持一切从实际出发、实事求是,在充分尊重差异性的大前提下,切实发挥主观能动性,从地区的自然风貌与人文面貌、学校的历史传统和办学特色、教师的学习经历和教学风格、学生的发展现状和生活经验中开发可能的课程资源,为课堂教学服务,从而充分地发挥地域优势、强化学校的特色、展现教师的风采,最终推动学生的成长和可持续发展,突出其个性和创造性。

(五) 经济性原则

所谓经济性原则,是指在中学政治学科课程资源的开发与利用中,中学政治教师必须注重效率,尽可能用最少的开支和精力,达到最理想的效果。经济性原则具体包括开支的经济性、时间的经济性、空间的经济性和学习的经济性。开支的经济性是指中学政治学科课程资源开发与利用的经费开支要合理,中学政治教师最好要用最节省

---

① 李锋. 课程资源开发与利用要有"度"——谈课程资源与有效课堂 [J]. 中学政治教学参考 (上旬·高中), 2017 (7): 40. 此处有改动.

的经费开支取得最佳的效果，避免铺张浪费、大手大脚的现象发生。时间的经济性是指在中学政治学科课程资源开发与利用的过程中，中学政治教师不可盲目等待所谓的最佳开发时机，而应抓住时机，尽可能地开发与利用那些对当前教学具有现实意义、促进学生健康持续发展的课程资源，并提高对这些课程资源的利用效率。空间的经济性是指中学政治学科课程资源的开发与利用要尽可能就地取材，不应舍近求远、好高骛远，地区、学校、教师和学生是中学政治学科课程资源开发与利用的重要来源。学习的经济性是指中学政治教师在选择开发与利用中学政治学科课程资源时要以学生生活及其兴趣所在为基础，避免开发那些晦涩难懂、脱离学生的资源。

二、中学政治学科课程资源开发与利用的对策

（一）树立正确的课程资源观

要想充分、合理、有效地开发与利用中学政治学科课程资源，实现教学方式和学习方式的转变，促进学生的个性全面发展，中学政治教师就必须要树立新的课程资源观。

第一，中学政治教师必须深入学习课程理论，找到课程理论与中学政治学科的结合点，并对课程资源及中学政治学科课程资源的概念、特征、地位、作用、历史发展、不足之处、问题所在、最新动态、未来趋势等均有一定的了解，充分重视课程资源及其开发与利用在推动中学政治学科自身建设，加速中学政治教师专业化成长，促进学生全面、和谐、可持续发展方面的重要作用。

第二，中学政治教师要正确地对待教材，充分开发与利用教材资源。传统的课程资源观过分突出教材的重要作用，甚至认为教材是唯一的课程资源，在新课改的背景下，改变了过去对教材的地位和作用的夸大，重新审视教材在中学政治学科课程资源中的地位和作用，从而树立新的教材观，切实发挥教材的"指挥棒"作用，这对于中学政治教师而言异常重要。在对教材的开发与利用的过程中，中学政治教师必须批判地对待教材中的知识，以教材为基础开发其他的课程资源，使之共同为课堂教学服务；更要善于挖掘教材中的优秀资源，乐于创造性地使用教材，勇于拓展和升华教材的相关内容，甚至敢于指出教材中的不足之处，并提出完善意见。

第三，中学政治教师要正确处理显性资源和隐性资源、校内资源和校外资源的关系。显性资源和隐性资源、校内资源和校外资源之间既相互区别，又相互联系、相辅相成。中学政治教师既要充分开发显性的教材、报刊、书籍、图片、视频等，让看得见、摸得着的事物直接为中学政治学科课堂教学服务，又要重视潜移默化的校风、班风、学风、教学环境、人际关系等隐性资源的建设，主要以氛围营造和环境建设的方式给予学生以深远持久的影响；既要从学校、学生、教师、教育管理人员、后勤工作人员、图书馆、体育馆等校内资源处挖掘与教学内容和教学目标的共通之处，从细微

处着手，又要对可资开发的校外资源具有较全面的了解，如家长、媒体等社会力量、自然风光、名胜古迹、历史传统、民风民俗等，不断地丰富可待开发的课程资源宝库，并将"走出去"和"引进来"相结合，在引导学生走进家庭、走进社区、走进场馆、走进社会的同时，将专家、专业人士等引入学校、引进课堂，充分地利用校外的人力资源。

（二）充分发挥教学主体的优势

中学政治课学科课程资源开发与利用的主体本身也是重要的课程资源，必须发挥各个主体的优势，形成教育合力。

第一，中学政治教师作为课程资源开发与利用的主要承担者，必须在资源开发中发挥主体优势，正确地认识自身的资源开发主导地位，不断地增强课程意识、学生意识、开放意识、协调意识和问题意识，加强先进教学理论的学习，以高度的责任感与使命感对课程资源进行筛选、整合与创新，敢于突破陈规、革除陋习，在掌握开发与利用课程资源的原则和方法的同时，经过实践的检验和修正，不断地完善自身对课程资源开发的认知，形成独特的资源开发视角和方法体系，使自己从课程的被动实施者变为集编制、组织、实施、评价课程为一体的主动参与者，自觉地成为课程资源的开发者和创造者，从而推动课程资源内容开发的良性发展。同时，中学政治教师也要重视教师资源的建设，从自身的人生经历、价值观念、教育思想、知识储备、技能技巧等资源中攫取合理、有益的成分，将其与教学内容相结合，共同为教学和学生服务。

第二，学生作为发展中的生命个体和教育活动的主体，也是中学政治学科课程资源开发与利用的主体之一。中学政治教师必须把学生资源纳入到中学政治学科课程资源开发与利用的全过程，并将学生资源作为一切资源开发与利用的起点，从特定班级、特定学生的学情分析出发，从学生的生活中寻找沟通理论与实践的关键连接点，使学生的资源为自己服务，有助于加强学生对课程的理解和兴趣。另一方面，学生也是中学政治学科课程资源开发与利用的主体之一，为了保障他们学习主体的地位，学生应当以独立完成或小组合作的形式自觉自主地开发与利用资源，为自身的学习和实践活动服务。

第三，包括家长在内的社会力量也是中学政治学科课程资源宝库中的重要一员。他们与社会接触广泛，具有丰富而独特的生活阅历和人生经验，并对某一行业有一定的了解。无论是普通劳动者，还是一些专家、学者，他们都对人生和生活有着自己的思考，由于家庭环境和成长过程的不同，他们的思维方式和体验感悟也截然不同，他们是社会发展和建设的见证者和参与者，是活生生的宝贵资源。因此，中学政治教师必须高度重视包括家长在内的社会力量，从社会力量中凝成真实的案例、体悟和过程，并与中学政治学科相结合，以最为适合的方式向学生呈现出来。

案例展现 2-25

"话题教学"的具体做法

1. 学生述评

课前几分钟，教师按照学号请学生到讲台用所学的观点阐述他所选择的时事新闻或现实生活话题。其主要目的是培养学生自主学习的能力；培养学生养成关注时事热点的良好习惯；用课本理论知识来分析现实生活与社会问题，目的在于培养学生判断问题、分析问题、解决问题的能力，锻炼学生从宏观和微观两个层面上理解知识、整合知识、把握知识，培养学生注重知识之间的内在联系的能力。

2. 学生点评

点评环节同样是教师按照学号的顺序，依次请学生对话题进行点评。点评的内容和角度一般包括"新闻素材的选择是否合适""话题论述是否清晰、有条理""材料分析是否与理论进行了有机的联系""如果是你，你将会选择哪种素材，你将如何论述，你将用哪个理论进行分析"等方面。点评的同学对话题进行点评并提出质疑，与述评的同学以及班上的其他同学进行观点的交流和互动。通过这一环节促使课堂生生互动，注重培养学生的综合素质：一是对学生观察、分析、说明现实问题能力的培养；二是对学生细心倾听，及时处理信息能力的培养；三是培养学生的表达能力和应变能力。

3. 教师再评

就"选择新闻的理由""对自己的表现是否满意"等方面对述评的同学进行提问，接着再对话题评说的学生、参与点评的学生进行再评说和再点评。这一环节要求教师的点评要客观、具体、到位，因此课前话题活动对教师来说也是一种挑战和锻炼。

（三）注重课程资源的整合与融合，提高实效性

中学政治学科教学的顺利进行离不开课程资源的支持，中学政治教师只有合理整合和巧妙融合这些资源，其教学效果才能较快地提升。

中学政治教师必须以教学目标为依据，以理论联系实际为指导，整合中学政治学科课程资源。中学政治学科课程资源是学科、学生、生活、社会的有机整合，在开发与利用时，中学政治教师必须将社会课程资源、学生课程资源和家庭课程资源等加以整合、取长补短，从各个角度、方面、层次共同为中学政治学科的教学目标和教学主题服务。

此外，课程资源具有多样性，体现了个性与共性的统一。同样的课程资源可以致

力于不同学科的教学目标的实现，不同学科的课程资源具有互通性和借鉴意义。因此，中学政治学科必须积极借鉴其他学科的优秀课程资源，与其他学科及其教师加强合作与沟通，相互了解各自学科课程资源的开发与利用情况，做到交流核心、资源共享、优势互补、互利共赢，最大限度地避免重复建设，促进课程资源的开放流动和统一建设。

本专题小结：

本专题主要介绍了中学政治学科课程资源的概念、特点以及开发与利用的意义，尤其对中学政治学科课程资源开发与利用过程中存在的问题及原因进行了分析，提出了中学政治学科课程资源开发与利用过程应遵循的原则和途径，这将有助于中学政治教师更好地开发与利用课程资源，服务于自己的日后教学。

学习反思：

1. 中学政治学科课程资源开发与利用的原则有哪些？
2. 有效整合中学政治学科课程资源开发与利用有哪些途径？

资源链接：

［1］钟启泉，崔允漷，张华.为了中华民族的复兴　为了每位学生的发展：基础教育课程改革纲要（试行）解读［M］.上海：华东师范大学出版社，2001.

［2］谢树平，李宏亮，胡文瑞.新编思想政治（品德）教学论［M］.上海：华东师范大学出版社，2006.

教师教育"课证融合"系列教材

书　名	书号	定价	当当购买链接	书　名	书号	定价	当当购买链接
教　材							
学前教育学	29612	48.00		学前儿童发展	29613	45.00	
教育学基础（小学）	29659	58.00		心理学（小学）	29661	48.00	
教育学基础（中学）	29594	48.00		心理学（中学）	29655	46.00	

历年真题及预测试题			
书　名	书号	定价	当当购买链接
国家教师资格考试历年真题及参考答案解析（学前教育卷）	30221	38.00	
国家教师资格考试历年真题及参考答案解析（小学卷）	30295	48.00	
国家教师资格考试历年真题及参考答案解析（中学卷）	30296	38.00	
国家教师资格考试全真模拟与预测试题及参考答案解析（学前教育卷）	30157	38.00	
国家教师资格考试全真模拟与预测试题及参考答案解析（中学卷）	30344	38.00	
国家教师资格考试全真模拟与预测试题及参考答案解析（小学卷）	30345	38.00	